的新问题、新发展、新实践，形成中国学校美育的新概念、新范畴、新理，不断进行具有创造性和创新性的科学概括和理论升华。此次出版的两本论集关注学校美育理论与实践的具体问题，系统地厘析新时代学校美育基本问，并在此基础上提出新观点、新概念、新理论，构建中国学校美育话语系。

2023 年 12 月，教育部印发《教育部关于全面实施学校美育浸润行动的通》（教体艺〔2023〕5 号）指出以美育浸润学生，以美育浸润教师，以美育润学校，“通过持续努力，推动形成全覆盖、多样化、高质量的具有中国特的现代化学校美育体系”。两本论文集的出版，是对学校美育体系建设的积响应，书中汇集了诸多具有较高参考价值的理论与实践创新研究成果，提出较具指导性的创新理论观点和较具可行性的美育浸润行动方案。

立足新时代新征程，我们应深化学校美育理论建构与实践创新的双向互动制，通过强化研究主体的方法论自觉与系统思维，着力破解学校美育现代化程中的关键命题，全面激活学校美育高质量发展的内生动力。

U0821486

吴磊 / 主编

新时代学校美育理论研究

苏州大学出版社
Soochow University Press

图书在版编目(CIP)数据

新时代学校美育理论研究 / 吴磊主编. --苏州:苏州大学出版社, 2025.3. -- ISBN 978-7-5672-5144-1

Ⅰ. G40-014

中国国家版本馆 CIP 数据核字第 2025BK3743 号

书　　名:新时代学校美育理论研究
Xinshidai Xuexiao Meiyu Lilun Yanjiu

主　　编:吴　磊
责任编辑:严瑶婷
装帧设计:吴　钰

出 版 人:蒋敬东
出版发行:苏州大学出版社(SoochowUniversityPress)
社　　址:苏州市十梓街1号　邮编:215006
网　　址:http://www.sudapress.com
邮　　箱:sdcbs@suda.edu.cn
印　　刷:苏州工业园区美柯乐制版印务有限责任公司
邮购热线:0512-67480030　销售热线:0512-67481020
网店地址:https://szdxcbs.tmall.com/(天猫旗舰店)

开　　本:718mm×1 000mm　1/16　印张:15.75　字数:309千
版　　次:2025年3月第1版
印　　次:2025年3月第1次印刷
书　　号:ISBN 978-7-5672-5144-1
定　　价:78.00元

凡购本社图书发现印装错误,请与本社联系调换。
服务热线:0512-67481020

美育，作为党的教育方针的重要构成，既是新时代教育改
也是落实立德树人根本任务的重要途径。随着信息技术、人工
校美育正站在新的历史起点上，面临着前所未有的发展机遇与
背景下，由全国高校美育教学指导委员会、全国中小学美育教
江苏省教育厅指导，江苏省学校美育教学指导委员会、江苏省
苏州大学主办，江苏学校美育研究中心、长三角高校美育联
新时代学校美育高峰论坛暨长三角高校美育一体化发展研讨
月24日—26日在苏州大学举行。来自全国各地的200余名美
者参加本次研讨活动，这次研讨会立足全国大中小幼各学段美
探索，从政策解读、理论研讨、案例分析、美育实践等维度进
通过会议研讨交流，汇聚各方美育智慧，凝聚美育发展共识，
学校美育改革与发展的现实挑战与未来趋势，为新时代学校美
提供了新的研究成果。

《新时代学校美育理论研究》与《新时代学校美育实践探
高峰论坛上提交的优秀论文。这些论文涵盖了中华美育传统溯
究、中西方美育研究、学校美育基本理论研究、学校美育评价
校美育工作实践探索、新时代中小学美育工作实践探索、学校
探索等多个方面的前沿研究主题，展现了新时代学校美育改革
践、传统与现代、中国与世界的多元交流互动图景。

在党的二十大报告中，习近平总书记强调要“加快构建
会科学学科体系、学术体系、话语体系”，新时代学校美育改
要逐步建立中国学校美育的理论话语体系。为此，就需要不断

目录

第一篇

中华美育传统溯源与当代转化研究

中国传统民间美育思想的当代价值

——以秦绣艺术为例

西安科技大学 谭玉玺 杨惠珺

摘 要 中国传统民间美育思想是大众生活面貌与精神理想的反映，是包含人的本质力量的实践美学。秦绣艺术作为传统民间美育思想的载体，在审美特性中展现出五行色彩观、纹样功用观和地域文化观，在价值层面体现人民立场、社会交往与生态和谐。新时代秦绣艺术被赋予了社会美育的价值，在“浸润”“凝聚”“归属”中实现文化自觉与资源协同、家国同构与民族共荣、文化自信与文化认同的中华文明新形态。

关键词 传统民间美育思想；美育；秦绣艺术；中华优秀传统文化

秦绣艺术是中华农耕文明的重要内容，其美育思想贯穿儒道文化发源与盛行的轴心时代、中西文化交流融合的古丝绸之路时期、近代大生产思想变革期等重要历史阶段，源远流长、兼容并蓄。作为民间艺术，它集中体现艺术之美、器物之美、礼俗之美，发扬了中华优秀传统文化中的人民性、社会性、实践性。同时在弘扬传统民族精神、培养创造力、凝聚社会力量上展现出独特的优势，对于拓展社会美育的理论范畴与实践资源空间具有现实意义。

一、中国美育传统在民间

中国美育传统源于民间。从历史宏观脉络来看，中国传统社会虽经历了几次大的结构性变革，但广大民众始终是社会追求美、超越美的主体力量，民间秦绣的美学思想也由此应运而生。

（一）中国民间美育的发端

马克思指出：人以美的规律创造。①大多数人将西周时期的礼乐、六艺作为传统礼制教化的美育发端，然而早在上万年前，远古先民在庆功、祭祀时制作的器皿已饱含了人类追求美、创造美的自主性。先民们创造出的实用性工

① 马克思. 1844 年经济学哲学手稿［M］. 中共中央马克思恩格斯列宁斯大林著作编译局，编译. 北京：人民出版社，2018：81.

具，其中有不少兼具了审美性，体现了对人与自然、宇宙关系的审思，他们对自然的原初敬仰、对未来的殷切期待、对人的真挚情感正展现了其审美天性。

华夏农耕文明始终是中国传统社会的主旋律。人文初祖黄帝教黄河流域子民播百谷草木，始制衣冠、制音律等，其妻嫘祖教人育蚕、缫丝、织帛，这样的传说在民间经久不衰，足以说明早期氏族社会的贤君已开始体察民风、注重乡风俗化。周朝大量采集民间歌谣，倡导“经夫妇，成孝敬，厚人伦，美教化，移风俗”。[①]《诗经·风》记载了周朝至春秋时期的民俗歌谣，其中大量描绘了百姓的劳动与爱情、风俗与婚姻、祭祖与宴会，展现了农耕社会生活场景。在远离精英、士大夫教育的广袤乡间，儿童在田间地头熟练背诵《三字经》《百家姓》《千字文》，咏唱民间歌谣，听老人讲述当地人文轶事，妇女在织绣中维持生计并装饰生活，青年在耕读传家的生产劳动中接受来自圣哲先贤礼乐教化与民间良风的熏陶。民众百姓在日常生产生活中通过追求美、审视美，形成了良好的社会风气。

近代以来，蔡元培提出“以美育代宗教”，突出美育在民众情操培养、道德伦理教化、意识形态引导等方面的现实价值，是国民性改造的一次伟大号召。1918 年，北京大学成立歌谣征集处，1920 年成立歌谣研究会，创办《歌谣周刊》，以期用歌谣文化滋润当时惶恐不安的民心，以期“美育救国”。20 世纪 40 年代，大批新木刻、新年画、新秧歌等红色经典文艺作品涌现，成为中国现代文艺民族化、时代化和大众化的一个难以逾越的高峰。[②]长久以来，人民大众自有的历史与民族自信受到了社会人伦教化与民间艺术的影响。其中，音乐、诗歌、手工技艺、节日礼仪等形式与大众生产生活、社会活动紧密联系，形成了独特的劳动审美文化。而特定的地理环境、物质基础与社会历史因素，也使得民间美育思想的呈现更加丰富与多元。

（二）秦绣美学思想的形成

《绎史》卷五引《黄帝内传》记载“蚕神献丝，乃称织维之功”[③]，四千年前黄帝的妻子嫘祖教黄河流域的子民育蚕、缫丝、织帛，被后来北宋建隆元年（960 年）的疏文称赞道“制衣裳而兴教化”[④]，鸿蒙初开的部落游民受到文明洗礼，丝绸与刺绣文明得以绵延。秦绣便诞生于黄河流域中原古文化发祥

---

① 尹贤．古人论诗创作［M］．北京：中国书籍出版社，2020：263.

② 宋修见．以优秀中华美育传统激活中国文化生命力［J］．中国文艺评论，2022（7）：12 –21.

③ 袁珂，周明．中国神话资料萃编［M］．成都：四川省社会科学院出版社，1985：110.

④ 何天富．嫘祖汇典［M］．成都：巴蜀书社，2018：82.

地，扎根于见证十三朝兴衰的三秦大地，具有悠久的历史和鲜明的地域特色。

从历史角度来看，《尚书》中记载了四千多年前“衣画而裳绣”的章服制度，使其在早期不仅具备审美装饰程式，同时也是社会等级差序的佐证。春秋战国后期，刺绣逐渐从宫廷流往民间，到了汉代技艺不断成熟，随“陆上丝绸之路”形成世界范围的深广影响。隋唐时期的经济与文化繁荣，使秦绣至今仍被海外友人称赞为“唐绣”。而随宋代经济重心南移，秦绣逐渐被更为精美秀丽的南方刺绣所取代，至明清时期，南方刺绣实现了从实用工艺品向陈设性艺术品的转型。在面临前所未有的大动荡的近代社会，民间百姓自绣自用，量体裁衣，注重经济实用效益，在刺绣造型与技艺上却不甚讲究。20 世纪 40 年代，陕甘宁地区，尤其是陕西延安率先掀起革命浪潮，紧接着在全国得到热切响应，大生产大解放思想成为秦绣艺术表现的核心，在人本思想引导下，围绕民间百姓的衣食住行，西北地区淳朴、天然的风土人情，秦地人民创作了一系列将实用性、装饰性与民族性结合的秦绣艺术，展现出一派民族团结的新气象。作为秦地民间重要的手工技艺，秦绣在民间发展的时期最长、流传最广泛、形式也最为丰富。秦绣与人们的衣食住行息息相关，反映了人们的真实物质与精神生活面貌，同时也承载了地域文化的思想流变，在随社会意识形态、生产生活方式变迁的过程中，其内涵不断丰富。

二、秦绣艺术的民间美育思想

秦绣艺术作为民间传统手工技艺，在审美特性与价值效能上展现出了中华优秀传统文化的特质，为民间美育思想提供了丰富的养分。

（一）审美特性

秦绣艺术从色彩、纹样、文化等层面反映其审美特性，其中，五行色彩观、纹样功用观、地域文化观与中华优秀传统文化实现了价值耦合。

1. 五行色彩观

《尚书・益稷》中记载，舜主张“以五彩彰施于五色，作服”[①]；《考工记》中记载“五采备谓之绣”[②]。在古人观念中，青、白、赤、黑、黄是正色，五色齐全才能称之为“绣”。此后虽受到时代风尚与南方地区审美偏好等因素影响，秦绣延伸出了紫、粉、绿等过渡性色彩，能搭配出丰富、写实的艺术效

---

① 董智斌．中国设计史［M］．北京：航空工业出版社，2022：36．

② 张青松．巧工创物《考工记》白话图解［M］．长沙：岳麓书社，2017：44．

果，但正统的五色仍是秦绣在广大民间应用的主要色彩。秦绣的五色观念源于传统五行观。传统阴阳五行观认为，宇宙万物由金、木、水、火、土五个元素构成，五行相生相克成为事物运动发展的原动力。在尚农的传统中国，关注自然变化是农业生产的必要条件，这种朴素的辩证思想受到了日（阳）月（阴）运行和四季嬗替的启发。①至于为何今天人们仍沿用白、青、黑、红、黄对比强烈的五色原则进行秦绣创作，有的学者认为这大致受到了陕西气候条件与地理环境的影响，秋冬季节树叶凋零缺乏生机，尤其北部黄土高原地带更是一幅尘土漫天、深沉厚重的景象，人们在刺绣中运用大胆、直观、纯粹、浪漫的色彩表达内心的热烈与奔放，崇黑、敬红、尚黄是人民期盼喜庆、丰收心情的具象化表达，是对地方人民生命情感的现实诠释。

2. 纹样功用观

秦绣和大多民间刺绣一样秉承“图必有意，意必吉祥”的原则，采用大量如龙凤呈祥、麒麟送子、莲生百子、鱼戏莲、鱼龙变幻等表意吉祥的纹样元素与图案。具体来看，几乎每一种纹样背后都有特定的寓意与用途，例如祈愿小孩平安成长的虎头帽、虎头鞋；祝福老人健康长寿的猫蝶（耄耋）纹样；祝愿婚姻美满的鱼戏莲、凤穿牡丹纹样；祝愿早生贵子的瓜瓞绵绵、麒麟送子纹样；祈求财富有余的刘海戏金蟾纹样；等等。与此同时，纹样的功能来源于一定的历史文化意涵，如秦绣虎头帽、虎头鞋的寓意来源于《诗经・鲁颂・泮水》“矫矫虎臣”的勇武之臣、《尚书・牧誓》称武王“虎贲三百”的典故，虎成为镇灾辟邪的象征，被应用于虎头帽中则是对孩童健康、聪明成长的祈福。宏观来看，中国民间信仰体系是对原始艺术本能的抽象概括，秦绣纹样的功用属性不同于让人混淆现实与虚幻的宗教迷信，使人们在使用、创作中得到感情满足却不阻碍其智性的发展，于是秦绣中丰富精美的纹样题材成为人们对美好生活的向往与心灵的寄托，是理想化、浪漫化、诗意化的情感表达，这也与“以美育代宗教”的社会理想相吻合。

3. 地域文化观

秦绣艺术发源于中国西北内陆地区，始终扎根于三秦大地。此处受地理位置的影响而相对封闭、保守，这也使得秦绣完好保存了中国的传统文化底蕴。古老的黄土高原与黄河见证了华夏文明的开始，也孕育了璀璨的秦绣艺术，在连通亚欧大陆的咽喉要道古丝绸之路的中心地带，秦地被赋予了独特的地域

① 冯友兰. 中国哲学简史［M］. 赵复三，译. 北京：北京联合出版公司，2017：40.

性、历史性与包容性。黄土高原上热闹的安塞腰鼓、奔腾不息的黄河，还有关中地区的大雁塔、民俗八大怪，以及博物馆里的秦砖汉瓦、唐三彩，乃至秦腔戏曲里吼出来的民族经典故事等，都成为秦绣创作的题材。秦绣依附于地域文化与风格，呈现了秦地人民多彩的生活风貌。

（二）价值效能

秦绣艺术扎根时代生活，反映了人们的内心世界与社会风貌，这也使得它成为中华优秀传统文化民间美育的载体，凸显出人民立场、社会交往、生态和谐的价值效能。

1. 人民立场

20 世纪三四十年代，延安地区兴起了劳动文艺美学风潮，民间艺术成为大众普及知识、获取信息、传播交流的重要渠道。古元创作的《羊群》《铡草》版画作品，以及后来张漪湲创作的《夫妻识字》《兄妹开荒》等秦绣作品代表了人民立场，反映了当时人们真实、鲜活的生产生活场景。同时广大农民工人在辛勤农耕劳作之余，通过唱民歌、看大戏、听戏曲、扭秧歌来充实纯粹单调的生产生活，正如地方民歌所描述：“男人忧愁踢场子（陕北秧歌），女人忧愁拿剪子（针线活）。”妇女们则通过刺绣、剪纸、手工活来诉说生活的艰辛与心中的苦闷，寄托美好的生活愿景，创作出一系列惊艳于世的作品。秦绣艺术始终服务于人民大众，不仅作为人们的日常生活物品出现，还反映体现了劳动人民形象的生活故事，成为人们喜闻乐见的艺术形式。[①]

2. 社会交往

在人情联百家的社会，秦绣如同创作者拉起一根隐形的线将个人与周围社会关系进行串联。日常生活中，秦绣化身为男女传情的信物、母亲对游子的牵挂之物、邻里间礼尚往来的伴手礼物，如母亲为儿女绣的鞋帽、袄、兜肚；姑娘为心上人绣的荷包、鞋垫、腰带，为自己绣制的手巾、嫁衣、绣花鞋；晚辈为老人绣的寿衣、寿帽、靠垫，其背后寄托了刺绣者浓厚的爱意、祝福、思念之情，使得秦绣成为人与人之间特殊的情感纽带。

3. 生态和谐

冯友兰所描述的天地境界，体现了人们超越功利、道德，对更高的精神境界的追求，是一种博大、包容的心境，这在秦绣技艺中得到展现——秦绣的图

---

① 宋修见. 人民性、审美性和情感性：新时代文艺弘扬中华美育精神的内在要求［J］. 中国文艺评论，2020（8）：41－49.

案与纹样实现了人与自然的圆融。秦绣中抓髻娃娃、娃踩莲、榴开百子等题材，始终将自然界中的动植物元素作为创作内容，体现了人与动物、植物同根同源、和谐共生共处的美好愿景，反映了天人合一、物我合一，阴阳相合、化生万物的中国本原哲学内涵。①

三、秦绣艺术的社会美育价值

秦绣艺术不仅对中华传统文化、美学思想有贡献，更重要的是拥有经世致用的社会美育价值。通过"浸润""凝聚""归属"实现了文化自觉与资源协同、家国同构与民族共荣、文化自信与文化认同。

（一）浸润：文化自觉与资源协同

杜威指出，审美使拥有经验的对象直接呈现给了自身，并明确美育的自觉性。②在秦绣艺术活动中，创作者与欣赏者、审美对象与美育对象实现了"主—客"二元的统一，在某种程度上，秦绣艺术的美育过程是自觉化的。秦绣创作讲究材美工巧、量材为用、巧法造化、各随其宜，在创作风格、题材上展现着多元、个性的特点，参与者在艺术感情化表达的同时实现了心灵教化、情操陶冶。由于民间艺术有着异曲同工的相似之处，旧时擅长秦绣的妇女既是刺绣能手，也善于面花制作，同时还勤于持家，是生产能手，可谓"一巧百巧"。在学习秦绣艺术的针法、纹样等技艺的同时，参与者的动手能力，创造力与想象力也得到了培养，并使其能综合运用这种艺术形式为其他活动提供广阔的思路，从而实现在不同艺术形式中游刃有余地来回切换。

在全国上下大力推行非物质文化遗产保护工作中，秦绣在"非遗进校园""非遗进课堂"等传习、研修活动中为公众所知，秦绣传承人不遗余力地将秦绣技艺与文化进行传承发扬。③在当地政府、媒体、学校等力量下，秦绣地域文化资源得到了充分的利用与协同，如建立秦绣传习基地、秦绣珍藏馆、打造"民间刺绣艺术之乡"等，促进秦绣资源开发的同时，提升文旅产业的多元融合与发展，为秦绣成为社会公共艺术资源提供良好的物质条件。

（二）凝聚：家国同构与民族共荣

秦绣作为民间艺术是民族精神"活的展览馆"，与历史上正统伦理教育类

---

① 宗白华. 美学散步：彩图本［M］. 上海：上海人民出版社，2015：35－57.
② 杜威. 艺术即经验［M］. 高建平，译. 北京：商务印书馆，2011：53.
③ 苏欢. 民间美术的当代美育价值［J］. 美术，2021（3）：19－21.

似，具有培养人的道德感、认清自身力量、唤醒爱国精神的重要价值，其以潜隐感化的方式将人们凝聚在同一时空、同一事件之中。中国传统社会以地域、家族、宗族为组织单位，而传统儒家提出“修身、齐家、治国、平天下”的人伦礼制，是对家国同构、民族共荣社会理想的反映。传统社会以家族为基本单元，衍生出家族成员相互信赖、谦让顺同、为家族争光的家族伦理。随着社会的变迁，以血缘、地缘为纽带的社会团体逐渐形成，各团体都会具备有一定识别度的纹样、语言或元素，秦绣成为凝聚中华大家族的“文化图腾”。从符号学视角来看，秦绣作品常以“圆”“同心圆”“成双成对”“石榴”“龙凤”等元素表现对于人丁兴旺、多子多福、望子成龙的祈愿，展现了同心同德、团结和睦、和谐安宁的社会理想。此外，秦绣作品常取材于民间戏曲故事，如《三娘教子》《二十四孝》《杨家将》等，在这些大众耳熟能详的故事里，蕴含了传统儒家三纲五常的伦理思想与仁、义、礼、智、信、忠、孝等重要核心价值观念。秦绣将高台教化转化为日常生活中可触可及的故事，潜移默化中使人们将维护小单位家庭的意志，扩大上升到民族社会以至国家层面，唤起了人们心中强烈的民族情结与爱国情怀。秦绣将美与善合为一体，展现了中华优良的传统美德，也彰显了民族命运共同体的愿景。

（三）归属：文化自信与文化认同

在当今大工业生产、现代化浪潮下，民间艺术不得不迎合现代审美，去吸收西方先进技法，但又面临失去自身文化独特性的风险。幸运的是，秦绣在相对完好的文化生态中得以保存其本源结构，并在秦绣艺人的创新性发展中结合优秀的历史传统与不断更新的艺术形式，历久弥新地展示其质朴、浓郁的风格特征。秦绣艺术由此具备了文化自信与文化认同的基础。

秦绣艺术体现了独特的历史文化、自然风光、人文风貌，在展现独特地域文化时，亦呈现了生活在这片土地上的人们的真实景象。秦绣以十三朝古都为发源地，浓缩了周朝至唐时期宏大精深的文化精华，青铜器、兵马俑、铜车马、唐乐舞、仕女等秦绣题材体现了秦的庄严肃穆、汉的浪漫古拙、魏晋的风流气度、唐的盛世气象，使得秦绣具备深广的历史文化底蕴，从而区别于擅长山水花鸟，给人以清丽之感的闺阁画绣。秦绣艺术在陕西地区有着广泛的历史与群众基础，其与传统主流意识形态一脉相承，沿袭了民间生产生活方式、价值观念、社会信仰与民俗风情。秦绣的题材常围绕百姓生活中关心的话题故事，如以《宝莲灯》《刘海戏金蟾》《花亭相会》等经典剧目为题材，深刻反映了秦地人民的价值观念与意识形态。同时，秦绣还描绘了小农社会中人生礼仪、岁时节庆等人文生活景象，体现出独具中国特色的诗意田园图景。由此，秦绣成了一种记忆符号，联系着秦地的文化与故事，也存蓄了人们对于地域的特殊情感与记忆。秦绣艺术如同肥沃的土壤，滋养着地方人民，是人们宝贵的精神财富。

四、结　语

中国传统美育思想来自民间，在礼制体系形成与完备的过程中被贵族阶级所吸纳，后又下沉至民间。秦绣艺术作为传统美育思想的载体，在历史的动态演变中始终潜移默化秦地人民的物质生活与精神世界。秦绣艺术独特的审美特性展现出艺术之美、器物之美、礼俗之美，并对人、社会、文化生态产生价值影响。新时代下，秦绣艺术成为中华优秀传统文化的优质资源，从社会美育的角度形成强大的文化内聚力，在民族命运共同体意识下建构出了中国的形象①，以此实现“美美与共，天下大同”的理想。

---

① 潘鲁生. 民间文艺发展的现代化创构之路：两次文艺座谈会的理论与实践导向［J］. 中国文艺评论，2022（6）：59－67.

精神塑造视角下的当代美育功能性探析

河北工业大学　李亚萍　司文丽

摘　要　美育，是有意识地利用审美的特点对人的情操进行塑造的教育活动。当前国家越来越重视美育工作，但就美育的整体建设情况看，虽然学界就美育进行了多角度的深入探讨，但现实语境下的美育实践和美育价值的探究尚不明确。笔者对先秦时期、晚明及至20世纪初期的美育思想展开溯源和分析，探究美育思想在不同时代下的功能指向与人们精神信念缺失之间的关系，剖析当今背景下人们的精神信念缺失现状，指出当代美育的功能指向为抚慰个体心灵、重塑文化信仰、构建生活美感三个层面。

关键词　美育；美育价值；精神塑造；美育功能；当代美育

一、前　言

党的十八大以来，国家将学校美育工作放到了突出位置。2020年10月15日，中共中央办公厅、国务院办公厅印发的《关于全面加强和改进新时代学校美育工作的意见》明确要求把美育纳入学校人才培养的全过程。尽管如此，客观上当代美育的实践和内涵功能在赋予人的作用方面仍然有所缺失。

美育本身所具有的感染人、影响人、陶冶人的教育功能一直被历代学者大加赞赏，笔者认为，基于对由于技术和科技不断扩张而忽视了内心精神世界的现代性特征的认识，当代美育应该从精神信念缺失之处出发，以审美的方式重新修复已呈现出分裂态势的人的精神存在，促进人的精神完整性，明确当代美育的功能性。接下来笔者将通过辨析时代赋予的美育功能性，以及在溯源过程中得出的美育内涵在精神层面上的一致性和进步性，进一步探析在现代人的精神层面，美育需要完成的功能使命。

二、不同时期中国美育思想的功能性

（一）研究中国本土美育思想功能的必要性

美育，即审美教育，指的是自觉和非自觉的一切审美活动本身所具有的感染人、影响人、陶冶人的教育功能，以及利用审美特点对人进行塑造的种种教育活动。[①]进入18世纪后，风靡欧洲的浪漫主义思潮正式作为理性主义的对立面登上历史舞台，自此西方开启了主观意识也就是本我发展的时期，也正是在这样一个强调个人情感的特殊历史语境下，以德国美学家席勒的《审美教育书简》为标志，美育作为一门独立的学科出现在人类文化史上，此后有关美育本质和内涵的话题被历代教育家和美学研究者讨论，历久弥新。

虽然美育作为一门独立学科在近代才正式出现，但是中西方关于美育思想的讨论和探究由来已久，蔡元培认为："美育者，应用美学之理论于教育。"这意味着美育是美学理论的实践形态，有什么样的美学理论就有什么样的美育。[②]就西方美育学的发展而言，17世纪之前的主流思想更强调理性的力量，启蒙运动后的西方更加向往感性世界，因此，西方对于美育的研究大多陷入了理性和感性的二元对立冲突之中，启蒙运动前不管是柏拉图、亚里士多德，还是贺拉斯的美育思想，都在试图把理性放在第一位，仅仅把美育作为一种手段，充当理性教育的工具，因此席勒的美育功能更多的是基于他所处的时代人性分裂状况而衍生的教育策略，以及针对西方现代化进程中所出现的文化危机而展开的对人性沉沦的一种拯救。

反观中国，由于历史背景和文化思潮的差异，中国传统美育很少陷入感性和理性的对立中，更多的是以情感呼应美，以情育对应美育是中国传统美学和美育思想的一大表现，如我国古代的"诗教"和"乐教"就一直将艺术看成情感的表现："永歌之不足，不知手之舞之足之蹈之也。"[③]因此，回归到本国的具体历史语境中去重新探究美育与人类精神的发展变化之间的联系应当是一种有价值的思路，探究美育在特定背景下产生的功能性，可以为美育修复现代人精神信念缺失问题提供思路和方法。

（二）先秦时期的美育功能性

在我国，最早提倡美育思想的是先秦时期的教育家、思想家孔子，他提出了"乐仁"，在他之后，我国有关美育的思想开始不断涌现，孟子提出"养心""养气"、荀子提出"养心""养气""修身"等，这一系列概念构成一套完整的审美道德教育理论体系。[④]今天我们通过大量文献可以了解到，以孔子

---

① 李姣．肚皮舞美学特征及审美价值的研究［D］．长沙：湖南师范大学，2017.

② 刘成纪．在中西比较中重新发现中国美育传统［J］．美术研究，2019（4）：29－32，41－44.

③ 廖艳君．中外美育异同论［J］．湘潭师范学院学报（社会科学版），2003，25（5）：115.

④ 陈理宣．论先秦儒家"修养"美育及当代实践美育的转型［J］．教育与教学研究，2017，31（11）：28.

为代表的儒家学派所关注的核心问题是如何通过艺术的审美功能，在潜移默化中促进人格的形成和发展，“兴于诗，立于礼，成于乐”体现出孔子对于礼乐教化的重视，孔子希望通过礼乐的外在形式促成个体内在的自觉的心性操守，即“知之者不如好之者，好之者不如乐之者”，当客观的外在认知转换为超越功利性的、带有崇高自由性的审美性质时，就达到了孔子心中的理想人生境界。若论其美育意义，则是以“以善释美”“以美引善”为目的，以“诗”和“乐”在政治教育和人格修养方面的作用为功能；以“以善引美”“以美启真”为原则。①

这样的审美思想是其时代认知的折射，孔子所处的春秋时期是一个礼崩乐坏的特殊阶段，西周建立起的礼乐制度到了周平王时期已经开始出现瓦解的征兆，随着周王室势力不断被削弱，以及诸侯国权力的膨胀，僭越礼仪之事不断发生，传统礼乐制度遭到了严重破坏，此时的春秋争霸，正是对西周宗法制度的颠覆。本身礼乐文明的形成是中国社会的一大进步，从迷信鬼神、巫术到礼治、德治，体现出人类认知和精神追求的进步，但礼乐制度究其本质还是为了维护周天子权威，虽然它曾经确实较好地推动了文明的进步，但当人性被压制到极点，加之生产力水平的逐步提高，一定的历史时期内人与人的关系将不再是单向的，礼崩乐坏是不可阻挡的趋势。

孔子所倡导的美育思想，是针对当时礼崩乐坏的社会现状而提出的解决之道，在一个人本主义思想觉醒、百家争鸣的时代，社会治理所采取的“刑不上大夫，礼不下庶人”② 的周礼制度明显已经力不从心，叠加“君不君、臣不臣、父不父、子不子”的社会无序现象和以“慈”“忠”“孝”等为核心的社会价值观的动摇崩析，人与人之间的精神世界亟须重构，孔子的“克己复礼”与其说是为了复原西周的礼乐制度，不如说是超越性的反思，通过对人的精神世界的修复来考量礼乐对个体人格、对社会大同的积极意义。

（三）晚明美育思想功能性

汉代实行“罢黜百家，独尊儒术”的政策，儒学跃升为封建时代的正统思想，汉末的徐幹在《中论·艺纪》篇中提及的“美育群材，其犹人之于艺乎?”被认为是最早提出美育一词的古代文献记载，它揭示了中国历史悠久的

---

① 闫帮仁. 先秦儒家美育思想特质及其当代大学生思想政治教育价值［J］. 贵州师范学院学报，2022，38（2）：26－32.

② 姚继东，沈敏荣. 礼崩乐坏下的政治改革：仁学为政思想研究［J］. 学术探索，2020（12）：2.

礼乐教化的美育传统和美育观念①，宋代的美育思想则是在“程朱理学”的背景下诞生的。至晚明，先哲们对美育思想功能性的探索达到一个全新的高度，其中王阳明的心学最具影响力，王阳明通过“龙场悟道”展现出跨时代的人本主义思想，他的“致良知”、“知行合一”和“心即理”等价值观念，构成这一时期美育思想的核心，这也是晚明美育思想的功能指向，王阳明希望通过这种美育观念改造社会、改造人的思想，使得人人都能成为圣贤，为人的独立性寻求出路。

东西方在文艺复兴的大背景下，晚明尤其是正德年间，中国社会进入了大动荡时期，政治、经济和文化等诸多层面都面临着全新的挑战。作为中国早期近代化的重要转折点，我们有必要探讨这一时期的历史语境如何赋予美育功能和使命。晚明是中国传统社会农业经济向市场经济转型的历史分水岭，白银货币化的进程和土地兼并的严峻性，让中国走向早期近代化的同时，也激化了传统旧制度的崩溃，社会的大动荡使得流民现象日益严重，使得个人与社会的联结从人的依赖关系向物的依赖关系转变，这也是这一时期重要思想变革的根源。而对于王阳明本身的处境而言，宦官专权及其对正义的打压迫使他不得不思考明哲保身和仗义执言之间的义利关系，为官的现实处境引出的思考便是：如何启蒙人的独立性，作为个体的人应该活在唯心的现实里，还是按照心的指引前进，知与行的矛盾如何化解等一系列精神层面的问题。

社会大变革暴露出思想体系的崩盘，人如何重新定位和精神归向何处正是王阳明的心学致力解决的问题。“心即理”启示人们感知人与万物一体的世界，用本然之心回归本然的生活世界；“致良知”期望唤醒人们内心的良知，通过内心表现良知；“知行合一”则是对儒学的重新解释，道德只有落到实践上才是真知。王阳明的一系列启蒙人们思想、修复人们精神体系的理念，正是他对理想人格的追求，其重视通过情感的力量来化育人心，肯定人在天地之间的主体能动性。

（四）20 世纪初期美育思想功能性

我国有关美育思想的探讨自先秦时期已然肇端，但大多数时间里传统美育观念始终停留在“人之为人”的思考层面，现代美育的观点在 20 世纪初期伴随着教育观念的剧变和西方美学的输入逐渐萌芽，20 世纪早期中国美育观念的觉醒，主要有两方面的助力，一方面是西方以康德和席勒的哲学和美育思想

① 祁海文. 徐幹：“美育”概念的最早提出者［J］. 长白学刊，2002（6）：81.

为主的理论，尤其受到康德的审美无利害说和席勒关于独立性和自由性的论说的影响；另一方面则是中国传统哲学审美文化和美育思想的复兴，其中梁启超是复兴传统美育思想的重要首倡者，王国维是第一个明确提出现代美育概念并对美育的特点、功能做了全面解读的人，而蔡元培则是美育思潮的核心践行者。①他们是20世纪初期中国现代美育的开拓者。

20世纪初期中国美育观念的功能指向，是陶养情操的本体位功能和治愈精神创伤的现实功能。②我们回溯当时中国的语境去探究其功能指向背后的原因，不难发现，20世纪早期的中国大门，是被西方列强用大炮轰开的，其开放也是被迫的。王国维等人曾在关于教育的系列感言中指出中国人笃嗜鸦片、嗜于“利”与“官”等种种卑劣之嗜好，以及由此引发的精神空虚，想要借美育对这些“国民之精神上之疾病”施以“根本治疗”。③因此，现代美育正是这群教育学家从教育本身出发寻求“完全之教育”的结果，他们呼吁全新教育带来涤荡陈腐社会和精神修复的功能，现代美育本身就是为了探索中国实际精神问题而诞生的。

针对国民大众的“孱弱精神”，他们构架起以情育为本质、德育为目的、艺术教育为手段的“三位一体”结构模式。从两江师范学堂到《美育》杂志的创刊，美育界和艺术界都在全力推动美育事业，即便最后很多人还是把艺术教育等同于美育，但对于一个接受美育观念的国家来说，这批学者的努力已经在很大程度上完成了美育的普及，今天我们的责任也正在于继往开来，进一步推动早期美育学家们的实践。

三、当代美育的功能性探析

马克思的辩证唯物主义指出，事物的发展呈双螺旋形态，事物的自身发展，经过肯定、否定和新的肯定，即否定之否定的曲折过程，看似是向出发点的复归，但实质上是在高级阶段上重复某些低级阶段的特点、特性，是通过曲折的形式而实现的前进运动。④历史发展到如今这个阶段，我们会发现，当代美育与前文所提到的三个时期有极大的相似性，随着生产力的发展，人类的认

---

① 于丽. 略论20世纪初中国美育思想萌芽的理论节点［J］. 美术教育研究，2015（6）：33.

② 尹一帆. 20世纪早期中国美育观念的发生与建构［J］. 中南民族大学学报（人文社会科学版），2022，42（9）：158－164，187－188.

③ 谭好哲. 20世纪初叶美育新潮的兴起及其当代意义［J］. 文艺研究，2001（6）：6.

④ 罗夫永. 制度的变迁临界问题初探［J］. 新疆社会科学，2009（2）：97－101. 董云. 自媒体时代的信息异化现象研究［D］. 武汉：华中师范大学，2017.

知水平和精神追求层次达到空前的高度，根据马斯洛需求层次理论，当人们的生理需求也就是物质生活层面得到充分的满足以后，就会渴望得到精神层面的满足，从而获得自我价值的实现，然而纵观我国历史走向，不管是先秦时期、晚明还是20世纪初期，都没能实现从物质到精神层面的顺利“飞升”，席勒认为，美是人类的第二造物主，在人性分裂和异化时代，审美活动可以调和理性和惯性冲动带来的弊病，重塑完整的人性。因此，之前的学者都试图通过赋予美育时代使命和社会功能来寻求相应的解决之道。

而如今，我们所面临的社会现状和现实语境比以往任何时期都要复杂。现代化进程飞速前进所遗留给社会的是空前对立的矛盾和冲突，物性与心性、物质与精神、技术与文化、资本与审美、物欲与情感、现实与价值等诸多方面均呈现出空前严峻的冲突与对立，物质极度丰裕的现代社会并没有赋予人类快速消化的超能力，反而让人类陷入了精神认知与价值观的多重怀疑与自我怀疑。美育作为一项培养和塑造人的审美观念、品德和价值的独特教育活动，此刻必须再度立足于现实基础，诠释出全新的功能性内涵。下面笔者将从三个方面阐述对当代美育功能指向的看法。

（一）抚慰个体心灵

现代社会的精神文明逐步完备，组织方式呈现出从刚性到柔性的转化，随着多元价值观的涌现，人们精神世界的交换与共享成为新时代文明发展的重要形式，但不得不提及的是，处于新时代的我们越来越无法感知自我，似乎文明越发展，人越不是自己的主人。文明和科技的飞速发展带来了多元的价值观体系，每个人都可以依托互联网载体各抒己见，但结果也必然是双向的。一方面我们可以肆无忌惮、畅通无阻地接收到信息，另一方面我们又不得不承认信息“爆炸”实际上大大削弱了我们作为人的主体性，原本人与信息之间的主客体关系已经被彻底颠覆，人类开始被存在于世界上每个角落的信息所捆绑，伴随着信息焦虑、信息强迫症、信息快餐思维等信息疾病的到来，长期以符号化形式吸收和传播信息的人类逐渐陷入了对自我价值和自我认知的怀疑中，导致人与自我意识的分裂。

因此，如何抚慰个体心灵，奠立正确的精神基础，是中国现代美育需要首先明确的功能指向。席勒认为，美育具有人性改造与人格完善及道德自由的多重作用，从孔子的“兴于诗，立于礼，成于乐”到王国维等人的“完全之教育”，他们一直在各自所处时代背景下试图潜移默化地完善人格，而今大众文化以看似残缺破败和夺人眼球的方式表达自己的精神信念缺失和精神需求，面对已然可见的“分裂人格”，我们必须意识到学校美育课程模式化的课程安排和评价方式早已大大落后于时代的步伐和需求，功利化地看待美育课程分数对学生个体、学业的作用也非常有限，并不能弥补学生个体内心世界的精神信念缺失。以“抚慰个体心灵”为功能指向，运用现代化手段和工具，全方位、全过程、由内而外地修补个体精神信念缺失应当是现代美育的重要议题。

（二）重拾文化信仰

如果说当下国民的精神信念缺失向内指向个体心灵的创伤和残缺，那么向外指向则是对文化和信仰的遗忘。中国传统文化博大精深，其不仅表现为客观存在的文艺作品和文物遗存，还有每个中国人流淌在内心的精神血脉和构筑在内心的价值体系，我们也不能无视道德淡漠和信仰缺失的现代文化弊病，以科学和技术为核心的现代文明不停地冲刷传统文化的土壤，甚至使我们沉迷其中失去了自我审视和反省的能力，意识形态逐渐变得模棱两可，良知、道德和规范等文化形态开始被一些人“娱乐化”和“边缘化”，“我们轻薄传统，甚至敌视传统，传统于是就嘲弄地丢给我们一地的渣滓，和一圈无所不在的浓重阴影”①，人们赖以生存的文化信仰有待构筑。

从这个层面看，必然要将“重拾文化信仰”纳为现代美育的功能，不难发现，如今形成的这种风气——过分追求自我感受和个人利益而轻视传统文化中的整体价值观，与西方个人主义和利己主义思潮的入侵有很大关系，诚然，不断追求自我价值的实现是人类文明进步的表现，但若因此舍弃掉传承千年的“仁义道德”和“家国情怀”，不仅是在抛弃传统，对实现中华民族伟大复兴的中国梦也将带来极大的阻碍，诚如马克思针对资本主义提出“资本现代性”和“审美现代性”的批判，现代人过分关注物质生活层面的现代性，忽视了审美现代性的重要作用，审美现代性是对文化政治和人文价值的关怀②，缺乏这一维度的考量的现代社会将会是残缺的。现在的学校美育显然并没有把握好美育和文化信仰的关系，很多学校至今停留在将美育等同于艺术教育的层面上，因此要及时关注美育在文化领域的功能并注重培养青年学生对社会、国家层面美的感知和判断能力，只有这样，才能更好地把握新时代的核心价值观。

（三）构建生活美感

在现实生活中，人类可以观赏到丰富的审美形态，有“日照香炉生紫烟，

---

① 袁瑜琤．“礼崩乐坏”与“纳仁入礼”：以《论语》为中心的法理解读与现实思考［J］．太平洋学报，2009（11）：94．

② 宋伟．中国式现代化语境中的美育现代性问题［J］．文艺争鸣，2022（3）：106－109．

遥看瀑布挂前川”的自然美，有“民安物阜”的社会美，有各种物质载体的艺术美，有日新月异的科学美和技术美，还有“山青水碧、满目清幽”的生态美，在生活中的许多场景中，我们享受着各种美学元素及其生发而成的审美意境。

但不得不提及的是，过分注重经济和物质需求而导致的“高级压迫”始终阻碍着我们对美的欣赏与追求，于是在大多数人眼里，美变成了“有钱人的特权”和“上层社会的高雅生活”，人们马不停歇地奔向下一个物质栖息地，汲取更多的经济资源，无暇欣赏生活的美。物质与精神的天平义无反顾地倒向了物质一侧，于是精神世界变得残缺。正如席勒所说：“为了培养个别能力而必须牺牲它的整体，这样做肯定是错误的。抑或当自然规律还力图这样做时，我们有责任通过更高的教养来恢复被教养坏了的我们的自然（本性）的这种完整性。”①

因此，如何构建生活美感，完成从艺术为人生到人生艺术化的转化，是当代美育需要把握的功能指向。所谓诗意的栖居，就是用心灵的欣慰和精神的愉悦缓和身体的疲劳与痛苦，用生活的美感让人生充满欣悦和感动，高雅生活并不是上层社会的特权，而是你选择了什么，你便成为什么，中国现代美学强调的“生活改造论”便是通过对生活的积极改造，从人的生活本身出发寻找精神的出路。②通过美育培养人的审美能力，让人可以知美、赏美、向美和创美，构建生活美感，找到生活的意义感，填补人们在日常生活中的精神信念缺失，方是当代美育的价值旨归。

四、结　语

谭好哲指出，任何话语行为都是生成于具体的语境之中的，语境的差异性与特殊性必然造成话语构成的差异性与特殊性，美学现代性问题自然也不例外。③因此，讨论新时代下美育的功能指向必然要立足于全新的时代背景和现实语境。近年来，相关学者已经试图从精神文化的语境理解当代美育，但很少有学者通过溯源传统美育思想的角度对人们精神信念缺失做整体的探究。笔者

---

① 席勒. 美育书简［M］. 徐恒醇，译. 中国社会科学院哲学所美学室，编. 北京：中国文联出版公司，1984：56.

② 王德胜. 功能论思想模式与生活改造论取向：从“以美育代宗教”理解现代中国美学精神的发生［J］. 郑州大学学报（哲学社会科学版），2017，50（5）：5－8.

③ 谭好哲. 语境意识与美学问题［M］. 北京：人民出版社，2012：1.

从精神信念缺失的角度对当代美育的功能指向进行宏观的归纳探究，但具体的美育实践仍然是一个很大的课题，如何从内而外地抚慰人们的心灵创伤、重塑坚定的文化信仰、构建生活美感，值得更多的美育研究者去探讨。

原载《大众文艺》2024 年第 4 期（原标题为《时代变迁下美育的功能指向策略研究——以精神缺失角度为例》），略有改动

民国初年美育运动的跨文化联结

华南师范大学　王　情　仝　妍

摘　要　“美育”一词并非中文词语，而是始于欧洲。民国初年，“美育”被新文化运动引入中国，它是文化现代化发展的重要内容，具有跨文化联结的本质特性——运用新词汇背后的新观念重新审视中国传统教育观，并赋予其现代意义，同时赋予西方词汇以中国内涵，故而成为中国现代美育的肇始。本文基于跨文化理论的研究视角回溯民国初年美育运动的演进向度；一方面从“美育”词源的跨文化性阐析民国初年美育运动的缘起，另一方面则是梳理德国古典美学大家席勒美育思想之跨文化体验，并视其为民国初年美育跨文化联结的运动基点。在多元文化交互、异质文化共生的全球格局下，此研究旨在推动中国美育的当代发展，更好地实现跨文化交流。

关键词　美育；美育运动；跨文化联结；席勒

一、引　言

民国初年，美育运动在中国的发生与实践，并非一件闭门造车的事情，而是一种具有跨文化性的全球事项，是中国文化现代化发展的肇始；其来源有别于古代美育思想，二者本质不同在于其并非顺沿中国传统范畴的美育思潮，而是抵达远隔重洋的西方世界，汲取资本主义美学、哲学、美育思想的营养，是中西方共同作用下的积淀成果。从跨文化理论出发，该社会环境为中国美育运动的发生提供了动因，德国美育思想的逐步成熟与广泛传播则赋予民国初年美育运动更为丰盈的时代内涵。恰如“美育”的词源并非汉语，而是始于欧洲；跨文化研究的方法之一，就是透过对文字历史进行考证学（philology）及字源学（etymology）的跨语际、跨文化探究，来追溯一个概念在发源地出现后，“旅行”到不同文化语境的过程①，不同语言环境围绕“美育”的相互交流与彼此沟通，成为不同文化互动、互学与互鉴的重要手段，由此言之，任一思潮

① 彭小妍．民初美育运动的“情感”与“理性”辩证：跨文化观点［J］．济南大学学报（社会科学版），2019（3）：39.

从出现到理论的产生都并非一方的独角戏表演，而是跨文化联结各方的对话与合唱；而由此带来的文化现代性发展同样促使现代社会和文化成为一个充满张力的多元复合体。故而，综上观点无疑指向一个既定的事实，即民国初年美育运动的发展是在跨文化语境中串联起“德国—日本—中国”现代美育理论的双向三角联结。

二、“美育”词源的跨文化缘起

中国教育家蔡元培曾说过：“美育的名词是民国元年我从德文译出，为从前所未有。”[①]以此追溯，德国古典美学家、著名诗人席勒首次将“美育”这一名词提出，且为“美育”一词赋予了理论内涵，指出其学科本质，强调社会范围内培养一国公民审美意识的必要性。席勒对“美育”一词的提出并非空穴来风，作为德国古典美学之大家，其上承康德的审美超功利美学观，丰富与发展了德国古典美学思想，且较为系统地梳理了“美育”的学科内容，主张美育不能仅仅局限于教育，应从社会现实出发，落脚于关注人性的复归；但反观其审美教育思想的形成，积淀着欧洲美学的优质基因，如在古希腊时期，著名西方美学家柏拉图就已然提出“艺术要为改善人的灵魂服务”“孩提时代就应该接受音乐艺术教育的熏陶”等思想[②]，如他所言：“天天耳濡目染于优美的作品，像从一种清幽的境界呼吸一阵清风，来呼吸她们好的影响；是使他们不知不觉培养起对于美的爱好，并且培养起融美于心灵的习惯。”[③]18 世纪以来，不少西方资产阶级启蒙思想家进一步强调美育，如法国卢梭在著作《爱弥尔》中提出著名的“回归自然”的教育主张：让儿童到大自然中去接受美的熏陶感染，培养爱美习惯，陶冶其情操；[④]此外，德国古典美学奠基人康德将人的精神活动分为知、情、意三个方面，认为审美区别于认识、实践的特殊性在于主张通过审美教育把认识与实践统一，进而解决主客体之间的矛盾。上述皆为席勒审美教育的理论基础，美育的提出有着清晰的欧洲美学理论脉络，而在西方资产阶级机械时代的压迫和剥削下，如何调整人性分裂、扭曲、断位的状态，使人真正成为全面发展而自由的人成为西方美育思想提出的关键动因，同样也是席勒提出审美教育的情感驱动因子。

---

① 蔡元培．蔡元培全集：第六卷［M］．北京：中华书局，1984：61.
② 柏拉图．理想国［M］．庄丽，译．北京：时事出版社，2014：370－410.
③ 柏拉图．文艺对话集［M］．朱光潜，译．北京：人民文学出版社，1963：62.
④ 让-雅克·卢梭．爱弥尔［M］．叶红婷，译．北京：台海出版社，2016：60－145.

作为跨文化联结的全球现象，“美育”一词在19世纪末、20世纪初“旅行”至东方各国，尤其是中国与日本的知识分子普遍体认到审美教育之于培养一国公民审美素养的必要性，如著名作家夏目漱石曾比较日本与英国绅士养成教育：“这个国度（英国）的文学艺术多么灿烂，正持续地培养着它的公民……在英国没有所谓的武士，但有绅士之说……我担心，就德育、体育及美育而言，日本的绅士恐怕相差太远了。”①然而，明治时期，日本国会图书馆的电子藏书中书题包含“美育”一词的就有三十九种之多，甚至有七种为“美育社”出版的图书，这显示“美育”一词在日本已然普及；如约翰诺特的《教育的原则与实践》中《美育》一章开篇说道：“知性教育的目的是真……德育的目的是善……美育的目的是美。”②早稻田大学讲师樋口勘次郎则认为，现代教育过度偏重功利主义、知性、道德教育、帝国教育及机械教育，却视艺术为敌，因此与上帝越行越远，因此，他主张，为了发展全人教育，美育与宗教教育是不可或缺的。以此观点延续，美育与宗教的关系也成为民国初年美育运动的重要思想之一，而推动“美育”一词在中国“旅行”的则不得不提民国初年美育运动的思想启蒙。

三、民国初年美育运动的思想启蒙

19世纪末20世纪初，中国社会受到西方殖民主义的冲击，资本主义文化随之而来，在军事、政治、经济和思想等各个层面不同程度地影响着中国社会的发展，催动着民国初年美育运动的发生；此外，基于新文化运动的文化现代化发展带来“厚今薄古”的新的历史观念，为民国时期形成的新教育、新文化、新艺术、新科技之种种“新”事物提供着内在动因；促使民国初年美育观念的现代生发成为中国教育事业走向现代化发展的重要载体。回溯历史顺延的辙痕，可见无数仁人志士、革命先贤为挽救国家和民族于危难之中而积极奔走的身影，不断践行与发展着思想救国、文化救国的现代美育理念。

（一）前身：梁启超的“情感教育”与“趣味教育”

经历“戊戌变法”的血雨腥风后，梁启超对中国积贫羸弱的现状根源进行了理性的思考，从开始注重国民现代化发展与民族文化素质的普遍提高，到基于改良派政治立场吸收西方资产阶级的进步思想，他逐渐从社会生活的需要

---

① 夏目漱石. 夏目漱石全集：第九卷［M］. 东京：筑摩书房，287－302.

② 高岭秀夫. 教育新论：第三卷［M］. 东京：东京茗溪会，1885：447.

出发，对美进行分析与研究，且积极提倡“诗界革命”和“小说界革命”；进而引申到美育问题时，他提出了“情感教育”与“趣味教育”①的主张，但需要注意的是，当时的中国学界尚未有“美育”一词。

细察之，一方面，梁启超认为艺术是情感教育的重要途径，在他看来，情感教育最大的利器，就是艺术，“音乐美术文学这三件法宝，把‘情感秘密’的钥匙都掌住了。艺术的权威，是把那霎时间便过去的情感，捉住他令他随时可以再现；是把艺术家自己‘个性’的情感，打进别人们的‘情阈’里头，在若干期间内占领了‘他心’的位置”。②中华民族传统艺术所拥有的文化底蕴是其能够深入人的内在精神世界且发挥影响的重要原因，而在中国近代社会，要想造就具有新的内在精神需求的国民，是需要借助哲学、美学尤其是文艺的力量的，这是因为：“古来大宗教家、大教育家，都最注意情感的陶养，老实说，是把情感教育放在第一位。情感教育的目的，不外将情感善的美的方面尽量发挥，把那恶的丑的方面渐渐压伏淘汰下去。这种功夫做得一分，便是人类一分的进步。”③

另一方面，梁启超认为与“情感教育”密切关联的另一个名词就是“趣味教育”，他对待“趣味教育”的观点较为明确，并认为人生的动力就应是“趣味”：“趣味是活动的源泉，趣味干竭，活动便跟着停止……人类若到把趣味丧失掉的时候，老实说，便是生活得不耐烦，那人虽然勉强留在世间，也不过行尸走肉。倘若全个社会如此，那社会便是痨病的社会，早已被医生宣告死刑。”④正如孔圣人言：“知之者不如好之者，好之者不如乐之者。”这也正是契合了德国席勒审美教育中“游戏冲动”的美学追求。

（二）立名：王国维促使近代美育成为可能

在中国近代美育思想的建构与发展中，梁启超受革命主义实践激情的影响，对美育的社会功能极其青睐，使得美育逐渐获得与科学教育比肩而立的发展趋势，为美育在中国教育体系中占有一席之地提供坚实的基础。王国维则是使美育由思想的萌芽阶段进入学术的探讨阶段。有志于“新学”的王国维积极介绍西方资产阶级教育思想，并注重审美和艺术的特殊性。他将美学与伦理学、教育学相比较，确定了美学在人文学科中的独特地位，从而引发了中国近

① 梁启超. 梁启超论教育［M］. 福州：福建教育出版社，2016：11.
② 夏晓虹. 梁启超文选：下卷［M］. 福州：福建教育出版社，2019：17.
③ 梁启超. 梁启超讲国学［M］. 北京：中国传媒大学出版社，2008：199.
④ 梁启超. 敬业与乐业［M］. 南京：江苏凤凰文艺出版社，2018：71.

代美学之自觉。由于受到西方文化和中国传统文化双重滋养，他不仅善于吸收近代西学的精髓，并能结合中国传统文化对美育进行理论透析。这些集中体现在他的《论教育之宗旨》《孔子之美育主义》《人间嗜好之研究》《霍恩氏之美育说》等文章中。如王国维所言："盖人心之动，无不束缚于一己之利害；独'美'之为物，使人忘记一己之利害而入高尚纯洁之域，此最纯粹之快乐也。"①受西方古典美学流派影响，他对"审美无关功利"的主张推崇备至，并将其一以贯之于美育体系之中，认为"知、情、意"②的审美结构层次是培养"完全之人物"③(须德育、智育、美育三者并驾齐驱）的首要前提。

联系民国初年的客观实际，无论是梁启超"情感教育"与"趣味教育"的思想，还是王国维的美育主张，无疑皆受到西方美育思想尤其是席勒美育思想的跨文化影响；不得不说，其中透露着不同文化语境间交互、共存的同一性前提，它与以美育培养高尚健全之人格、改变贫穷落后国家之面貌相联系，进一步在社会道德复苏的局面下促成人的自由之精神与完满之人性的完善。由此，则不得不谈席勒美育思想在中国的化用与创造。

四、席勒美育思想的跨文化体验

席勒美育思想的提出正值德国社会动荡，观照人的内心矛盾、解决社会现实问题成为当时德国美学家、哲学家们关注的焦点。美育在这一时代语境中应运而生，成为西方社会思潮中直指人的内心深处，同时又观照社会现实、联系主客观世界的重要工具；而这一概念最早由德国古典美学家席勒提出并赋予其独立于美学之外的学术形态。然而，民国初年，随着新文化运动举起"民主"与"科学"的大旗、高喊"打倒孔家店"的口号，进而轰轰烈烈地展开"新文化"创构，中国美育运动的跨文化联结呈现出两方面的前提动因：一方面在于中华民族传统文化体系自身存在着与文化现代化发展的不相适性，另一方面同样也表现出一种外生性文化现代化的初呈态势。这无疑为西方现代美育思想与民国初年文化现代化之间的跨文化联结搭建起一座互动对话的桥梁；在社会现代化建设中，一方面自觉理性地进行着中华民族传统文化的自我洗涤，另

① 李峰. 试谈王国维《论教育之宗旨》［J］. 辽宁教育学院学报（社会科学版），1990（3）：26.

② 李峰. 试谈王国维《论教育之宗旨》［J］. 辽宁教育学院学报（社会科学版），1990（3）：26.

③ 李峰. 试谈王国维《论教育之宗旨》［J］. 辽宁教育学院学报（社会科学版），1990（3）：25.

一方面也在不同程度地接受着西方现代文化的他者渗透，并将其中国化，试图为挽救民族危亡、改革社会现状及创新文化内涵探寻出有利途径与方法。

美育的最终目的在于促进人的全面发展，是一座人与世界和谐沟通的桥梁，在个体自愿的前提下美的教育必然会净化与升华身心。西方现代“审美教育”的提出者席勒及其美育著作《审美教育书简》不仅对于我国美育的发展在宏观上起到重要的理论指导作用，更是在实践层面有着创造性的启示意义，成为民国初年美育跨文化联结的运动基点。由此，在我国内忧外患的时局中，席勒美育思想的传入，瞬间吸引了一部分学者的眼光，尤其是王国维和蔡元培。这一时期美育的引入也在一定程度上开创了中国教育现代化的先河，美育由此在中国教育体系中占据了一席之地。

（一）王国维：从“完满人性”到“完全之人物”

结合18世纪末19世纪初的德国和19世纪末20世纪初的中国，虽时代不同、相隔遥远，但国家形势与国民情况有诸多相似之处：两国都处在从封建社会向资本主义社会转型的过程中，都面临着国势衰微、民心不振的现实情况。于是王国维同席勒一样，欲去除中国的“当时之弊”。他认为审美境界是物质境界与道德境界的津梁，而这个津梁是要用美育去实现的。正如他在《教育之家希尔列尔》[①] 一文中的著述：“希尔列尔以为真之与善，实赅于美之中。美术文学非徒慰藉人生之具，而宣布人生最深之意义之艺术也。一切学问，一切思想，皆以此为极点。人之感情惟由是而满足、而超脱，人之行为惟由是而纯洁、而高尚。其解美术文学也如此，故谓教人以为人之道者，不可不留意于美育……其书大旨，谓不施美育则德育无自完全，此与希腊人所谓‘人之精神不取径于美，不能达于善’者，意义相同。”[②]王国维接受了席勒的美育思想，把美育看作是改造社会、美化人生、拯救世界的根本途径。但不得不留意，席勒乌托邦色彩的美育思想，与近代中国极为契合，契合之处在于中国注重心理主义的超越。要言之，审美乌托邦不是真实的计划，也不在于从根本上解决问题，常常只能留于精神和意识层面。难能可贵的是，恰恰是这种对理想境界的追求，于无形中预示着人类世界在新的动荡时局中所具有的新的动向可能。正如：“人类精神的最大魅力在于它能无限地超越任何被给定的存在物，尽管这种超越在具体的现实中可能是极其有限的，但它能使人产生存在的勇

① 希尔列尔即席勒，两者为同一人的不同译名。

② 王国维. 教育家之希尔列尔［M］//乔继堂. 王国维散文. 上海：上海科学技术文献出版社，2013：155.

气，使人面对自身的困境能不断地产生希望，以维持自我发展的源泉，放弃乌托邦的追求，就意味着人失去所有发展的可能性，人也不再成为真正意义的人了。”[①]由此可见，此种思想无疑是在人文关怀的美学建构与人类文明接续的传承道路上具有强烈的现实意义，而对审美乌托邦的存在同样理应从意识与实践两个层面予以接受与吸纳。

总括而言，培育人的身体之“发达且调和”与精神之“完全”成为王国维美育思想的核心，尤其其依据康德美学“三分法”推出的人的精神之智力、情感与意志的三个组成部分，进而提出现代教育体系应包括“四育”——德、智、体、美，其中，德育为“四育”的中心，美育是造就“完全之人物”的重要手段。如王国维对此强调：“要之，美育者一面使人之感情发达以达完美之域，一面又为德育与智育之手段，此又教育者所不可不留意也。”[②]因美育自身具有的“审美无功利”的社会属性，甚至有超越客观现实的精神属性，所以，王国维坚信，只有推行包括美育在内的完全之教育，才能适应现代社会之速度、匹配现代教育之目标。同样也正因如此，王国维提出著名的“以美术代宗教”说，这个观点也直接启迪蔡元培提出“以美育代宗教”说。

（二）蔡元培：从“以艺术代宗教”到“以美育代宗教”

提及“美育”，在中国，众人皆知北京大学首任校长、《美育》刊物创始人蔡元培先生一生致力美育研究，先生作为民国时期“引西方知识以济吾乏”，调和中西、折中新旧的教育家、革命家，其思想与实践不仅丰富和完善了美育之学术形态，更为其在实践运用过程中提供了现实依据；如新文化运动中积极宣扬的“自由”与“民主”的新思想，正是蔡元培在改革教育中传播“自由、平等、博爱”的思想延续。

蔡元培将对席勒美育思想的继承与改造自谦为“借鉴甚多”。而他众多理论观点中，最为著名和影响深远的就是面对当时“宗教救国”论和复古主义的孔教运动不断吞噬美育教育阵地的现状，以席勒“艺术代宗教”的学说为参照，并结合王国维“以美术代宗教”的主张，提出的“以美育代宗教”学说，他认为，能拯救国民的不能是宗教而只能是美育。可值得注意的是，蔡元培肯定了宗教中的美育因素，同时也肯定了宗教带给人美感和联想的作用。然而，他认为这样的美感是不纯粹的，故不能以宗教代美育，要拯救国民的精神

---

① 王辉．纯然与超越：张炜小说创作论［M］．北京：中国社会科学出版社，2007：12.

② 王国维．论教育之宗旨［M］//杜学敏．20世纪中国美学经典选读．西安：陕西师范大学出版总社有限公司，2023：40.

只能是美育。美不涉及利害关系，可以人人共享而不妨害他人；美超脱于实际功利目的，可以使人脱离现实生活、不为物役——与宗教相比，它只有激励人、促进人格健全发展的正面作用而不会产生任何负面效应。“以美育代宗教”的命题，符合中国的艺术精神和民族教育传统。因为中国人不同于西方人，不以宗教的为最高境界，中国人追求的最高境界是审美的。一些宗教具有扩张己教攻击异教的倾向，这与美的普遍性根本对立，与自由、平等、博爱的资产阶级民主主义教育思想也相互背离。反对宗教而倡导美育体现了他鲜明的战斗精神与革命精神，体现出作为一个民主革命家敢于冲破精神桎梏，寄希望于现实和未来的人生理想。

张玉能先生在《审美教育书简》的译后记中谈及，席勒的诗歌、剧作和美学思想在中华民族的启蒙现代化的历史进程中始终是一宗珍贵的精神财富，王国维、蔡元培、鲁迅、郭沫若、田汉、冯至、朱光潜、宗白华等中国近现代的文化名人都直接受到席勒的巨大影响，席勒的名字也由他们播撒在神州大地。总而言之，席勒美育思想中国化的游历体验，本质是一种思潮自西方到东方、由理论运用于实践的过程，如赵伶俐和汪宏在《百年中国美育》中把梁启超、王国维、蔡元培等的美育观归纳为“习性陶情美育观”，梁启超派主张以审美和文艺改造国民性，文艺救国；王国维派主张以审美拯救人性，提倡一种超越精神，追求形而上的人生境界；蔡元培派主张以美育代宗教，教育救国，培养具有创造精神和献身精神的时代新人。

立于今人视角，分析民国初年的“美育”运动在中国的游历轨迹，不得不说，它更像是一种“审美乌托邦”式的构建，受到民国初年时局、政治形势、制度建设、经济状况等各个方面的影响，考量其在这一时期的发展构想很大程度上是一种空想，其主要原因在于中国现代形态的美育只能是在审美价值得以独立的基础上，才有可能找到赖以生存的逻辑出发点。但在这一时期，跨文化联结促进中国美育体系的构建却为中国近现代美学教育提供了研究视域、研究范式等，具有划时代的现实意义与学术价值，此中的深远内涵是不容忽视的。

五、结　语

正如古希腊柏拉图构建的“理想国”中对建立真善美国家和社会的追求，席勒美学思想也在试图建立科学求真、宗教求善与艺术求美的桥梁，席勒美育思想的中国化更是凸显着民国初年中国教育理念、文艺观念的现代化追求。故而，西方美育思想在中国的传播与发展本质上应和了中国传统文化的美学内涵，逻辑自洽地完成了其在中国的化用与创造。它是属于跨越国界的文化与思想碰撞的运动，连接了中西的文化；同时借鉴他者的理论，推动了我国传统文化和思维的现代性转型，不仅是以他者认证自我的价值，更是重新建立自身文化的起始，同时为中国现代社会的建立与发展发挥了纲领性的组织作用。现今，多元文化交互、异质文化共生的全球格局已是昭然若揭，基于此，跨文化联结无疑是促进异质文化间互动、对话的重要手段之一。

原载《中外艺术研究》2021 年第 1 期（原标题为《民初美育运动的跨文化联结》），略有改动

上海美专与中国现代美术教育管窥

——以《美术》杂志为中心

上海大学　屈慧珊

摘　要　本文以《美术》杂志为中心，通过对文本资料的爬梳，从刊物话语平台的构建入手，循其发展过程，论及办刊过程中关于美术思潮的涌动、其对现代西方美术的引介和对美术教育教学论的细化三个方面的内容，尝试探索《美术》作为美术专门学校的出版刊物对上海美专及其美术教育的具体功用，如中西绘画的差异与融合、写生与临摹课程的设置、裸体艺术与人体模特的争议。通过《美术》，我们不仅可以窥见上海美专重要转型阶段美术教育思想观念的变化、选择与呈现过程，还可以回顾上海美术教育乃至20世纪20年代前后中国现代美术教育的一段历史。

关键词　《美术》；上海美专；美育

1917年8月1日，《新青年》杂志刊载时任北京大学校长蔡元培关于《以美育代宗教说》的演讲内容。这是继其1912年提出“新教育”之“美感教育”后，首次对“美育”的社会功用做出具体的阐释。一时之间，其“舍宗教而易以纯粹之美育”的新思想在全国各界引起很大震动，“美育”的重要性再一次被凸显和强调。国家层面对于国民教育的目标转向使得社会各界对美育的关注到达前所未有的高度。这对于推动艺术相关行业的发展无疑是一次时代的良机，更不用说“没有一学期不在改进和建设之中”①苦苦求索的上海美专②。

一、顺势而动：“是以美育勃兴”

（一）学校定位的调整

时任上海美专校长的刘海粟敏锐地捕捉到上层政策对于“美育”的导向，“要依着时代的发展而改进，决不可以依着死章程去办事，美术学校的性质，

---

① 刘海粟．上海美专十年回顾［N］．时事新报·学灯，1922-09-17（04）．

② 因学校校名多次变动，为了行文流畅，除引用原文外，凡出现学校校名处统称为“上海美专”。

更与其他学校的情形不同”。[①]他迅速调整学校定位，从开设“以最简易之速成法，教授各种图画”商业实用性质[②]的私立美术培训班，着力转向政府所提倡的以新式美术教育为核心的美术专门学校。国家教育体制的变化为学校招生需求指明了新的方向，即大力培养中国美术师范类人才。上海美专的教学结构也开始向专业化、学院化转型。领悟上层的意图并迅速调整相应的工作方向，切实执行国家政策，是刘海粟作为学校主要领导人的核心能力，他对于办学理念、教学思路及实践活动的大胆开拓与创新，为上海美专注入了源源不断的动力。

1918 年 3 月，蔡元培为发起北京大学画法研究会向上海美专致函求教：

> 西门外图画美术学校昨接国立北京大学画法研究会来函云，久闻高名同深想望贵校成立数载宏效卓著，敝校同人现发起画法研究会思得成法以资步趋，恳将贵校历年所刊校章并种种印刷物如图画器具详细目录等类赐寄一份。敝会成立伊始所待取法于贵校者甚多，伏望随时示我周行俾得师承先进无任祷切。[③]

而后蔡元培与刘海粟数次往来通信，多家沪上刊物转载：

> 京师大学因提倡美术于校内附设画法研究会，闻沪上西门外图画美术学校办理多年成效卓著，特通函联络互相研究并由校长蔡孑民先生书赠闳约深美四字匾额一方以资鼓励云。[④]

“闳约深美”四字匾额被悬挂在上海美专大礼堂，成为学校未来发展的指导方针。教育界的各级领导[⑤]受邀来校参观交流。如此种种，都能表明刘海粟层层贯通各个环节关系网络的主动意图。不仅如此，他与张聿光一起以上海美

---

① 刘海粟. 上海美专十年回顾［N］. 时事新报 · 学灯，1922－09－17（04）.

② 上海美专创办初期主要以培养商业美术人才为目标开设课程，聘请张聿光、徐永清、沈伯尘等西画界商业实用美术大师来校授课。

③ 《画法研究会之征求》，载于 1918 年 3 月 17 日《申报》《时报》等刊物。

④ 《大学校长鼓励美术》，载于 1918 年 5 月 12 日《民国日报》《时事新报（上海）》、5 月 13 日《时报》等刊物。

⑤ 1918 年 6 月 21 日，教育部佥事沈商耆先生来校参观。1918 年 8 月 21 日，刘海粟在省教育会当选干事员。1918 年 9 月 16 日，北京大学画法研究会主任狄福鼎来校参观。1918 年 10 月 6 日，刘海粟参加江苏省教育会美术研究会成立会，经众推为主席。1918 年 10 月 16 日，全国教育会联合会代表十余人莅校参观。

专校长的身份向江苏省六十县市区教育会致《美术学校普及美育之公函》[①]并附招生通则。积极响应蔡元培“美育”思想的号召，表明自己对待普及美育事业的态度，还主动发起“江苏省教育会美术研究会”，为中小学美术师范人才的培养添砖加瓦，得到黄炎培、沈恩孚、庄俞、贾丰臻、顾树森、范祥善、卢寿篯[②]等一众江苏省教育界知名人士的鼎力支持。其中黄炎培、沈恩孚更是在日后成为上海美专的校董，以资金注入和社会支持的形式深度参与上海美专的办学与教学活动。《美术》首刊封面即为沈恩孚所题写。

1919 年 5 月 24 日，《申报》刊登《张聿光启事》：

> 鄙人于本学期始业已辞卸图画美术学校校长之职，一切校务概不予闻，现任教职亦准于下学期辞退……[③]

至此，上海美专正式进入刘海粟独自主政的时代，此时他在全国美术界、教育界的地位亦不可同日而语。1919 年 7 月，由蔡元培题写封面的《美术》第一卷第二期出版。8 月，上海美专众教授发起西画社团“天马会”，并商议每年举行一次美术展览会。9 月，上海美专开始正式实行男女同校；有留法背景的西洋画科教授江小鹣被聘为教务主任。10 月，刘海粟一行[④]在汪亚尘的安排下赴日，系统考察了日本几所美术学校的课程设置。11 月，上海美专校董会[⑤]正式成立，旋即恳请予以立案致江苏省教育厅转呈教育部。年底，巴黎国立高等美术学院毕业的李超士受邀为上海美专师生作法国美术现状的演讲，并于次年初入职教授西洋画与法语。

将这一时期上海美专的变动与刘海粟一系列相关举措并置考量，不难发现刘海粟在蔡元培“美育”思想的号召下，将上海美专的定位调整为一所致力

---

① 《美术学校普及美育之公函》，载于 1918 年 8 月 7 日《申报》《民国日报》《时事新报（上海）》《时报》等刊物。

② 黄炎培，江苏川沙（今属上海）人，先后任江苏都督府民政司总务科科长兼教育科科长、江苏省署教育司司长，积极从事地方教育改革。沈恩孚，江苏吴县（今属苏州）人，时任江苏省教育会驻会干事，会长为张謇，副会长为黄炎培。1919 年 3 月 18 日，受刘海粟邀请到学校作题为《美育之原理》的演讲。庄俞，江苏武进人，时任商务印书馆编译员。贾丰臻，上海人，时任上海龙门师范学堂学监。顾树森，江苏嘉定（今属上海）人，时任中华职业学校首任校长。范祥善，江苏嘉定人，曾任嘉定启东学校、江西小学及省立第一、第二师范附属小学教员。卢寿篯，江苏宝应人，时任中华书局编辑。

③ 张聿光. 张聿光启事［N］. 申报，1919－05－24（02）.

④ 除刘海粟、汪亚尘以外，还有俞寄凡、陈国良、贺锐三人。

⑤ 蔡元培为名誉校董，康有为、梁启超、赵匊椒、王一亭、沈恩孚、黄炎培等人为校董。

推广新式美术教育的现代化美术专门学校。从办学的角度来看，他借鉴了日本美术学校的财团法人机制，成立学校校董会，不仅为学校办学的经济基础提供了各方面的保障，而且为学校长期发展铺设了社会关系的网络。从教学的层面来说，这个阶段的上海美专遇到很多棘手问题的考验：如中西绘画的差异与融合、写生与临摹课程的设置、裸体艺术与人体模特的争议……借由《美术》的传播，我们得以一窥究竟。

（二）话语平台的构建

刘海粟逐步在现代人文与科学的教育体系之下建构起以上海美专为核心，以“江苏省教育会美术研究会—天马会及美术展览会—《美术》杂志”为集群的美术发展新格局，已经几近形成了一个成熟的“美术学校—美术机构—专业组织—展览平台—美术刊物”美术美育生态链条，其经营模式和运行制度都契合新的时代语境，美育事业因而蓬勃发展。其中，专业性的美术出版物尤为重要，它是上海美专生产美术知识、传播美术思想、普及美术教育的重要途径之一。上海美专作为一所培养美术实践者、美术工作者、美术教育者的美术专门学校，需要一个专业的话语平台为自己发声。中华民国七年（1918 年）十月，《美术》杂志第一卷第一期由上海美专正式发行，它也是上海美专第一本现代专业期刊，它代替了过去美术教材性质的临摹画片范本[①]，成为上海美专研究成果对外集中展示的重要平台。

其创刊理想从两篇掷地有声的发刊词中可见一斑：

> 二十世纪之世界。一美术世界也。东西各国，凡百事业。莫不以审美的精神，演为艺术的实质。是以美育勃兴。而人与人竞，国与国竞。虽一艺之微。亦钩心斩角。月异日新，潜势所趋。骎骎乎夺世界美术而有之。[②]
>
> 所愿本杂志发刊后，四方宏博。悉本此志，抒为崇论，有以表彰图画之效用。使全国士风咸能以高尚之学术发挥国光，增进世界种种文明事业，与欧西各国竞进颉颃。俾美术前途隆隆炎炎兮。如旭日之

---

① 如 1914 年 10 月起刊行的《上海振青社书画集》，收录刘海粟、丁悚、张聿光等人的作品，兼做教材临摹；1914 年 11 月出版的《介绍习画范本》，由刘海粟、丁悚、张聿光、陈抱一等人分类担任，合绘铅笔画；1915 年 9 月，1916 年 10 月，类似性质的《铅画集》相继出版。这些出版物起初是由上海美专教师与上海本地美术名家合编，面向社会发行，兼做教材之用。而后逐渐转变为上海美专出版部发行以上海美专教师为主绘制的绘画范本。

② 玄田．发刊词一［J］．美术，1918，1（1）．张玄田，时任学校学监。

光蓬蓬勃勃兮。①

洋洋洒洒几句勾勒出两位上海美专领导者希望与世界美术竞进之熊熊野心。宏伟的目标需要一步一脚印地去踏实地践行。《美术》大方向上明确要“以美育勃兴”来“药国人拙陋”。第一步就是竭尽所能令所知、所教、所学“抑社会美术观念之缺乏”，借助《美术》发行传播的力量来提倡美术、普及美术而效用于社会。这与上海美专创立时的办学宗旨如出一辙，“我们要在极残酷无情、干燥枯寂的社会里尽宣传艺术的责任。因为我们相信艺术能够救济现在中国民众的烦苦，能够惊觉一般人的睡梦。”②

《美术》之路道阻且长。它不仅是上海美专美术话语生产的重要途径，更是美术知识面向社会传播的窗口。尽管《美术》呈现出的整体面貌是美术专门学校所独有的话语风格，但建构美术专业话语体系实际上还是依赖于编者的实际操作和具体把控。编者作为串联起画家、作者和读者之间的重要一环，他们掌握着大量的美术资源和珍贵的文献材料，因其对文稿和作品的敏锐洞察往往会直接左右美术活动的走向。从这种意义上说，《美术》成功与否，关键在于构建《美术》秩序背后的操盘手，即所有编者、作者甚至是集编作于一体的美专师生。他们原本就是专业性人才，大多对美术的理论研究和创作实践有自己独到的认识，具备对学术问题的引导、分析和判断能力。每一期杂志栏目设置上的宏观调控，组稿选编中的细节把握，内部运作中的环节安排都有编辑思路的专业体现。除了组织稿件外，他们往往又充当了输出内容的作者，若出现来稿数量或质量不足的情况，美专师生还需要撰写符合当期主题的文章来充实刊物内容。科班出身的美专师生保证了《美术》的学理性，体现了对美术实践基本规律的探求、对西方现代美术发展的译介、对中国传统美术的固守、对美术教育教学理论的开发、对社会各界美术动向的把握……当时的这些美术焦点问题无一不被他们所关注、所讨论，以及去尝试解决。编者、作者、读者共同由上海美专师生群体这一条线索紧密地串联在一起，形成从知识生产—传播接受—反馈修正—再生产的良性循环。《美术》作为专业学院派形态下的刊物特色已经逐渐凸显。

二、不息之变："大大的革新"

1920 年 3 月 31 日，《美术》第二卷第一号出版。《本刊刷新预告》和几则

① 海粟. 发刊词二［J］. 美术，1918，1（1）. 刘海粟，时任学校副校长。

② 刘海粟. 上海美专十年回顾［N］. 时事新报·学灯，1922－09－17（04）.

《本刊启事》中处处洋溢着《美术》新一卷大力革新的决心：

> 从前是学校编辑的，现在是学生编辑的；从前的材料，较为空泛，现在专取关于美术既有价值的文字发表；稍形空泛的不录……从前的是半年一刊，一卷共两号。我们以为时间太长了，研究的学理，不免有些“隔靴搔痒”的话，所以从第二卷起，改作两月一刊，每年一卷，每卷一号……从前的是直行，我们以为看起来很不便当；并且不容易插入西文和标点；所以从第二卷一号起，一律改作横行……①
>
> 本刊的文字，最忌的就是：(1) 用古典的 (2) 艰涩难懂的 (3) 偏激的 (4) 空泛的 (5) 抄袭的……②

由此可知，从第二卷起，主导革新《美术》的接力棒由老师传递给了学生，但背后仍然是以美专师生为一体的工作团队。师生共事共学，既能使学生在工作环境中高效地向老师学习，又能让学校领导和老师降低沟通成本，教学相长的交流过程必然促使师生双方共同提升美术传播中各个环节的专业素质和应对能力。从内容编排的角度来看，《美术》因新文化运动的倡导，将艰涩难识读的竖式排版文言文换成加入新式标点和西文的横行白话文。排版更加一目了然，识读起来更加通俗易懂。刊物发行也由第一卷的半年刊改为双月刊，单期的页码从两百多页减少到一百多页，不再是拉拉杂杂什么都概括进来的一切之美术。通过精简栏目编排，突出“记载”“思潮”“杂评”“通讯”等几个板块，加强专业化设置，富有学理性的逻辑框架表达了一种呼之欲出的新美术与新思想的立场：

> 我们要想解决人生问题，我们就要来研究美术。我们刊行这本美术杂志，就是拿他来作研究美术的机关，并且借他来介绍美学和艺术学的基础知识；做预备的工夫，最后的鹄的，就是要希望他来帮忙解决人生一切的问题；这就是我们美术的宣言。③

（一）美术思潮的涌动

《美术》杂志自第二卷起，以“公开和研究的态度”自觉将对中国新美

---

① 本刊刷新预告 [J]. 美术（上海），1920，2（1）.
② 本刊启事二 [J]. 美术（上海），1920，2（1）.
③ 本刊的宣言 [J]. 美术（上海），1920，2（1）.

术、新思想的探索纳入世界美术发展格局中，以“研究真实的美术”来“创造‘人’的‘生活’和‘美术化’的‘社会’”。因而形成了整个期刊从始至终贯彻的美术思想和理论倾向。如果说《新青年》杂志作为一种新思想被放置于整个新文化运动史中考量，那么《美术》作为美术专门学校所发行的期刊，理应被看作是美术思潮中值得被单独研究的一脉。当时的上海早已汇聚了中国新美术、新思想，而上海美专师生更是其中的先锋力量。《美术》即他们传播新美术、新思想的话语平台，他们以美术实践者、美术研究者、美术教育者的自觉，突破陈规，唤醒个性，对美术界诸多陈旧的观念进行更新，普及新思想，积极引介新美术概念与范畴。可以说，《美术》具有其他同时代刊物不可企及的积极性、包容性与专业性，极大丰富了新美术、新思想的时代内涵，拓展了他们的外延。

除了“公开和研究的态度”之外，《美术》对于“外界的投稿和批判”也很欢迎，因而聚焦于思想性、学理性的讨论商榷式文章所占的比例很大，第二卷之后主要刊载于《思潮》这一栏目。这是在第一卷《美术思潮》探索与试行之后保留下来的重要板块，记录了那段历史时期中广泛影响美术界的重要美术事件。

20世纪20年代的上海美专，引发社会影响与争论最大的事件当属裸体模特写生。作为美专校长的刘海粟也受到社会各界的严厉斥责，“丧心病狂”“伤风败俗”“艺术叛徒”等骂名铺天盖地。但“要画活人体模特儿的意义”①仅仅是“因为人体的微妙的曲线能完全表白出一种顺从‘生’的法则……人体上的颜色也能完全表白出一种不息的流动……所以就有很高的美的意义和美的真价值”。②《美术》在这场长久的“裸体艺术”争论之中始终扮演上海美专的发声平台的角色，它不畏强权、不惧流言，坚定不移地从专业、学术的角度深入剖析裸体艺术美的价值。时任《美术》编辑的唐隽对裸体艺术相关问题进行了许多延伸思考，撰写了《裸体画与裸体照片》《裸体艺术与道德问题》《评两个“裸体画评”》《石膏模型写生与人体写生的着力点》等多篇文章，并在第二卷第三号《通讯》栏目刊登与俞寄凡探讨裸体画与人和社会之关系等话题。张守桐《曲线美是什么》中提出“裸体写生是学美术的，很要紧的关键，并且裸体写生画是改造社会‘龌龊卑鄙’思想的良方……”③在某

① 刘海粟. 上海美专十年回顾［N］. 时事新报·学灯，1922-09-17（04）.
② 刘海粟. 上海美专十年回顾［N］. 时事新报·学灯，1922-09-17（04）.
③ 张守桐. 曲线美是什么？［J］. 美术（上海），1920，2（3）：101-103.

种意义上说，《美术》的传播与流通引导社会各界关于艺术伦理道德、艺术社会功用、艺术人类科学等方面的认识、重认与再识，确实直接起到以美感教育净化人们思想，推动社会进步的国家层面的“美育”作用。

《思潮》栏目围绕当时美术界所关注的核心问题展开过许多次激烈的论争，为我们呈现出多元美术观念交织、不同美术理论争鸣的时代图景。《思潮》栏目作为当时论争的前沿阵地，刊登了不少具有思想深度及研究价值的言论、回应、辩驳，甚至是针锋相对的激烈言辞。即便如此，《美术》杂志更多的是以一种开放自由的、广为吸纳的态度毫无偏颇地将来回往复的双方争鸣都收录其中，留给读者自行参考判断的思索空间。

（二）对现代西方美术迫切的引介

新文化运动为当时的美术界送来了欧西现代之美术，也使人们意识到“吾国美术之落后”的紧迫。首当其冲的课题即如何以“西方艺术的蕴奥”来“发展东方固有艺术”。即使当时是以学习西方文化为潮流的时代，但《美术》引介西方美术时，还是有其独到的、颇具专业性的学术判断和学理性的价值取向。

一方面，译介国外美术的文章占据很大的篇幅，如介绍性质的画家论——《近代绘画主义的先驱者果牙》（汪亚尘译）、《塞尚奴评传》（格莱斐著，季楚译）、《塞尚奴的艺术》（刘海粟）、《约翰》（汪亚尘）、《辟沙罗》（曼生著，许士骐译），这些文章在今天看来也许相当浅显，但为当时的中国美术注入了新鲜的血液，为人们了解西方美术提供了相当多的基础信息。又如第三卷第一号后期印象派专号对于西方画派的引介，《后期印象派的解释》（吕澄）、《后期印象派前后法国之绘画界》（吕澄）、《印象派绘画与后期印象派的对照》（俞寄凡）、《从后期印象派到立体派和表现派》（泽木梢著，琴仲译）等文章充分集合了当时研究者对现代西方美术的认识，介绍了当时的研究现状。除此之外，《美术界消息》栏目在保留原有内容的基础上，扩充为“海外”和“国内”两部分，其中后期印象派专号的《海外美术界消息》收录的动态信息达十六条之多，集中关注世界各国美术界的最新动向、海外的重要展览及美术活动资讯。这对于当时求知若渴的中国美术界具有拓宽美术视野的重要意义。

另一方面，《美术》新卷对美术史、美学、美术理论甚至是美术批评相关知识的探讨更加精深。如《风景画的变迁》（刘海粟）、《造型美术的沿革》（俞寄凡）、《近代底绘画》（汪亚尘）、《晚近西洋新绘画运动之经过》（吕澄）等文章都具有深入的绘画专题史研究意识。而关于西方美学思想及其理论的专题性研究文章数量也在增多，如《叔本华与哈尔特曼对于美学的见解》（王统照）、《卢思敬的美谈》（俞寄凡译）、《希尔恩的美学》（俞寄凡）。唐隽负责主要编辑工作之后，也开始对美术评论与批评范畴的内容有所关注，开设了《杂评》《评论》《画评》等栏目，除了唐隽自己对“艺术品的认识与批评”的思考之外，洪野、俞寄凡还针对江苏省教育学会小学图画手工成绩展览会进行了深入的剖析，提出相当多的尖锐意见与解决措施，大开评论之先风。比较少被注意到的是俞宗杰的《评画的我见》，文章逻辑清晰，从“评画的标准、评画的态度、评画的程序”三个方面展开其对美术作品品评的思路，并得出结论：尊重作者的个性，以图绘画进步与发展。提倡作者的思想，使与技术相连通。应具世界前进的眼光，负辅助及指导作者的责任。另有一些对于图画展览及其展出作品的评价也很细致，尤其是围绕刘海粟图画展览会，几乎是每幅作品都有几位作者为其撰写大段文字，呈现一一对应的评述内容。当然这也与当时刘海粟校长与日俱增的社会地位有关。最后一期的《通信》栏目刊载了《关于“艺术批评和创作”问题讨论底几封信》，是读者唐哲安与吕秋逸关于艺术批评和创作之间的关系的探讨。其中有些观点如今看来也具有相当的启发意义：真正的批评便是一种美术的创作，这是批评和创作的一种关系。

值得注意的是，《美术》整体在刊发文章的倾向上，力主介绍与西方现代美术相关的理论及其研究方法。但其中心美术思想断不可单纯地被定义为学习西方，当时将中西美术并列而考的研究思路已经出现，并逐渐萌发出中西融合的调和性思想。在上海美专教育思想的统领下，《美术》坚定地怀着与世界美术发展同步之雄心，认真研读国外学术著作，翻译介绍各国画坛潮流与趋势，试图从中找到对中国美术发展的有益之处，在碰撞、吸取、亲和之中不断探寻西方现代美术经验的中国实施方案。

（三）对美术教育教学论的细化

《美术》作为上海美专发展历程中的一本重要出版物，不仅直接记录了上海美专早期美术教学活动的过程，更是回顾了上海美术教育乃至20世纪早期美术教育的一段历史。《美术》作为专业学院派意识形态下刊物的另一重大特色即是在美术教育教学及其方法论的讨论上相当细致翔实。例如《国画教育底方针应该怎么样?》（汪亚尘）、《图案教育与工艺的关系》（汪亚尘）这些对于国画科和工艺科教育政策层面的探讨，也有《伊斯滕画天景的方法》（王行素）、《绘画之自由主义教授法》（藤冈龟三郎著，孙黼译）之类对于具体教学操作方法的论述。而在课程教学之外，学生社团、美术展览会等从日本美术学校借鉴来的各种活动形式也在拓宽美专学生的学习途径。

除此之外，《美术》有关上海美专写生课程的议题众多，如《我对于写生的意见》（守桐）、《石膏模型写生与人体写生的着力点》（唐隽）、《写生和精神上的关系》（曾兆芹）、《风景写生底便利方法》（汪亚尘）、《这样就是石膏模型写生么?》（戴蒴）。从以上罗列的几篇中，我们不难观察到，上海美专的写生教学体系是以野外写生和室内写生两个部分为主的。室内写生主要是以真实和自然为标准，注重轮廓和光线，写植物、静物、人体的。野外写生一直是上海美专的传统，第一卷第一期《美术》就已经刊登正式修订的《本校野外写生团规则》，对写生课程制定了严密的章程，分为定期野外写生和旅行野外写生两种，其主旨要义是“主动的（非被动的），创造的（非奴隶的），自由的（非强制的）”①。

几乎同一时期，刘海粟在“天马会”成立大会上提倡美育思想，进一步阐释了“写生法”的价值：“西法对物写实远胜中国之摹绘他人旧稿。”②而翻阅校史资料，上海美专在1918年至1922年循序渐进地构建的西画美术教育体系也初具规模，取法日本的“临画法”“摹写法”的教学模式逐渐瓦解，开始转向效仿欧西美术起源之法国美术教育体系，“写生法”独尊的教学格局逐渐形成。上海美专从建立之初就格外重视西画教学，通过自身观察、研究性的写生教学手段，对国家所倡导的新式“美育”进行了一番阐释。就此而言，上海美专持续推行的是对“自然界的种种”进行“实写”，于“各地之风俗胜迹”旅行写生的这一过程，“得窥美学之真谛”。恰好正是蔡元培“美感之教育”体验的最佳注解。

上海美专的课程设置一直紧随国家美育思想潮流同步前行，对当时国内各种美术活动的关注、记载、评论都融汇于《美术》。刘海粟等人一直积极响应国家美育政策，引进西方美术人体写生课程的体系，开展野外旅行写生教学，或直接组织参与或间接鼓动助力实施国家政策层面的美术教育活动。不仅倡导“美育”，普及“美育”，而且为上海美专现代化学科建设的发展推波助澜。而《美术》正是以记录者和传播者的身份实现了这些内容。

三、未完待续：“精神不绝地向上”

如前文所述，《美术》对于刊发内容选择的专业性越来越强，其思想轮廓

① 守桐. 我对于写生的意见［J］. 美术（上海），1920，2（1）：69.

② 图画美术学校提倡美育大会记［N］. 申报，1919-09-29（10）.

在第二卷之后逐渐明晰——从广义上包含音乐、诗歌的“艺术”到只关注绘画、雕刻、建筑、工艺美术在内的造型美术及其艺术学、美学的研究。第二卷第四号中对第三卷刊发的规划原本是“自第三卷起也改作全年四号。不限期日”①“本刊第三卷第一号，预定出后期印象派专号。第二号作为现代雕塑专号”②。已出版的第一号“后期印象派号”是介绍西方现代绘画的主要部分，而未面世的第二号“现代雕塑专号”以及第三号、第四号则永远不会发行了。真实的停刊原因暂时无从考证，第三卷最后一期最后一页上刊登名为《研究美术不可少的几个良友》的广告引起了笔者的兴趣，介绍了“上海美专教师合作的铅画集。上海美专校长的画学真诠，美术的新印象。上海美专同学的美专月刊”。不免揣测，或许是上海美专的出版物太多，又或许是上海美专正式由教育部批准立案，需要一本正式的学院派期刊，抑或是《美专月刊》《美专》《艺术》《葱岭》等与《美术》类似性质的刊物相继出现。至此，《美术》没有正式宣布停刊就戛然而止。

回顾历史，一个新生事物在蓬勃发展的过程中，往往就孕育了自身衰落的种子。可是我们目前对于《美术》的认识和评价远远不够。以今天的视角来看，《美术》团队青年化的特质难免导致理论上的稚嫩，其刊物内容不免良莠不齐，其运营模式也略显青涩、粗糙，其发行体系更是在草创中摸索着前行，带着明显的模仿移植痕迹。但在 20 世纪早期特定的历史情境当中，《美术》具有开美术教育和美术传播先河的重大意义。

其一，它的开始意味着国民美育的普及。虽然短短四年间只有八期刊物面世，但在那个战乱频发、社会动荡，尤其是民智闭塞的时代背景之下，《美术》所倡导的美育思想，有许多发前人未发的真知灼见，在很大程度上启发了长期被制约的作为人的主动创造力。其二，在大的社会背景下，中国人已经做出了“新文化运动”的历史选择。在这种教育思想的指引下，《美术》刊物记录和传播了重要转型阶段美术思想的变化。《美术》如何被人认识，又如何被人看待，折射了当时的政治、经济、社会环境，以及艺术发展多元共存的时代特征，反映出了前瞻性和现代意识。其三，《美术》所展示的群体广泛参与，其文化意义在整个近现代美术史上都是值得被深入研究的。历史上中国每一次借鉴外来文化，从来都是有所选择地效仿，这种存在个体差异的偏好自然是取决于个体的知识结构和时代的审美氛围。并不是任何外来因素都能成为变

---

① 本刊特别启事一［J］．美术（上海），1921，2（4）．
② 本刊特别启事二［J］．美术（上海），1921，2（4）．

革的催化剂，现实决定了每一次新观念的传播都无比艰巨，而经过百年历史冲刷后，是个体差异还是集体选择就会逐渐明晰，一个新视角下的全新的文化语境和社会结构将扑面而来，引发我们深思。

行文至此，对《美术》的考察告一段落。今天的我们无论以何种视角去重温，百年前那些令人向往的文化场景都显得弥足珍贵。就推动美术教育、美术期刊、美术学校发展的开放远景而言，对《美术》的研究是一种精神上的溯源，也是一种文化展望。而《美术》也凝结于一卷卷微缩胶片之中，等待有心人再度延续其“不绝地向上”精神。

原载《南京艺术学院学报（美术与设计）》2023 年第 3 期，略有改动

从中国空间美学出发刍议传统文化中美育的主体间性特征及其当代应用

乐山师范学院　刘律佚

摘　要　空间是主体存续的现实场域，对存在其中的人具有美育教化作用。这在当代美育讨论中颇有共识，且在我国古代典籍中早有明确表述。文章拟从中国空间认知和营造的特性出发，借用当代哲学、精神分析及教育学中的相关概念，指出其主体间性特征；并进一步讨论这一特征在传统文化美育中的普遍性及当代应用。文章以山水园林空间为例，说明中国空间的主体间性特征，并追溯其文化源头；通过对经典文本中有关美育、德性培养章句的现象学、诠释学分析，讨论这一主体间性特征在传统文化中的普遍性；结合当下具体情况，提出中国传统美育主体间性在当代应用的方向性途径。中国传统文化中的美育不仅仅是艺术的欣赏与创造，还打破了审美主客体对立的壁垒，且深具超越性特征。这种超越性主体间性的美育方法势将具有联通古今中外的广泛意义。

关键词　山水；园林空间；美育；主体间性；现象学；诠释学

美育不是简单的艺术教育，而是对学生感知力的培养——这一观点在中西传统教育体系中皆有所阐述，也在当下美育的讨论中被大家普遍接受。如北京师范大学未来设计学院院长高鹏，在《人民日报》发表的文章《坚持以美育人、以文化人》中称“美育是审美教育，更是情操教育和心灵教育。”①这里的“情操”“心灵”便是感知力的载体；又如清华大学党委书记邱勇所言：“美育的职责正是让人懂得如何感受美、欣赏美、创造美。”②不言而喻，感受、感知是欣赏与创造的前提。

感知力的培养，可以使人的思维超越僵硬的机械逻辑，从而对现实的生活世界（lifeworld）具有全息性的认识与感知。这里说的全息，是包含了眼、耳、鼻、舌、身、意六根的感知总和。而这一切需要发生在具体的物理环境中。毋

基金项目：乐山师范学院高层次人才引进科研启动项目“山水文化的数字化研究”（项目编号：RC2023025）；乐山师范学院“数字艺术文化创意研究中心”共同资助。

① 高鹏．坚持以美育人、以文化人［N］．人民日报，2021－12－13（05）．

② 邱勇．向美而行　以美育人［N］．人民日报，2022－01－09（05）．

庸置疑，具体的物质空间环境具有教化的作用、美育的功能。在古今中外的知识系统构架中皆有诸多的论述支持此观点。

在西方经典学科分类中，创造空间的学科——建筑学被认为是所有科学、艺术之总和。它跨越工程技术和人文艺术，既为人类创造最基本的庇护所，又提供给人类最为抽象的美之感受与熏陶。进入当代，伴随着战后基础建设的完成和科学进步（尤其由爱因斯坦提出的，可以说在“时—空”认知上具有颠覆性的相对论被广泛认知和接受），社会人文方面也思潮迭起，在建筑学学科方面，其关注重点由“实体—空间”互为支撑之实体一方的土木石等的构造比例等，投向了虚空一方：空间，进而讨论人在空间中的存在（being）。如康德认为空间是“外感所有一切现象之方式”[①]，海德格尔继承其衣钵更有著名的“诗意地栖居”之说，从本体论源头强调了空间的美学意义，是人类对其存在之物理环境与还原性的自然之物关系的深沉凝思。这些思潮无不在当代的美育、设计教育，乃至更广泛意义的教育及社会民智启蒙、终身教育等领域中引起了普遍的反思，推动了一系列落实到行动的教育改革。

在我国，对人所存在的环境进行关注并认为其具有教化作用的观念由来已久，可以说几乎是文化的根本。《易经·系辞传》记载：“上古穴居而野处，后世圣人易之以宫室。上栋下宇，以待风雨，概取之大壮。”在这里，人为的空间是由“圣人”来导向、营造的，这已经暗示了其教化意义。而《礼记》等儒家经典里则明确将“宫室”与“国家”“车旌”“衣服”“礼仪”等并提而论。《大戴礼·朝事》详细地记录：“上公九命为伯，其国家、宫室、车旌、衣服、礼仪，皆以九为节；诸侯诸伯七命，其国家、宫室、车旌、衣服、礼仪，皆以七为节；子男五命，其国家、宫室、车旌、衣服、礼仪，皆以五为节。王之三公八命，其卿六命，其大夫四命。及其封也，皆加一等，其国家、宫室、车旌、衣服、礼仪亦如之。”说明古代中国提供居住的“宫室”是与社会等级制度紧密关联的。

如果说这样的空间“教化”反映的是封建等级束缚式的教化，那我们再来看《易》的“蒙”卦（图1）。易经第四卦为：山水蒙。虽然根据易经的意象化表达，蒙其实是指山水之间模糊的景象，雾气蒸腾，天地初开，并未直接指涉空间具有教化的意思。但我们继续来看，《象》曰：山下出泉，蒙，君子以果行育德。于是有了后世词汇“启蒙”。再有更为通广的儒教经典陈述：

① 康德. 纯粹理性批判［M］. 蓝公武，译. 天津：天津人民出版社，2023：44.

“仁者乐山，智者乐水。”这样，山水与教化在意象上关联在了一起。值得强调的还有，这里的山水空间是还原性的，天地初开，山水空间是原始的、先验的教化空间。

图 1　山水蒙卦（刘律佚书）

后世画论又谈“圣人含道应物，贤者澄怀味像。至于山水‘质有而趣灵’是以轩辕、尧、孔、广成、大隗、许由、孤竹之流，必有崆峒、具茨、藐姑、箕、首、大、蒙之游焉；又称仁智之乐焉。夫圣人以神法道而贤者通；山水以形媚道而仁者乐，不亦几乎！”[①]更进一步指出了空间——这里是具体的山水物质空间和人文创造的山水画的图面空间——具有教化、美育的功能，具有怡养性情、培育德性的功能。

用当代西方哲学、现象学、诠释学的眼光解读宗炳这段有关山水的文字，我们可以看到：圣人、贤者——主体的人，是有美感与德性、“法”道与“通”道的人；山水——客体的物质环境空间，用具体形态呈现亦即传递“道”的空间。主体的人与客体的物质环境空间之间以“游”这一行动产生关联与互动，主客之间交互有关“道”的要旨、精神。如此，便是说明了这里的空间具有现象学家胡塞尔所提出的“结构性主体间性”的特征，主体的人与客体的空间不再存在“主—客”二元对立的关系，而是互为主体，交互共生，而这种关联的基础是主体与客体对“道”的高度一致的认知，但又并不完全一致的表达。

---

① 倪志云. 中国画论名篇通释［M］. 修订版. 上海：上海人民美术出版社，2023：60.

进一步地说，不仅是原初山水空间在中国先哲的目光与表述中具有美育教化的作用，后世基于山水精神营造的园林空间也十分显著地继承着这种主体间性特征。如果说讨论山水画的空间，难以逃脱由视觉主导，关注于图面所指涉的表现性空间，而非全息性感知，是仅存于观者的视觉感受与想象中的；那么对园林空间的分析、讨论则无疑是对实实在在物质空间的讨论，关照到的是空间的使用者存在于其中全知觉的感受。中国园林是士大夫基于“山水”这一概念进行的具体的空间营造，是典型的独具中国文化根源的空间。同时，借用当代哲学、精神分析及教育学中的相关概念，我们说中国园林空间具有主体间性的特征，具体表现在其营造方式与欣赏方式上。

从营造方式来看，中国园林的营造方式并不像我们熟悉的当代空间建造、建筑设计方式那样。当代建筑设计，其基本流程可简述为“设计构思—绘制图纸—按图施工”这样一套流程。这种方式，在当代建筑讨论中被诟病为“视觉霸权”（visual hegemony），并未观照到视觉之外的其他五感，而且存在着绝对的主客体对立。设计师、空间，以及后来要进场的空间的使用者，在这套流程中是分离与碎片化的。设计师掌握的“专业技能”——线性透视法与机械制图法将三维空间抽象、压缩到二维平面，是将人类对空间天生具有的复杂性、模糊性的感受捕猎（arrest）为绝对的理性化、数理化的表达，换句话说是将有血有肉的人，抽象、物化的结果。这在当代建筑讨论中都是屡被诟病，被深刻反省的。基于此，当代建筑界提出现象学建筑学的概念，抨击视觉霸权，强调空间的眼、耳、鼻、舌、身、意的感知；强调在地性、即时存在（presence）的建筑营造；强调反思式（reflective）的设计流程。这些都是从空间创造端对旧有建筑设计的批判；同时，学界也从空间使用者端，关注空间使用者的主观感受，提出包容性（inclusiveness）的空间的概念。限于讨论主题，这里就不对这些思潮与概念进行展开。

对比当代建筑设计，回看我们传统的园林空间营造。根据现存有关园林的诗文、图画记录，我们可以发现，中国园林的营造方式正是当代建筑所追求的，对既有的主客体二元对立式的空间营造反思的所有努力之总和的具体呈现。它们没有具体化、抽象化、数理化的图纸表达，而是用诗文、意向性的水墨画表达设计意向。而“诗人与画家就是天然的现象学家”，他们基于场所情况边干边设计，因地制宜。难怪著名现象学、建筑学家斯蒂文-霍尔在游历苏州网师园之后称其为：极为现代的建筑的一个微缩模型。①

不仅如此，中国园林空间的营造还有一项当代建筑设计完全没有的步骤：为园林中各处建筑物，乃至一个地方场所题名。最具史料参考性的小说《红楼梦》在第十七、十八章记录了大观园的营建，描述了这一题名的过程。寥寥数百个汉字描述了修建大观园的原因、选址考虑、施工人员、工程概况等整个具体营建过程。与此同时，浓墨重彩、不惜笔墨地记载园子落成后，贾政率领一众清客，包括小说主人公贾宝玉参观花园，并为各处命名的过程。著名建筑家汉宝德先生针对这段记录解读说："园林的性格是兼容并包的，是大众性的，是通俗的，其精神所在要用诗文点出来。"②这充分说明了园林空间在营造过程中所包含的包容性特征，同时由于"诗文"的存在——这里诗文是落实在园林物理空间中的匾额——这种包容性特征也得以存在于园林空间的欣赏中。笔者曾在自己的博士论文中举例："匾额不仅将文学和书法融入到了园林空间，而且还将时间的元素带入了空间的体验中。以网师园'月到风来亭'为例，时至今日，你我仍可游览此园。若在晴朗的午后游园，读此亭匾额诗句，难免不会想起一个清风月夜的景象。如此，观者当下所处的时空被想象和记忆中的时空所取代，因此花园当下的时间与空间在观者的心理感知中都得到了扩展，现实与虚幻得以叠加。"③而且每一个人的想象与记忆都是不一样的，这就使得园林空间的欣赏也具有包容性特征，它们是相似而非相同的。

由此，我们看到，无论是"宫室"的人为空间礼教之教化，还是园林空间的"自然"山水空间教化，古代中国从文明之初就敏锐地感知到空间、环境的教化美育功能。而根据马一浮先生《复性书院讲录》对传统经典文本的梳理，这种普遍被认为源自儒家的"宫室"空间与源自道家的山水园林空间，本来也是分疏统一的，是所谓"《易》以天道下济人事，《春秋》以人事反之天道"④。在此话语中，我们再次看到"人事"与"天道"，它们在马先生的论述中突破了主客体的二元对立，呈现了互为的主体间性的特征。所以，可以说，主体间性的特征在我国传统文化中具有普遍性。它进一步将美育的内涵从以艺术对象为主体的感知培养，提升到艺术欣赏者、创造者以人为主体的德性蒙养。

---

① 斯蒂文，霍尔. 中国随笔：斯蒂文·霍尔手记［J］. 李抒青，译. 世界建筑，2007（1）：23.

② 汉宝德. 物象与心境：中国的园林［M］. 北京：生活·读书·新知三联书店，2014：252.

③ LIU L Y. The accessible frame-research on ancient chinese landscape architecture towardsa perceptual interaction paradigm［D］. Milano：Politecnico di Milano，2022.

④ 马一浮. 复性书院讲录［M］//马一浮，吴光. 马一浮全集. 杭州：浙江古籍出版社，2012：160.

我们还可借用哲学逻辑思辨来理性分析，如果美育的重点只投向作为客体的艺术对象，就会存在一个若现若隐的评价准则框架，即便是强调感知力的培养，也难免是狭隘与僵死的，是局限于既有知识框架的类机械性复制，难有真正意义上创造性。只有将审美的主体人，同时也是美的创造者，纳入创造美、欣赏美的整个过程，构造人与美主体间性的结构关系，才有可能达到我国传统强调的“平衡、中和”而非极致的审美理想。

这样，我们得以再次申明我国传统美育、德育是具有现象学上所说的主体间性的。胡塞尔定义主体间性是“意味着群体性、人类性、普遍性、共同性、社会性、统一性、互为性、共在性等”①，我们可以将其总结为是具有群体的普遍性，由此普遍性，我们也可以进一步理解，在中国教育转向当代化之始初，号召以“美育代宗教”的教育大家蔡元培先生所说的“凡是学校所有的课程都没有与美育无关的”之深意。蔡先生所提倡的美育是具有中华文明深厚文化内涵支撑的。彼时语境下的美育在传统中本就是对具体的每一个人的身、心、神的培养与安顿。

至此，本文通过借用当代哲学、精神分析学、教育学的视角，主要是现象学、诠释学的方法论对我国传统的空间及经典文本中一些相关表述、语句的初步分析，指明了它们所具有的普遍的主体间性特征。回应当下有关美育的一些热点话题，本文的分析或可为传统美育的继承与发扬提供一些信心与思路。习近平总书记强调，要全面加强和改进学校美育，坚持以美育人、以文化人，提高学生审美和人文素养。②这里的“人文素养”便是说对传统经典的重新拥抱、深刻理解，并融入认知，用于学习与生活。

习近平总书记指出，做好美育工作，要坚持立德树人，扎根时代生活，遵循美育特点，弘扬中华美育精神③。所以，在这个全球化早已形成的时代，我们更应开放包容地借鉴一切可用的分析工具，包括使用最前沿的科技手段等，重新回顾与挖掘我们文化本源的智慧，只有从内涵上理解了它们，才能真正在当下应用与发扬它们。

---

① 杨方. 胡塞尔：从主体性到主体间性［J］. 长沙理工大学学报（社会科学版），1995（1）：38.

② 高鹏. 坚持以美育人、以文化人［N］. 人民日报，2021-12-13（05）.

③ 邱勇. 向美而行　以美育人［N］. 人民日报，2022-01-09（05）.

丰子恺儿童音乐教育思想对当代美育的启示

——以11则音乐故事中的儿童音乐教育思想为例

中国传媒大学　陈亭伊

摘　要　丰子恺是中国现代著名的艺术家、教育家，其深厚的学养和艺术造诣被誉为“现代中国最像艺术家的艺术家”。文章以1937年丰子恺在《新少年》刊物发表的11则音乐故事为切入点，介绍他启蒙儿童、实践音乐教育及培养儿童健全完整的人格的美育思想。在新时代，我们要立足于时代的沃土，迈开深化教育改革的脚步，重视美育在教育中发挥的价值引领作用，深入贯彻落实习近平总书记提出的立德树人的根本任务和培根铸魂的育人宗旨，培养新时代美育工作的建设者和接班人。

关键词　丰子恺；音乐故事；音乐教育；美育；新时代

丰子恺，1898年11月9日出生在浙江崇德县石门湾镇①的一个书香门第之家，是中国现代著名的艺术教育家、文学家、艺术家、漫画家，在文学、绘画、音乐等领域均有着非常高的造诣，且被日本学者吉川幸次郎誉为“现代中国最像艺术家的艺术家”②。当然，丰子恺的贡献不仅仅局限在文学和艺术的领域，他更是一位拥有独特教育方法的艺术教育家。不难发现，在丰子恺诸多文学作品中，有关于儿童的文学作品不在少数，他虽然没有出过有关儿童的专著，但他却翻译过大量关于儿童教育的文论，在儿童教育上具有独到的见解和方法。

丰子恺在《缘缘堂随笔》的《儿女》一文中曾谈到儿童与艺术：

> 近来我的心为四事所占据了：天上的神明与星辰，人间的艺术与儿童，这小燕子似的一群儿女，是在人世间与我因缘最深的儿童，他们在我心中占有与神明，星辰，艺术同等的地位。③

---

① 今浙江省桐乡市石门镇。

② 丰南颖，丰意青．回忆祖父丰子恺：长乐邨的往事［M］．北京：商务印书馆，2022：267－268.

③ 丰子恺．儿女［M］//丰子恺．缘缘堂随笔．北京：海豚出版社，2016：33.

丰子恺一生从事艺术教育事业，他将天上的神明、星辰、艺术和儿童这四者放在同等重要的位置，表明了艺术、儿童和儿童艺术教育在丰子恺心中至高无上、不可替代的地位。

一、在音乐故事中“发现儿童”

在我国传统社会意识中，儿童同妇女一样不被重视。恰如儒家“三纲五常”理论中的三纲思想，他们完全不能具备独立的人格，却要背负兴盛门楣的期望。近代，外来文化的冲击使得国内的知识分子意识到开发民智迫在眉睫。由此，儿童问题便进入了他们的视野。在“五四”时期宣扬思想启蒙和解放之时，知识分子开始关注到妇女和个人的问题，此时最先关注到儿童的是鲁迅。法国自然主义教育家卢梭曾提出：“必须把人当人看待，把儿童当儿童看待”①的思想被广泛接受。丰子恺对儿童的关注恰恰与“五四”时期的知识分子相反，他对于儿童的关注缘起于自己成了一名父亲。成为父亲后，丰子恺开始留意儿童、观察儿童并理解儿童，在与孩子朝夕相处的过程中，他的儿童观也悄然建立。同时，这些观念也深深地影响了他的创作。

在丰子恺的文学作品中不难发现，他在与儿童的交流中将他们视为独立的个体，给予了儿童充分的尊重。恰如在《给我的孩子们》中将儿童与大人作对比：

> 这是何等可佩服的真率，自然，与热情！大人间的所谓“沉默”“含蓄”“深刻”的美德，比起你来，全是不自然的，病的，伪的！②

在丰子恺看来，孩子无论是在游戏中还是在苦闷时，都是专注的、自然的、真挚的。而大人的专注和自然与孩子是有着千差万别的。在音乐故事《外国姨母》中的弟弟看到演奏小提琴的姨丈心想：

> 这演奏法真别致：乐器夹在下巴底下，奏起来同木匠使锯子一般；而发出来的声音异常柔和，异常委婉，活像一个女子在那里歌唱。③

从文中弟弟对小提琴的音色和演奏出的婉转曲调的赞美可以看出，儿童面对喜欢的、新鲜的事物会流露出自然、真挚的情感。笔者认为，上述对小提琴

---

① 薛正斌．卢梭自然教育思想［M］．太原：山西人民出版社，2018：88.

② 丰子恺．给我的孩子们［M］．丰子恺．缘缘堂随笔．北京：海豚出版社，2016：7.

③ 丰子恺．丰子恺儿童文学全集：少年音乐故事［M］．北京：海豚出版社，2014：63－64.

的形容是儿童发自内心的，没有经过雕琢和打磨，是儿童的真情流露，是他们内心最真切的声音。

丰子恺在他的作品中将“把儿童当儿童看待”这一思想表达得淋漓尽致。《〈儿童的年龄性质与玩具〉译者序言——儿童苦》体现了对儿童的清楚认知：

> 其实小孩子们也自有感情，也自有其人生观、世界观及其活动、欲求、烦闷、苦衷，大人们都难得理解。我以前不曾注意于此，近来家里的孩子们都长到三四岁以上，我同他们天天接近，方才感到，不禁对他们发生了深切的同情。①

丰子恺较早认识到儿童有自己的情感、三观和独立的人格，更认识到儿童对社会的重要性。音乐故事《理法与情趣》的开篇之处写道：

> 昨夜我抱着了两个疑问而睡觉：第一，吹口琴时，就用某音左面的几个音作为某音的伴奏，为什么都很调和？第二，《松柏凌霜竹耐寒》的乐曲这样短小，这样简单，这样缓慢，这样平易，为什么反比那种长大、复杂、急速、困难的乐曲更加好听？②

故事中的弟弟不仅能完全掌握所学的知识，并且还能在此基础上产生新的疑惑、提出新的问题。在问题没有解决之时也会感到苦闷，甚至吃不好、睡不着，当问题解决后，又能感到无比的愉悦。这何尝不是丰子恺在对孩子日积月累的观察中总结出来的。

在《巷中的美音》中，弟弟听到巷中传来的一阵美音，优美的旋律逐渐靠近，便看到一位衣衫褴褛的老头在吹竹笛。

> 伛偻而褴褛的老头子带了婉转悠扬的美音而渐行渐近，终于走到了我的窗下。我喊下去：
>
> “喂，你的笛卖不卖？”
>
> “卖的，”老头子仰起头来回答，美音戛然中止了。
>
> “多少钱一只？”
>
> “一毛小洋。”

---

① 丰子恺.《儿童的年龄性质与玩具》译者序言：儿童苦［M］//丰子恺. 丰子恺全集：文学卷：4. 北京：海豚出版社，2016：19.

② 丰子恺. 法理与情趣［M］//丰子恺. 丰子恺儿童文学全集：儿童故事卷. 北京：海豚出版社，2014：200.

“你等一等，我走下来同你买。”①

通过上述对丰子恺音乐故事中儿童形象的梳理可以发现，在丰子恺的文学作品中，儿童形象已经发生了翻天覆地的变化。儿童不再是依附者、不再是被家长严加管教的笨拙群体，而是天真烂漫、具有自己思想、富有真情实感、勇于表现自我的新儿童形象。如此的新儿童形象不仅是丰子恺在文学作品中所塑造的，更是丰子恺希望在社会环境的影响下所教育出的。

二、趣味性儿童音乐教育实践

丰子恺在教育上颇下功夫，其讲授构思巧妙、内容丰富，充满趣味性，这根植于他对生活的深刻体验和对艺术精神的体认，也造就了他独特的艺术教育的方式方法。音乐故事采用单篇连缀的写法，主要讲述姐弟俩的童年趣事和他们对音乐知识的学习。为了便于读者学习，丰子恺特将故事转化为弟弟的视角。以儿童的眼光和思维来学习相对抽象的音乐，使之更易于读者理解和学习。

音乐故事从《独揽梅花扫腊雪》②讲起，以王公公扫雪为线索，引出C大调音阶，为音乐爱好者展开一幅生动有趣的画面。在艺术课中，音乐与其他艺术形式不同，它的门槛相对较高，除了天赋外，还需要学习和掌握相当程度的乐理知识，并需加以勤奋地练习，只有这样，才有可能真正迈进音乐世界的大门。故事中的姐弟二人亦是在父亲的影响之下对音乐抱有较高的热情，在正确的教授和勤奋练习之下，得以达到演奏级水平。既是儿童故事，其中的音乐知识便属于入门级别。丰子恺在音乐故事《松柏凌霜竹耐寒》中将口琴作为音乐入门的乐器。随着学习难度加深，在《律中夹钟》中，父亲为了让弟弟感受到口琴中不能够奏出的♯F音，花费重金买回一架风琴。随后又在《巷中的美音》中写到弟弟买竹笛的经过，在《蛙鼓》中看到演奏胡琴的王老伯伯和阿四，在《外国姨母》中见到真正的小提琴，并在姨丈的指导下奏出音阶。显然，丰子恺由浅入深、循序渐进地将音乐知识写进音乐故事，且通常根据孩子们对某个乐器的兴趣为主。待新鲜感消失后，枯燥的练习和缓慢的进步常常使孩子对音乐学习心生厌倦，甚至产生强烈的厌学情绪。在《芒种的歌》这

---

① 丰子恺．巷中的美音［M］//丰子恺．丰子恺儿童文学全集：少年音乐故事．北京：海豚出版社，2014：54.

② “独揽梅花扫腊雪”即C大调式音阶唱名：do、re、mi、fa、sol、la、si。

一篇音乐故事中，枯燥的练习使弟弟对小提琴学习产生厌烦，因而不自觉地被又一个新鲜的乐器胡琴所吸引。父亲发现后并没有把孩子叫来训斥，而是自我检讨当时没有把学习乐器的辛苦提前跟孩子讲清楚。父亲说：

> 第一，音乐并不完全是享乐的东西，并非时时伴着兴味的。在未学成以前的练习时期，比练习英文数学更加艰苦，需要更多的努力和忍耐。第二，人生的事，苦乐必定相伴，而且成正比例。吃苦愈多，享乐愈大；反之，不吃苦就不得享乐。这是丝毫不爽的定理，你切不可忘记。你所学的提琴，是技术最难的一种乐器。须得下大决心，准备吃大苦头，然后可以从事学习的。从今天起，你可用另一副精神来对付它，暂时不要找求享乐，且当它是一个难关……通过了这难关，就来到享乐的大花园了。①

以上这番话足以看出父亲对孩子的耐心及在学习音乐的道路上对孩子的教导和指引。笔者认为，丰子恺在孩子的事情上亦父、亦师、亦友，他可以在生活中省吃俭用，但在学习用品和艺术用品上毫不吝啬，对孩子们感兴趣的事物和对孩子们未来有益的学习，可以说是做到了“有求必应”。

音乐故事《蛙鼓》中讲到父子俩的一次夜游。父子俩在准备出门时，听到演奏声，驻足欣赏，站在窗前窥探。只见王伯伯在竹椅上拉胡琴，阿四扯长了嘴唇吹笛，大家尽情地演奏着，样子可爱又可敬。音乐故事《翡翠笛》中由父亲对翡翠笛的兴味可以看出父亲被燃起的那颗童心，他和孩子们一起研究吹奏翡翠笛的音阶和音准问题。由此，“大人们原来也是有孩子们的兴味，不过平时为别种东西所压迫，不容易显露罢了”②。每个人都有一颗童心，不论年龄大小，只是在生活的磨炼下人们不愿意再把隐藏在内心深处的天真烂漫展现给外界看罢了。因此丰子恺更加关注儿童自然又真挚的情感，并认为儿童是不同于成年人的独立个体。

音乐科目是丰子恺大力倡导的课程。丰子恺受恩师李叔同影响寄希望于艺术课程，希望通过艺术教育让少年儿童提升精神品质和教养。为此，丰子恺花费了大量心血，为少年儿童撰写音乐故事。这类关于儿童的散文和专门为儿童

---

① 丰子恺. 芒种的歌［M］//丰子恺. 丰子恺儿童文学全集：少年音乐故事. 北京：海豚出版社，2014：73－74.

② 丰子恺. 翡翠笛［M］//丰子恺. 丰子恺全集：艺术理论艺术杂著卷：9［M］. 北京：海豚出版社，2014：234.

创作的故事体现了他对儿童的认识——将儿童视为独立的个体，尊重儿童和理解儿童的独特性。又因丰子恺的创作是建立在具有现代性的儿童观之上的。因此，这类儿童故事在今天看来仍然有教育意义，值得我们细细研读。

三、"曲高和众"的儿童音乐教育思想在音乐故事中的体现

丰子恺以其丰厚的文学作品、绘画作品、艺术教育著述、翻译和艺术理论等享誉世间。其中有文学作品500余篇，包含缘缘堂系列随笔、再笔、新笔、续笔，小说、诗词、外文集等。而丰子恺的音乐教育思想充分体现在他的作品之中。

在《吕氏春秋》中有一则故事叫"伯牙绝弦"，故事主要讲述伯牙和子期的友情。由于子期的离世，伯牙以为自己的音乐再也无人能懂，便亲手毁坏了自己心爱的琴，再也不弹。这一故事受到众人的褒奖，对二人的友谊倾慕不已。在丰子恺看来，这种"曲高和寡"的艺术传播方式对当时我国音乐教育的发展产生了阻碍。丰子恺在《艺术漫谈》的序中曾经谈道：

> 有生即有情，有情即有艺术。故艺术非专科，乃人人所本能；艺术无专家，人人皆生知也。晚近世变多端，人事烦琐，逐末者忘本，循流者忘源，人各竭其力于生活之一隅，而丧失其人生之常情，于是世间始立"艺术"为专科，而称专长此道者为"艺术家"。盖"艺术"与"艺术家"兴，而艺术始衰矣：出"艺术"之深宫，辞"艺术家"之尊位，对稚子而教之习艺，执途人而与之论美，谈言微中，亦足以启发其生知之本领，而归复其人生之常情。①

丰子恺认为，每个人都有学习艺术的必要，且每个人都具备学习艺术的潜能，所以艺术需要面向每一个人，而不是某一些人。因此丰子恺强调艺术应大众化而不是小众化，且以实际行动传播艺术，倡导音乐教育面向每一个人，其中儿童群体是丰子恺特别关注的。

丰子恺于1937年1月10日起至1937年6月10日，在《新少年》半月刊上刊登了11则音乐故事。②《新少年》于1936年1月在上海创刊，由开明书店发行。《新少年》这一刊物属于综合性少年刊物，主要是以引导少年认识社

---

① 丰子恺. 子恺书话［M］. 北京：海豚出版社，2012：143.

② 11则音乐故事分别为《独揽梅花扫腊雪》《晚餐的转调》《松柏凌霜竹耐寒》《理法与情趣》《铁马与风筝》《律中夹钟》《翡翠笛》《巷中的美音》《外国姨母》《芒种的歌》《蛙鼓》。

会、欣赏文艺、了解自然为主旨，主要刊登时事述评、科学常识、社会风情，以及历史、地理、美术、音乐和卫生等方面的知识、小实验等。此外，还刊载诗歌、散文、童话、小说、报告文学、文学译作和名篇赏析，以及少年学生的一些杂感习作等。由此可以看出，丰子恺在刊中所登载的11则音乐故事也是少年儿童兴趣学习的读物，这一读物虽然主要面向少年儿童，但对艺术有兴趣的大人也可以阅读，它是一本开放性的读物，旨在提升少年儿童知识的学习和精神的培养。虽然《新少年》这一刊物仅发刊18个月（于1937年7月停刊），但其美育的价值是深厚的，对音乐知识的传播影响力也是空前的。后于1945年7月在重庆复刊，改名为《开明少年》。

表面上看，丰子恺在《新少年》刊登的11则音乐故事是面向少年儿童的音乐兴趣读物。但仔细阅读可以发现，在这11则音乐故事中涉及了较多乐理基础知识，如：音、音阶、音程、和弦、调式等。丰子恺由浅入深地给初学者展示了乐理基础知识结构体系，将乐理知识结合富有趣味的文学文本展现给每一位读者。此外，在这11则音乐故事中，丰子恺给孩子们展示了6种乐器，分别为口琴、风琴、竹笛、钢琴、小提琴和胡琴。其中《理法与情趣》这一音乐故事中附有口琴吹奏法及清晰的演奏图纸，在《律中夹钟》中附有风琴键盘上的大字组音阶（CDEFGAB）。丰子恺将每一个乐器的演奏特点及演奏中涉及的乐理基础知识，融入音乐故事的创作中，让读者不仅可以阅读故事，还可以学到乐理基础知识。丰子恺在音乐故事《外国姨母》中提到《音乐入门》，在《铁马与风筝》《律中夹钟》中提到《开明音乐教本》，在《翡翠笛》中提到《开明音乐讲义》，这三本书是丰子恺编写的音乐入门教材。

笔者认为，在丰子恺这11则音乐故事中，他否定了“曲高和寡”的部分思想，有意将“曲高和众”思想发扬。恰如在《教育的艺术与托尔斯泰〈艺术论〉》一文中所谈及：

> 教育的艺术，贵乎善巧，而善重于巧，故求内容之丰富，而不求技巧之艰深。故曰平凡之美。平凡非浅薄，乃深入浅出之谓也。凡人之心必有同然。①

这不仅是针对爱好音乐的儿童的音乐启蒙，更是丰子恺进行艺术教育、提升当下人们精神内涵的一种独到的教育方式。

---

① 丰子恺．教育的艺术与托尔斯泰《艺术论》［M］//丰子恺．丰子恺全集：艺术理论艺术杂著卷：11．北京：海豚出版社，2016：192．

四、丰子恺儿童音乐教育思想对当代美育的启示

丰子恺的一生是艺术的一生，在近半个世纪的艺术生活中，无论是在音乐理论层面还是实践层面，他的成就都是无比丰厚的。丰子恺的音乐教育思想与其几十年的音乐实践有着紧密的联系，且这些联系都是建立在他所经历的社会百态之上的。不论是前期的学校音乐教育还是后期的社会音乐事业，丰子恺的关注点始终在提高国民的艺术修养，提升国民的综合素质，以及把音乐普及给社会各阶层人民。他所提出的关于音乐教育的理论和所创作的艺术作品，至今仍在艺术教育领域发挥着极其重要的作用。

丰子恺的音乐教育理论在 20 世纪无疑是具有前瞻性的。当代大规模推行的美育、艺术教育正是丰子恺在 20 世纪大规模宣扬和努力实践的。无论是他对儿童的关注，还是对“曲高和众”的理解，抑或是对音乐教育的实践，无不体现出“立人”这一基本的理念。恰如丰子恺在《废止艺术科——教育艺术论的序曲》这篇文章中所谈及：“教育是教人以真善美的理想，使窥见崇高广大的人世的。再从人的心理上说，真、善、美就是知、意、情。知意情，三面一齐发育，造成崇高的人格，就是教育的完全的奏效。倘有一面偏废，就不是健全的教育。”①丰子恺认为，健全的人格的教育是真、善、美三方面的协调统一，三者缺一不可，丰子恺倡导的真、善、美正是当下美育建设中的重要议题。同党的十八大以来习近平总书记提出的“立德树人”相契合。可以说，丰子恺的音乐教育思想与当代音乐教育思想是无缝衔接的。

2022 年 3 月，教育部印发了新修订的《义务教育艺术课程标准》（2022 年版）。新的艺术课程标准的课程理念始终坚持以美育人，强调以核心素养贯穿课程，以培养德智体美劳全面发展的社会主义建设者和接班人为终极目标。《义务教育艺术课程标准》（2022 年版）规定，艺术在一至九年级开设，其中一至二年级包括唱游·音乐、造型·美术；三至七年级以音乐、美术为主，融入舞蹈、戏剧（含戏曲）、影视（含数字媒体艺术）相关内容；八至九年级包括音乐、美术、舞蹈、戏剧（含戏曲）、影视（含数字媒体艺术）等，学生至少选择两项学习。② 由此可以看出，艺术课程在义务教育阶段的内容和范围都

---

① 丰子恺. 废止艺术科：教育艺术论的序曲［M］//丰子恺. 丰子恺全集：艺术理论艺术杂著卷：12. 北京：海豚出版社，2016：245.

② 中华人民共和国教育部. 义务教育艺术课程标准［M］. 2022 年版. 北京：北京师范大学出版集团，2022：14.

在扩大，且贯穿义务教育的始末，其分量不容忽视，同时也给新时代美育的发展提供了新的契机。

这次义务教育的改革加入了戏剧（含戏曲）、影视（含数字媒体艺术），对学校师资提出更高要求。当前学校存在教师缺乏信仰与追求的问题，部分教师不能将育人作为自己的目标，而是将目标限于其所授科目专业的发展，这有悖于育人的根本宗旨。教师不应该只局限于其专业的发展，更要具备教导学生作为完整的人所应具备的素质的发展。恰如丰子恺在音乐教育的实践中注重对学生人文精神的培养，利用艺术美的特性来提升学生的精神境界。教师是时代培养人才的主导者，只有教师具备了全面的人格修养和丰富的专业知识，其培养的学生才会成为新时代所需的高素质人才。恰如丰子恺在《艺术与艺术家》一文中开篇就强调了真、善、美的辩证统一关系：

> 圆满的人格好比一个鼎，“真、善、美”好比鼎的三足。缺了一足，鼎就站不住。而三者之中，相互的关系又如下：“真”“善”为“美”的基础。“美”是“真”“善”的完成。①

综上可以看出丰子恺对于音乐教育乃至艺术教育课程的远见卓识。对于艺术，丰子恺认为首先要抱有一颗艺术心；其次对于艺术秉持心为主、技为从的评判标准；最后对于艺术教育，不能仅满足于技艺本身的掌握，而应崇尚艺术精神的培养。音乐艺术的特殊性决定了其在教育上的优越性。音乐艺术与其他艺术形式的不同之处在于它能直接诉于人心、表达情感，这也就决定了音乐艺术在人类自由发展中对人格精神发展的巨大作用。

五、结　语

丰子恺对儿童的关注是多维度的，是集教育家、文学家、漫画家等诸多身份于一身的，不仅仅是父亲这一角色。多重身份的相互渗透结合，大大加深了其教育思想的厚度。丰子恺的音乐故事可以说是一部普及音乐常识的作品，他用讲故事的形式进行音乐知识的普及和传播，让孩子们在读故事、讲故事时，学习音乐知识、建立情感的桥梁、实现身心的和谐统一，逐渐形成健康心理及健全的人格。丰子恺曾在散文《漫画创作二十年》中谈及对儿童生活的怀念：

---

① 丰子恺. 艺术与艺术家［M］//丰子恺. 丰子恺全集：艺术理论艺术杂著卷：12. 北京：海豚出版社，2016：273.

> 我向来憧憬于儿童生活。尤其是那时，我初尝世味，看见了所谓“社会”里的虚伪矜忿之状，觉得成人大都已失本性，只有儿童天真烂漫，人格完整，这才是真正的人。①

在新时代，我们要立足于时代的沃土，迈开深化教育改革的脚步，重视美育在教育中发挥的价值引领作用，深入贯彻落实习近平总书记提出的立德树人的根本任务和培根铸魂的育人宗旨，培养新时代美育工作的建设者和接班人。

原载《艺术教育》2023 年第 5 期（原标题为《丰子恺儿童音乐教育思想对当代艺术教育的启示——以 11 则音乐故事中的音乐教育思想为例》），略有改动

---

① 丰子恺．漫画创作二十年［M］//丰子恺．丰子恺全集：文学卷：2．北京：海豚出版社，2016：264．

第二篇

中西方美育研究

论动漫文化融入青少年美育

——基于中外学者的研究实例

江苏理工学院　喻　鹏

摘　要　改革开放以来，动漫文化在中国发展经历了三次高潮，成为当代最有影响力的青年文化之一。然而以动漫文化为代表的当代视觉文化融入美育的研究尚不充分。文章梳理了国内动漫文化融入美育研究的现状。介绍了美国、日本、苏格兰等国家和地区的视觉文化教育发展简况，以海外多位学者的研究成果为例，探讨了它们对国内动漫美育研究的启示。

关键词　动漫文化；青少年美育；中外比较研究

一、研究背景

（一）动漫文化的定义

动漫文化（anime culture）在当下是一种外延和内涵都十分丰富的后现代文化。文化形态上，它属于大众流行文化、青年文化、视觉文化，并具有一定的亚文化特征。在不同的语境下，动漫文化又被称作 ACGN（动画、漫画、游戏和轻小说的合称）文化、“二次元”文化。从文化接受的角度，动漫文化又衍生出“御宅族”文化、同人文化、粉丝文化等。

当前媒体和学界聚焦的动漫文化，主要是以日本动漫为主的东亚视觉文化，其最早影响的是日本、韩国和中国，20 世纪 90 年代中后期开始，借由游戏产品逐渐影响欧美等国，因而被视作具有全球影响力的流行现象。

（二）动漫文化在中国的传播

当代中国的动漫文化萌生于改革开放之后，且始终与大众媒体共同成长。1980 年 12 月，中国正式引进了日本电视动画《铁臂阿童木》。1990 年，中国

作者简介　喻鹏，江苏理工学院艺术设计学院讲师，博士在读。

基金项目　本文为 2021 年江苏高校哲学社会科学研究基金项目“二次元文化场域下主旋律动漫创作重构研究”（项目编号：2021SJA1211）阶段性研究成果。

生产电视机 2 662 万部①，电视节目制作时长也大幅度提高，同时期引进的日本动画如《哆啦 A 梦》《圣斗士星矢》等，它们均在中国获得了极高的收视率。

20 世纪 90 年代一系列标志性事件推动了动漫的普及。1991 年，海南摄影出版社陆续出版了《龙珠》《阿拉蕾》等系列日本漫画。1993 年，国内第一本漫画杂志《画书大王》在登载欧美日本漫画的同时，也开始尝试登载原创漫画。1995 年，中共中央宣传部和国家新闻出版署实施了“5155”工程，创立《少年漫画》《北京卡通》等 5 个原创动漫刊物，推出第一代国漫作者，中国动漫消费市场和粉丝文化圈层初步形成，动漫文化迎来第一次发展高潮。

进入 21 世纪后，随着数字媒体播放设备和互联网的普及，更多海外动漫、游戏产品和文化信息通过光盘、视频网站和资源分享论坛等形式进入国内。进一步促进了动漫文化圈层的发展。以 2004 年“广州动漫嘉年华”为标志同人文化、“cosplay”文化最终从圈层内部走进大众视野，此为第二次高潮。

2015 年以来，青年网络文化社区和平台格局基本形成，大众网络娱乐消费市场呈现爆发性增长的态势。《那年那兔那些事儿》《天官赐福》《刺客伍六七》等国产原创动画在国内最大的动漫文化网络媒体平台 bilibili（又称“b 站”）相继播出，短时间内获得数以亿计的点击量。这种融入日本动画和漫画语言，立足中国文化土壤的“国创”动漫逐渐主宰中国动漫文化发展方向，并显现出强大的文化生命力，中国动漫文化由此迎来了第三次发展高潮。

（三）学术视野下的动漫文化

经由网络文献检索可知，2002 年以降，国内学者开始关注动漫文化在青少年群体中的传播问题，发展至今已有相关论文百余篇，讨论的焦点多集中于对动漫文化现象、文化行为、文化影响及文化对策的分析，这些论文的研究视角虽然来自教育学、社会学、传播学等多个学科，但研究方法、研究角度和观点的同质化倾向明显，即以宏观、外部的视角和定性研究为主，对动漫文化对青少年身心发展的消极因素的讨论多于对其积极作用的探索，其中不少观点主张对日本动漫文化的传播加以引导和限制。与之相反，具有动漫文化产业背景的学者，则论文观点广泛地肯定日本动漫文化的独特价值。特别是 2015 年开始，在以 b 站为代表的青年文化社区兴起“二次元”文化热之后，主张借鉴

---

① 中华人民共和国国家统计局. 关于 1990 年国民经济和社会发展的统计公报（1991 年 2 月 22 日）[EB/OL].(2001-11-20)[2024-10-11]. https://www.stats.gov.cn/sj/tjgb/ndtjgb/qgndtjgb/202302/t20230206_1901933.html.

日本动漫文本设计、叙事设计、传播策略，以构建中国化的“二次元”青年网络文化的论文日渐丰富。不同学术背景的学者之间的观点存在割裂，在一定程度上制约着动漫文化在中国青少年群体中的美育实践。

二、动漫文化融入美育：国内学者的研究现状

（一）美育理论的“现代”与“后现代”探索

纵观改革开放后的中国美育理论与实践，基本延续了王国维、蔡元培等美育先驱的思想，专注于美育的美学化探索，将美育从“德育”和“智育”剥离开来，赋予美育相对独立的地位。[①] 对此，杨平认为，20 世纪 80 年代以来，“美育作为一门认识论学科却得到了强化，这也表明了美育理论与实践之间的距离。通览、比较近二十年来出版的美学教科书和美育教科书，从认识论的角度看，二者并不存在显著区别，美育教科书在很大程度上仍然是一种变相的美学教科书”[②]。

20 世纪八九十年代之后，全球经历视觉文化的“审美转向”，使图像、商品、审美的边界被打破，审美活动逐渐走向通俗化。苏炜认为，“文化趣味本身有高下之分，但不一定民间的东西就是低下的，进入庙堂的也未必就是高雅的”[③]。既然审美活动的后现代转向是无可回避的现实，那么在美育的理论和实践层面，我们就不应简单地将美育和大众流行文化对立，视前者为“高雅”活动，而将后者与“物欲”相联系。否则美育实践面对当今高度发达的媒体内容生产方式将显得苍白无力。正如北京大学中文系陈晓明教授指出，“今天美育的思想中应当注入一个后现代的理念以超越现代性的困境”[④]。

而关于美育与后现代文化的探索，早在 1986 年，张维城在《美育和“后现代主义”》中就已阐述了后现代主义艺术与科技的结合会对美育产生深刻影响[⑤]，随后亦有高鸿萍[⑥]、蒋东格[⑦]、李兵[⑧]等学者指出后现代思潮下的审美

---

① 姚文放. 从“第三王国”到“日常生活”：当代美育的后现代转向［J］. 郑州大学学报（哲学社会科学版），2020，53（6）：67.

② 杨平. 多维视野中的美育［M］. 合肥：安徽教育出版社，2000：7.

③ 陈飔，林媛媛. “21 世纪的人文与美育”高端论坛综述［J］. 美育学刊，2012，3（1）：116.

④ 陈飔，林媛媛. “21 世纪的人文与美育”高端论坛综述［J］. 美育学刊，2012，3（1）：116.

⑤ 张维城. 美育和“后现代主义”［J］. 黑龙江财专学报，1986（4）：41－45.

⑥ 高鸿萍. 后现代文化视阈下的审美教育［J］. 长春大学学报，2011，21（11）：119－121.

⑦ 蒋东格. 后现代主义思潮对学校美育的启示［J］. 科教导刊，2019（6）：61－62.

⑧ 李兵. 西方美育思想后现代转型的症候与契机：基于真、善、美关系考察的视角［J］. 文艺争鸣，2022（3）：117－122.

客体的多元化、感受性、开放性对于构建新的美育体系的意义，但此类零星讨论仍不足以引发国内美育理念的全面变革。

（二）动漫文化融入美育的理论探索与实践

同前所述，国内有关动漫文化融入青少年美育的系统的、有针对性的理论与实践探索并不充分。在学理层面，有不少学者在批判动漫文化“腐蚀性”的同时，也能正确认识到其艺术形式与审美功能上的价值，研究方法和观点多从伯明翰学派亚文化理论出发，主张主流文化应该与动漫亚文化展开对话，进行收编。也有为数不多的研究者能够从文化多元的视角分析动漫文化融入美育的独特意义。董海颖提出“动漫文化素养教育”的概念，认为“动漫文化素养教育是一种感性的教育、趣味的教育、人格的教育”，它的主要任务是“通过童话世界的真善美、假恶丑，来提高和培养青少年对现实世界的认知与创造能力，从而拓宽他们的知识面，达到开发智力、陶冶情操、促进青少年健康成长的目的”。① 邓佳认为“动漫作为青少年最喜爱的艺术样式，能够激发他们的钻研兴趣。对青少年进行动漫美育有利于他们建立正确的审美观念，培养和促进审美素养，并完善青少年的理想人格”，指出帮助青少年提高动漫审美能力、培养动漫审美情趣和发展动漫创造能力是动漫美育的主要目标。②笔者认为邓佳的观点与欧美动漫（视觉）文化融入美术教育的实践方向不谋而合，即利用动漫文化培养青少年审美分析与评价能力，推进自主学习和创造力。

在实践教学探索领域，笔者将“动漫”“二次元”“美育”等关键词进行组合，在知网学术平台检索，得到符合要求的论文不足10篇，这些论文的观点主要包括以下几个方面：

（1）有关教学形式的探讨。有论者分析了开设动漫鉴赏课程对于美术教育的意义。如朱婷认为开展动漫艺术鉴赏课程不仅可以让学生了解国外动画的艺术特点和渊源，也能通过比较中外动漫艺术的异同让学生感受到世界动漫艺术的多样性，认识到中国动画“我之所以为我”的原因。③薛曼君认为“应该通过基础美术教育，选择优秀的动漫艺术作品，引导青少年吸收动漫艺术中的艺术精华与知识，通过美的形式语言作用于青少年的视觉感知，摆脱盲目的现

---

① 董海颖．动漫文化素养教育的实践路径：以日本动画《千与千寻》为例［J］．信阳师范学院学报（哲学社会科学版），2013，33（5）：27.

② 邓佳．对青少年进行动漫美育的探讨［J］．美育学刊，2011，2（1）：37－40.

③ 朱婷．动漫艺术教育强化本土文化意识的思考［J］．艺术评鉴，2017（11）：165－166，137.

状，树立正确的审美观”[①]。

(2) 有关教学策略的探索。张渝认为可以利用动漫形象作为美术课程教学工具，例如，教师可以组织学生观看《千与千寻》，让学生透过动漫形象，来分析美术色彩。动漫形象也可以作为载体“开展融集语文、传统文化的教学活动”以实现学生的学科渗透能力。陈涛认为“传统的美术活动结合动漫创作，可以成为综合性的艺术创作过程”，在教学实践探索中发现“定格动画的制作方式简易、表现形式多样，更容易被小学生所掌握”。[②]

(3) 有关课外教学的探索。有论者指出社团活动是开展动漫美育的理想场域。特别是初中的美术教学存在课时少，时间短的问题，不能保证美术学习的连贯性和有效性，而动漫社团不仅可以“介绍动漫的知识，传递动漫信息，欣赏动漫作品并进行动漫的创作”，还可以通过“办简报、开网站、阅杂志、搞活动等灵活的形式成功地实现了教学互动，促进学生自主学习”[③]。

(4) 有关教学意义的探索。敖玉楣分析了中学生的审美心理存在的四种特点，包括“审美态度的情绪性”“审美感受的敏感性”“审美趣味的差异性”“审美判断的自主性”，认为动漫欣赏课程对中学生的审美心理具有积极影响，能够“促进学生审美经验的积累，符合审美教育的特征，有利于中学生审美心理的成熟”，具体表现在能够发展中学生“敏锐的感知能力”“丰富的想象力”和促进中学生“内在情感的提升”及“审美的理解力”。[④] 她准确地把握了动漫文化和中学生审美心理特点之间的内部一致性、审美主客体的契合性，通过丰富的作品案例分析，较为系统地总结了动漫作品融入中学美育的审美心理学价值。

综上所述，国内学者对动漫文化融入美育的理论与实践探索，具有以下几个特点：其一，虽然论著数量有限，但是能把握动漫美育研究的若干核心问题，不乏独特的观点；实践研究基本涵盖了美育多个层面，对进一步研究动漫文化融入美育的路径具有参考价值。其二，多数论者的研究视野局限于教育教学的本体范畴内，少有从动漫的视觉文化特性，讨论动漫文化融入美育的若干

---

① 薛曼君. 对动漫艺术融入基础美术教学领域的思考［J］. 戏剧之家，2016（15）：206.

② 陈涛. 基于动漫的小学美术课程对学生创造力提升的实践探究［J］. 美术教育研究，2018（20）：158.

③ 许振坤. 美术社团的组织与管理在初中课外美术教育活动中的作用［J］. 当代教育论坛（教学研究），2010（6）：127.

④ 敖玉楣. 动漫欣赏对中学生审美心理的影响［J］. 内蒙古师范大学学报（教育科学版），2010，23（6）：47－49.

前沿性议题，例如图像批判意识、图像叙事能力的构建，视觉素养和媒体素养的培育等。研究方法上，主要以定性研究为主，部分论文的实践案例缺乏过程性描述和数据支撑，一定程度上影响了研究的准确度和深度。

三、国外理论与实践研究现状

（一）苏格兰、日本、美国等国视觉文化和动漫文化教育的发展历程

世界范围内，视觉文化融入艺术教育尚属前沿课题。2002 年，美国著名学者保罗·邓肯姆提出“视觉文化艺术教育”（Visual Culture Art Education，简称“VCAE”）概念，其目的是“让教师和学生透过批评和创作影像去理解影像在社会中所扮演的角色，并明白影像及其生活体验之间互动的重要性”①。但是西方各国早于 20 世纪 90 年代就相继展开了视觉艺术教育的探索。下面以苏格兰、日本和美国为例简要介绍视觉文化融入艺术教育的发展现状。

（1）苏格兰的教育体系独立于英国。20 世纪 70 年代，苏格兰的中小学美术教育以美术和手工艺课程为主，20 世纪 80 年代开始，苏格兰教育局开始着手课程改革，在艺术与设计课程中引入了文化批判教学活动。为大众视觉文化、设计思维研究、美术与设计的生活化研究创造了条件，直至 20 世纪 90 年代，更多的视觉文化内容成为中学美术和其他课程教学的资源，从而形成了一个更广泛、更具社会参与性的课程。

（2）在日本，教育、文化、体育、科学和技术部（简称“文部科学省”）监督公共教育。1998 年，日本将漫画纳入其国家艺术教育课程，以提高儿童的视觉素养和视觉思维能力，并于 2001 年出版了一本包含漫画和动漫精髓的艺术教科书（针对七年级和八年级学生）。2015 年，日本通过基金会发起了一个名为“这也是学习漫画”的项目。其在线数据库将漫画分为文学、艺术、社会、文化、历史、科学、体育等不同类型，教育工作者和学生可以通过该网站的推荐，在线购买相应的漫画阅读，作为学校教学的补充资料。日本作为动漫文化资源发达的国家，各层次教育的教学文本动漫化和视觉化十分普遍，但是实际效果一直存有争议，有学者认为过多使用漫画图解会降低学习效率，因此日本于 2008 年修订的国家标准的艺术教科书中，漫画的表达被简化，多媒体交互应用得到加强。

（3）美国国家教育标准由专业领域代表制定。1994 年，美国艺术教育协

① 刘仲严．艺术教育学新论：后现代艺术教育［M］．香港：香港艺术发展局，2004：175.

会联盟编制了《艺术教育国家标准》，着重论述了艺术教育的重要性。2014年，美国大学理事会旗下的美国国家核心艺术教育标准联盟领导团队发起并编制出了《国家核心艺术标准》。新的标准涵盖了从幼儿园开始的12个年级的教育阶段。它对视觉艺术、媒体艺术等艺术类型进行了界分，视觉艺术包括传统美术，如素描、油画、版画、摄影和雕塑；媒体艺术包括电影、图形信息、动画和新兴技术；建筑、环境和工业艺术包括城市、室内、产品和景观设计等；民间艺术包括陶瓷、纤维、珠宝、木材、纸张和其他材料的作品。标准包括创作、展示、反馈和拓展四个模块。目的在于培养学生独立思考、艺术作品评价和艺术综合创新的能力。

（二）部分海外学者研究成果梳理

笔者梳理了苏格兰、日本、美国等国家和地区部分高校学者新近的论文与著述，有关动漫教学的内容包括动漫文化与少儿美术教育；动漫文化融入教科书设计与公共教育；动漫文化在语言教育教学中的实践；动漫文化中的青少年社交与学习能力构建等多个议题。按照研究视角和研究方法总结如下。

1. 从认知发展阶段理论的角度

认知发展阶段理论是瑞士儿童心理学家让·皮亚杰在20世纪50年代提出的针对儿童学习心理学的重要理论，他将儿童的认知发展分为感知运算阶段、前运算阶段、具体运算阶段、形式运算阶段四个阶段。后续的学者根据这一理论在儿童不同阶段绘画能力发展研究中，又提出了六阶段论（维克托·洛恩菲尔德，1953），包括涂鸦阶段、示意图前期阶段、示意阶段、黎明现实主义阶段、伪现实主义阶段和青少年艺术，以及14种模式（埃利奥特·艾斯纳，1967）以说明不同年龄阶段儿童在处理图形、空间和线条时的特点，其中第14种模式为“未分类”以解释例外类型。

来自加利福尼亚州立大学艺术与艺术史系的德正美通过观察日本儿童以“我和我的朋友在学校院子里玩耍”为主题的绘画作品，认为日本儿童在艾斯纳的13种空间处理模式之外表现出独特的“未分类”模式，而美国儿童很少出现这种模式。德正美将三种“未分类模式”进行了分类：多视角、摄影视角和夸张视角，并得出结论，这是由于受到日本视觉流行文化的影响。

接着德正美以自己的儿子提奥为研究对象，展开了长期的人类学研究，她通过观察与访谈，了解提奥在艺术发展中的普遍性和文化特异性之间的关系。

在长达12年的研究过程中，德正美发现视觉文化产品对儿童绘画的影响是巨大的，提奥在不同的年龄先后接触过口袋妖怪、龙珠、企鹅俱乐部等动漫和游戏作品，这些作品始终影响并最终塑造了他的绘画形态。因此，德正美认为，艺术发展的最终目标并不总是现实主义的方式，相反，由于美学和文化背景的价值观，最终阶段可能更加复杂和多方向。

2. 基于案例研究

美国新泽西州拉马波学院的迈克尔·比茨用案例调研方式介绍了美国《漫画高中》杂志的实践。《漫画高中》是纽约市马丁·路德·金高中学生漫画俱乐部的出版物，初衷是利用漫画创作提高学生的语言能力。在社团组织形式上，该社团符合“探究性”学习社区的特点，即没有固定的课堂和教师，所有成员通过讨论了解漫画历史、美学和新趋势，并互相传授。此外，该社团同样存在课堂教学和第二课堂的普遍矛盾，会有成员因无法平衡学业和课外兴趣而选择退出社团活动。

该社团在活动组织方面分为两部分，一是日常的绘画练习和创作活动，成员通过临摹和相互点评提高绘画能力，社团成员的作品均为个人作品，这种创作方式使“俱乐部成员之间形成了友好竞争的元素。这一现象导致了大多数参与者的高质量工作”，而“课堂上的竞争并不总是带来最积极的学习文化，但由于这种竞争是在一个充满关爱的社区中培养出来的，所以它主要产生了积极的影响”。二是年度刊物《漫画高中》的出版和展出。作者认为这是美国中学生接受日本动漫文化影响的结果，因为“日本动漫文化以其大型漫展而闻名，在漫展上，一群业余漫画创作者交换原作并讨论技术”。出版资金由纽约教育部门的“课后计划”提供，并由具有出版公司背景的专家担任项目总监促成出版，并公开展示出版作品，这一出版和展示的活动已经持续五年，很多学生通过社团迈入专业创作者行列。

最后作者认为该社团案例为教学实践带来以下几点启示，其一，受益于漫画的叙事功能，学生通过漫画创作实践开拓了通往历史、文学，甚至数学和科学的途径。其二，将学习的权利赋予学生，让他们在自我探索中产生结果，是标准化课程之外的具有创造力的学习方式。

3. 基于文本和文化研究

加州州立大学奇科分校的十仓雅美以莎士比亚的漫画作品改编为例，分析了不同漫画改编文本在世界观、叙事策略构建上的特点，并指出这类作品在青年文化场域对于文化传播，价值观传达上的独特优势。

首先，十仓雅美优香列举了日本漫改作品对原作的两种改编方式，一种是戏仿式改编。如手冢治虫的《罗比奥和罗比埃》（《阿童木》系列漫画中的一部）讲述了机器人罗比奥和另一个机器人罗比埃之间的悲惨爱情故事，故事借鉴了莎士比亚的作品《罗密欧与朱丽叶》；另一部作品《吸血鬼!》则结合了莎士比亚的《麦克白》和《理查三世》的部分情节，展现了手冢对原著“无耻的恶搞”。另一种是对原著故事走向的改编。她以井上亮创作的动画短片《奥菲莉亚》为例，指出这部作品的视觉设计虽然借鉴19世纪英国画家约翰·埃弗里特·米莱的风格，但是对莎翁原著进行了“颠覆的扭曲”。因为在这部动画中，奥菲莉亚非但并没有溺亡，而且变成了全国仰泳冠军。

其次，十仓雅美优香以《奥菲利亚》的改编为例，说明动漫文本的改编目的在于构建“符合青年文化需求的莎士比亚文化权威”，“它不会容忍对女性为爱自我牺牲的过分颂扬。因此，它从根本上挑战了奥菲莉亚之死的客观化和性别化”。作者认为这类漫画改编能够促进主流文化和流行文化的交流。她举了两个例子，一是2007年，伦敦SMH出版社推出了莎士比亚系列漫画改编图书，属于《为初学者》系列丛书的一部分，目的在于作为一种教学手段，引导年轻读者阅读莎士比亚原著的漫画。到2009年，SMH出版了莎士比亚改编的十四部漫画作品，该系列漫画改编使“莎士比亚作品在2000年代流行成为可能”。另一个例子是2002年出版的《日本国民总酷》。“酷日本”（Cool Japan）是日本官方展开的面向全球的推广活动，目的是推广日本流行文化产品，其灵感来源于20世纪90年代英国的“酷不列颠”（Cool Britannia）。莎士比亚的作品，通常被认为是不酷的，但被改编后的作品成了“酷不列颠”文化的标志之一，成了一种文化商品。在日本也是如此，由于“酷日本”效应，莎士比亚的作品，经由漫画化改编，在大众书店的平面小说和漫画区占有一席之地。

最后，十仓雅美总结了“酷”文化宣传的意义，第一，促进文化的大众化，“使每一种文化，无论是高雅文化还是流行文化，都能为所有人所接受，而不分阶级、种族或性别”。第二，推动创意产业的发展，带动更多人参与到文化生产与传播活动中。

4. 从教学的视角

本部分主要介绍三位学者的研究成果，并分别讨论漫画式教学在移情表达、跨媒介教育和情景再现三个方面的特点。

米德尔伯里学院的神田沙也加结合日语教学实践，认为漫画能利用视觉图像准确地再现日语形容词中某些含蓄的情感。语言被认为是其使用者的文化窗口，然而，在日常的演讲和写作中，说话人（或作家）的情感不一定要公开表达。漫画作为世界通用的文本语言，可以通过丰富的视觉信息、语言和语境线索（比如对话框）弱化跨语言教学中日语某些形容词与学生母语之间的差别，这在跨文化交流中是极常见的现象。她以日语的饮食场景教学为例，利用美食漫画的语言和语境特征介绍情感（如愤怒、快乐）和味觉（如苦味、甜味）在日语中的表达，证明漫画在不同文化和语言背景的文化交流通用性。

澳大利亚昆士兰大学青山智子以日本3·11地震和福岛核危机为背景的漫画、影视作品为例，介绍了跨媒体传播中的动漫作品对公众教育的影响。作者认为福岛核危机后，日本政府和媒体试图通过动漫、影视作品向公众传递"希望"的观念，利用漫画普及核灾难中的食物、烹饪和饮食常识。例如萩尾望都的漫画作品《油菜花开》及一系列其他3·11地震后的故事，被收集在一部漫画合集中，并改编成了一部动画剧集。故事中生活在福岛的六年级女生阿部是一位具有生态意识和社会责任感的人，漫画向观众传递了主人公一家面对困难生活的勇气和作为公民的社会责任感，因而大受好评。青山智子以同样在3·11地震之后出品的动画剧集《美食》福岛篇为反例，其中以《福岛真相》为篇名的漫画，因将福岛核危机描绘成"谣言"而被公众抨击，导致不得不终止连载。青山智子认为，漫画的教育作用"不能与来自'高雅'的和流行文化的其他媒体文本分离"，漫画经常作为动画和真人电影及许多其他故事形式的源文本被改编，并处于一种复杂的媒体融合之中，在日本语境中被描述为"媒体组合"。青山智子指出这种"媒体组合"形式特别适合培养大学生的媒体批判能力，因为在当代传媒生活的社会场域中，他们已经具备了互文阅读的能力，并且熟悉日本"媒体组合"的做法。

美国瓦萨学院日语系的上原广美同样以萩尾望都的这部作品为例，讨论这场灾难是如何在日本的漫画影视作品中被情境化的。上原广美认为"媒体组合"的形式"融合了语言和视觉艺术，是创造各种有益的学习环境的高效工具"。同时为了建立使用漫画的语言教学方法，必须理解"漫画素养"的价值观——图像和文本的互补解释。此外，上原广美指出，为了达到更好的教学效果，来自不同学科的专家如漫画作者、艺术和语言教育工作者的合作不可或缺。

四、海外学者研究成果的特点与启示

我们暂且对各种中外文化与意识形态的差异不展开讨论，仅就中外动漫文化融入美育研究方法进行比较，笔者认为国外学者的成果具有以下特点。

（一）重视质性研究

本文列举的国外学者普遍采用了访谈、调查、叙述、文本分析等研究方法。如迈克尔·比茨对出版物课后漫画俱乐部的跟踪、调查和访谈，历时四年；德正美为了调查动漫文化对日本儿童绘画风格的影响，以自己的儿子为调查对象，展开了 12 年的持续观察与访谈。神田沙也加在研究漫画符号化叙事与日语情感的表达中，开展了对日语形容词在饮食中的会话表达与漫画文本的关联性进行相关研究。这些研究过程记录翔实，图像资料丰富，因而具备了较高的参考价值。

（二）研究视野广泛

相较于国内同类研究普遍使用的亚文化研究视角，即主流文化与亚文化的抵抗与收编关系，海外学者则将视觉文化下美育的触角触及当代社会更丰富的议题。一是能够从文化生成机制上思考动漫文化下社会的美育问题，如德正美和十仓雅美研究视角下的美育发生场域显然和系统的学校美术教育无关，更多来自研究对象在文化消费、文化接受活动中自然形成的审美直觉。二是能够直面视觉文化传播背后的更广泛的社会话题，如战争、环境、犯罪等，使美育与当代图像素养教育、公民教育相联系，具有现实意义。

（三）对国内研究的启示

凯丽·弗里德曼认为，随着教育、高雅文化和娱乐之间的界限越来越模糊，学生越来越多地从视觉艺术中学习，艺术教育越来越重要。在视觉文化不断变化的背景下，对形式边界、对象边界和学校科目边界的挑战进行调查是很有必要的。[①] 当前国内对动漫文化、视觉文化背景下的美育教学理论与实践研究的深度与广度亟待提高，我们不仅要思考视觉文化、动漫文化融入美育的本体性问题，也应该结合国内艺术教育、大众文化发展的现状，从顶层设计的角度展开对美育研究范式的探索，完善研究方法论的设计。

五、余　论

东西方现当代社会历史和文化发展的轨迹不同，我们并未深入参与西方世界自二战结束以后各种社会思潮的演进。然而，随着改革开放的深入，在经济全球化的大背景下，各种视听娱乐产品以商品的形式，依托互联网广泛传播，

---

① FREEDMAN K，Teaching visual culture：curriculum，aesthetics and the social life of art [M]. illustrated edition. New York and London：Teachers College Press，2003.

这种视觉文化的传播具有跨地域、共时性的特征，也是无法逆转的趋势。这就意味着：一方面我们要深耕中华艺术文化土壤，传承具有中国文化气质的美育观。另一方面，我们的美育研究与实践需要融合视觉文化（动漫文化），以此更好地引导青少年在当下图像爆炸的时代掌握图像批判、图像鉴赏和图像创作的能力和思维。

多重人文身份视阈下奥多耶夫斯基音乐美学艺术阐释与情感认知研究

湖北文理学院　赵　勇

摘　要　19 世纪俄罗斯著名的音乐家、思想家、作家、教育家弗拉基米尔·费多罗维奇·奥多耶夫斯基，是俄罗斯古典音乐学派的创始人之一、第一位职业音乐评论家、第一位音乐史学家、俄罗斯音乐家协会和莫斯科音乐学院的创建人之一、俄罗斯音乐史上第一个系统地对音乐美学与哲学进行学术阐释的人。奥多耶夫斯基的音乐哲学思想体系是建立在德国古典哲学创始人伊曼努尔·康德、客观唯心主义哲学家弗里德里希·威廉姆·约瑟夫·谢林等欧洲哲学家的学术思想基础上的，是一种跨学科理论建构。他的基本学术理念：音乐的本质在于数学的和谐；艺术的规律等于自然的规律；逻辑的规律和自然的哲学是音乐哲学的基础。

关键词　音乐哲学；俄罗斯音乐美学；音乐辩证法；德国唯心主义

一、音乐美学研究方法变革的缘起及其范式演变

弗拉基米尔·费多罗维奇·奥多耶夫斯基被誉为 19 世纪俄罗斯伟大的作家和哲学家，但众所周知，他的科学兴趣也扩展到艺术领域，特别是音乐艺术。他全面、系统地研究俄罗斯民间音乐理论、音乐历史与古代俄罗斯教会音乐，撰写了圣彼得堡音乐编年史。他热衷俄罗斯古老的民间歌曲的搜集、研究和传承工作，搜集了许多古老的教会音乐的乐谱手稿，客观、翔实地记录了古代俄罗斯歌曲，为后世音乐家研究提供了全面、丰富的珍贵史料。18 世纪中叶，启蒙思想在俄罗斯广泛传播，在德国唯心主义思潮的影响下，皇室贵族、上流社会的思想在文化交融的氛围中自由发展，1812 年卫国战争后，这种自由态势愈发强烈，在 1825 年，沙皇亚历山大一世逝世后，十二月党人起义爆发，自由思想在很大程度上被新政权压制。奥多耶夫斯基是那个时代的典型代表，经历了变幻莫测的政治革新、风云巨变的社会冲突，奥多耶夫斯基在多元文化交融、思潮变革中发表了诸多重要的音乐评论文章，他被认为是俄罗斯音乐学学科体系的创始人之一。

奥多耶夫斯基是俄罗斯著名的作家协会和莫斯科艺术哲学俱乐部“柳博穆德里亚协会”的创始人。他的文学作品《俄罗斯之夜》（1844 年）、乌托邦小说《4338 年》（1835 年）等，时至今日依然被文学界视为经典佳作。此外，他在俄罗斯民族作曲学派创立初期发表的音乐批评和哲学文章是第一批研究俄罗斯音乐思想史的珍贵资料。毫不夸张地说，如果不研究他的音乐思想，就不可能熟知俄罗斯音乐编年史，尽管到目前为止，奥多耶夫斯基的音乐思想研究还没有得到充分的重视，可能有两个重要的原因：一是由于俄罗斯音乐文献研究缺乏国家层面的经济资助；二是在苏联共产党执政的 75 年里，文化部门官员一方面非常重视对音乐形式分析的研究，另一方面避开对音乐艺术思想的研究，因为这一领域不可避免地与现代音乐意识形态互有关联。奥多耶夫斯基音乐思想的“未经探索”恰恰给后世音乐学家提供了重要的学术研究空间，使我们亟需探究奥多耶夫斯基音乐思想的演变，并深入研究他的音乐哲学概念。

奥多耶夫斯基音乐思想的发展可以分为两个时期。第一个时期是 1822—1836 年，既是浪漫主义音乐初期，又被称为“前格林金时期”。1822 年，奥多耶夫斯基开始了他的音乐批评活动。1825 年十二月党人起义后，柳博穆德里亚协会被迫解散。他搬到圣彼得堡生活，在那里继续他的文学创作事业。这一时期，他的音乐思想有两个显著的特点：一是对浪漫主义音乐美学的重新认知和对德国音乐的深入研究；二是对音乐本身的原教旨主义的态度。第二个时期是 1836 年以后，这是“后格林金时期”，奥多耶夫斯基结识了俄罗斯音乐之父米哈伊尔·伊万诺维奇·格林卡。作为一名音乐评论家，格林卡支持他参与国家歌剧创作的计划。今天，音乐学界普遍认为，格林卡创作的四幕歌剧《献给沙皇的生命》（1836 年），是俄罗斯民族作曲学派形成的重要标志，奥多耶夫斯基用自己的文章证实了这一点。可以肯定，这一时期音乐思想的转折是缘于寻找俄罗斯音乐艺术的真正特色。

为了研究奥多耶夫斯基的音乐批评学术和音乐哲学文献，笔者重点关注三篇音乐评论资料：《欧洲公报》编辑部的《卡尔诺音乐批判》（1822 年），《论德国爱乐音乐会》（1835 年），《美术理论的经验应用于音乐》（1823—1825 年）。

二、浪漫主义特色文化语汇视阈下音乐理论向度

奥多耶夫斯基非常喜欢波兰钢琴家、教育家、作曲家玛丽亚·西曼诺夫斯卡娅的作品。这位女性音乐家在圣彼得堡创建了自己的音乐沙龙，给皇室和贵族家庭的孩子们教授音乐。玛丽亚本人与德国诗人歌德、意大利作曲家凯鲁比

尼和罗西尼经常保持信件往来。在圣彼得堡，玛丽亚的作曲创作、音乐会演出获得了巨大的成功。作家和记者彼得·伊万诺维奇·沙利科夫坚持认为，在俄罗斯，波兰音乐取代了意大利音乐。奥多耶夫斯基反对沙利科夫的观点，钟情于现代德国音乐文化的丰富性，他甚至预测俄罗斯将被德国音乐占领。这篇文章写于 1822 年，在柳博穆德里亚协会建立之前。

奥多耶夫斯基在《欧洲先驱报》的第一篇音乐评论文章中写道："我认为，在音乐方面，仅次于意大利的不是波兰，而是德国。莫扎特和海顿的祖国应该有比波兰更像意大利；至于对音乐的共同热爱，我与沙利科夫的观点相反，不是在波兰，而是在德国，那里几乎每个家庭都可以看到学习某种乐器的情形。"

奥多耶夫斯基的另一篇文章《爱乐乐团的最后一场音乐会（3 月 7 日）》中也提到了德国音乐，但这篇文章没有完成，也没有出版。他在谈到海顿的作品时写道：每个人都可以从海顿的音乐中感受到和谐平静的力量与情感。莫扎特和贝多芬也很崇拜海顿，从他的音乐中可以体验到世界大同的幸福与启迪，他渴望用音乐来表达超出艺术领域极限的事物。

奥多耶夫斯基的这篇文章有两个立场：一是他高度评价德国音乐作品，二是他从浪漫主义美学的角度评价海顿。后一种观点特别值得注意：奥多耶夫斯基认为海顿是维也纳古典乐派的集大成者，他用音乐表达了"超越艺术的情感认知"。这篇文章写于 1835 年，在贝多芬去世 8 年后，肖邦和门德尔松在西欧音乐艺术学派中正发挥着积极作用，进入了浪漫主义音乐的中期时代。

三、多元文化互鉴视阈下音乐美学历史叙事及其学术阐释

回顾奥多耶夫斯基 1823—1825 年写的《美术理论的经验应用于音乐》一文，此时他的第一篇音乐哲学论文尚未完成。这篇文章的手稿是在达格·哈马舍尔德图书馆发现的。20 世纪 70 年代，萨尔蒂科娃·谢德林《音乐文化遗产》一书被认为是研究奥多耶夫斯基音乐观点的重要文献。这本著作涵盖了从社会普通美学到哲学艺术美学的各种主题，特别是在音乐领域。奥多耶夫斯基定义了音乐的本质：在自然界中，生与死循环罔替；音乐世界中，在感知和无感的交替下，必须由二次听觉感触才能体验到音乐的魅力。正如在自然界中，每一个现象都是两个对立面一样，在音乐中，每一个乐句都是和谐与非和谐的集合。

奥多耶夫斯基把音乐的本质建立在"感知"的基础上，这种思想由来已

久，核心基础是意大利音乐理论家、基督教神学家、新柏拉图哲学家博伊修斯《音乐的基础》中的观点。博伊修斯将音乐分为三类：和平、宇宙和自然的和谐音乐（Musica mundana）、人类灵魂和身体的和谐音乐（Musica humana）和带有乐器和声音的真实声音音乐（Musica instrumentalis）。因此，奥多耶夫斯基对音乐的理解遵循了西欧传统。此外，奥多耶夫斯基将辩证思想引入了音乐艺术。在西欧，音乐中的“感知”被认为是最高的评价，而“无感”与音乐无关（不是音乐的主题）。但在这篇文章中，奥多耶夫斯基提出了“感知”和“无感”的综合，也就是说，像黑格尔一样，他显然辩证地“接受”了博伊修斯的中世纪音乐思想。因此，奥多耶夫斯基对音乐的思考建立在新柏拉图音乐哲学的基础上，并包含了黑格尔辩证法的元素。

回顾奥多耶夫斯基音乐哲学与18世纪自然哲学和自然科学的关系，音乐的“统一性”主要表现在音乐与哲学、自然科学、心理学、历史、教育学的跨学科研究。奥多耶夫斯基在物理与生理学的基础上解释了和谐声音运动的功能和基本原理，他认为，动态过程的三个现象对应于三种声音运动：磁性（直接运动）、电学（相反的运动）、化学与电学——这两种运动的总和（间接运动）。正如声音显示物质的内在状态一样，音乐也会对生活在理想境界内部的人们产生更大的影响。

奥多耶夫斯基研究音乐中和谐的行为，并引用意大利生理学家路易吉·加尔瓦尼的电生理学来解释这些行为。1791年。加尔瓦尼发现并研究了肌肉收缩中的电现象（“动物电”），并得出了它们之间的关系。1820年，丹麦物理学家汉斯·克里斯蒂安·奥斯特发现了磁电之间的关系，法国物理学家安德烈·玛丽·安培提出了第一个理论，表达了电和磁现象之间的关系，并建立了一个规则，以确定磁场对电流的作用方向，称为安培定则。奥多耶夫斯基深入探究电和磁现象之间的关系，他的论文是在这些科学成果发现两年后写的，反映了辩证发展的哲学思想。

四、德国唯心主义关于音乐美学的自我论域

德国唯心主义的影响在1823年《欧洲先驱报》的文章中初现端倪，奥多耶夫斯基写道：“无知可能会产生一种荒谬的想法，即天才会为自己制定规则。那么，就不可能有关于美学的永久的思想规则。任何人只要把自己看作天才，就会探寻美学的路径与法则。我们在法国人和所有经验主义者身上看到了这种混乱的模式。如果自然规律永远不变，那么当两者都有一个基础的时候，

为什么艺术规律要改变呢?”

1823 年 3 月，法国小提琴家亚历山大·布彻在莫斯科举办了一场音乐会。为了回应这一事件，沙利科夫在杂志上发表了一篇热情的文章，题为《关于布什布彻先生的音乐会》，文中写道：“布彻先生的天才非比寻常，他不遵从艺术领域的一般规则。”奥多耶夫斯基发表文章反驳沙利科夫的过分赞扬和不合逻辑的推理，他的这篇关于区分“美的规律”和“自然规律”的论文很重要，阐明了德国哲学中的音乐美学的理论基础。被誉为“美学之父”的德国哲学家亚历山大·戈特利布·鲍姆嘉通在《关于诗歌作品某些问题的哲学思考》一文中写道：“当一个定义存在时，就很容易想出它所需要的术语。希腊哲学家和神职人员已经清楚表述了理性和感性的界定，心灵所能理解的是最高感知力的体现，是逻辑的客体，感觉符号是美学艺术的对象。”鲍姆嘉通的这一观点与奥多耶夫斯基的立场一致，奥多耶夫斯基提出的自然规律和艺术规律的基础问题符合鲍姆嘉通对美学的定义。当然，这种一致性并不意味着奥多耶夫斯基的思想可以直接追溯到鲍姆嘉通，其也可能是受莱布尼茨夫理想主义的影响。

俄罗斯的奥多耶夫斯基与德国古典哲学创始人伊曼努尔·康德和德国理想主义的主要代表之一、浪漫主义哲学家弗里德里希·威廉姆·约瑟夫·谢林对美学因素的理解也有明显的区别。

康德著名的“三大批判”中的最后一部著作《判断力批判》，对音乐美学、艺术哲学和目的论的描述具有极高的学术价值。根据康德的说法，主观目的性存在于审美判断能力中，客观目的性存在于目的论能力中，康德将美学的定义与品位的判断联系起来。他说：“为了确定某件事物是否完美，我们不是把表象同理性的知识客体联系在一起，而是同主体联系在一起，通过想象所体验到的快乐或忧郁的感觉联系在一起。因此，品位的判断不是认知的判断，它不是逻辑的判断，而是审美的判断，在这种判断下，决定其基础的判断只能是主观的。”他不认同美是一种“品位”，相反，他认为对美学的判断表达了对客观世界规律性的认识。

奥多耶夫斯基的美学概念是基于这样一种观点，即作为美学的对象，美学属于感性的领域。谢林在《艺术哲学》一书中说：“美和真理本身，或者说在观念上是一体的。真理和美一样，是主观和客观的同一性；真理是主观地或作为第一映像来观察的，美是在表现中或客观地观察的。真理不是同时存在的，美不是绝对真理，反之亦然。艺术中对真理与美的极端的对立是建立在这样一个事实上的，即真理是一种感性的感知体验。这种真理在艺术中还不是美，而在艺术中只有绝对的美，同时在美学的理性感知意义上也是它的真正真理。”

五、结　语

从现有的文献典籍中可以判断，谢林将艺术中美的本质与真理等同起来，并在它们的“整体性”中发现了美。但奥多耶夫斯基不认同此观点，他的文章没有提到美的法则和真理的一致性。在撰写上述文章时，他已不再受谢林哲学的影响。相反，奥多耶夫斯基强调美的规律的客观性质。回到沙利科夫的文章中，我们注意到他把小提琴家布彻称为天才和艺术家，这符合艺术作为技巧展示的最普遍的意义。奥多耶夫斯基反对沙利科夫，强调了音乐美学法则在实践中的重要性。在这方面，他的观点更接近鲍姆嘉通的立场，而不是康德的立场，他对美学的理解在某种程度上可以追溯到德国唯心主义之前的哲学阶段。然而，对沙利科夫的这一反对意见是在谴责音乐表演中的形式美的背景下写的：奥多耶夫斯基批评布彻的表演过度装饰和过于炫耀演奏技巧。他首先欣赏的是音乐作品的本质和意义，这必须与艺术家的技术技能相匹配。这表明奥多耶夫斯基在音乐中的审美倾向于古典主义和前浪漫主义。

奥多耶夫斯基本人承认受到德国唯心主义的影响，特别是谢林的理想主义，但对他文章的分析表明，他的音乐哲学可以追溯到新柏拉图主义和鲍姆嘉通的概念，也可以追溯到现有的自然科学概念。虽然他对音乐哲学的基本立场和方法指向了前浪漫主义美学和德国哲学，但在他对音乐的理解的最初阶段，表现出了新柏拉图主义的性质。同时，他将黑格尔辩证法应用于对音乐哲学的分析。他对浪漫主义时期音乐美学的挚爱，对德国音乐的系统探究，以及对音乐本身的原教旨主义观点对后世音乐家产生了重要的影响。追溯奥多耶夫斯基音乐美学观的演变过程，并通过对其立场的重构，可界定俄罗斯音乐哲学和音乐美学的学术源头。奥多耶夫斯基在德国唯心主义辩证法的方法论基础上，从不同的哲学思想中创建了自己的音乐哲学。

原载《音乐生活》2023 年第 11 期（原标题为《多重人文身份视阈下奥多耶夫斯基音乐美学历史叙事与呈现研究》），略有改动

美与教育：以施泰纳对席勒的解释再考《美育书简》

杭州市星洲小学　邢广伟

摘　要　《美育书简》是德语系国家讨论美、艺术和教育的原点。众多理论家将席勒的《美育书简》比作棱镜，追寻各思想家对席勒的解释轨迹，可分析“美与教育”错综复杂的关系。施泰纳虽未有直接论述席勒思想的文章，但在追求自由精神上与席勒产生共鸣。他在解释席勒的理论时，不是从康德入手，而是以歌德为切入点，把研究焦点集中在“美的自由”上，并设想了“美的社会”的具体状态。从与席勒的共鸣及相应解释来看，施泰纳谱写了极具特征性的“光谱”。以施泰纳对席勒的解释重读《美育书简》，可考据对其解释的准确性，进一步清晰席勒“美与教育”的思想。

关键词　《美育书简》；施泰纳；解释；审美；教育

一、施泰纳论席勒

要想分析“美与教育”错综复杂的关系，研究鲁道夫·施泰纳的席勒论是不可或缺的。施泰纳从解释史的角度，不仅间接论述了席勒的文章，而且《自由哲学》中的认识论、行为论及被称为“社会有机体三节化论”的整个社会构想，都可以看作是施泰纳对席勒《美育书简》中询问人类自由可能性的回应。

（一）施泰纳与席勒的共鸣

直至目前，众多理论家将席勒的《美育书简》比作棱镜，它是德语系国家讨论美、艺术和教育的原点，也被认为是难以解读的文本。不过，通过研究各思想家对《美育书简》的解释轨迹，可刻画出近代“美与教育”思想的各个方面。众所周知，施泰纳年轻时从事歌德全集、自然科学论文集的编辑工作，主要受歌德色彩论和变形论中对自然的认识的影响。他没有写一部关于席勒的著作，只在与歌德讨论时提及了《美育书简》。对施泰纳而言席勒并不是歌德的附庸，而是魏玛古典主义的另一个组成部分。施泰纳的研究以精神自由为中心。在德国精神史上，席勒也是一位以精神自由为研究点的思想家。席勒研究的图式是通过“游戏冲动”的媒介来调和感性的“质料冲动”和理性的

“形式冲动”之间的对立，而施泰纳将其解释为通过感觉赋予我们的世界与超越感觉的世界（它被称为“精神的和灵性的”，或者直截了当地称为“超感觉的”）之间的“通道”“联系问题”。于此，就可得出两者之间的“共鸣”。笔者谈及两者之间的共鸣，目的是在施泰纳的文章及论点中探讨他对《美育书简》的回应与共鸣，并不是直接讨论席勒。

席勒从感性冲动（欲望、欲求）和形式冲动（理念、理性）的强制中追求自由的状态，进而构想由自由人格组成的“美的社会”“社会和谐”。施泰纳与席勒两人研究的交叉点在于精神自由，席勒以精神自由为基础构建“美的社会”，把精神自由当作美和艺术的问题来解释。那么，施泰纳是如何看待精神自由、自由人格这一在18、19世纪德国哲学中一定会出现的古典问题呢？笔者对施泰纳加入人智学运动之前的主要著作《自由的哲学》（1894年）进行了研究。据介绍，施泰纳所著《自由的哲学》是以当时哈特曼哲学的形式再次出现的，以康德式理性为基础的精神二元论和对一般唯物主义的反驳构想而提出的。换言之，精神二元论和唯物主义，前者是“承认现象背后外在的绝对者”，后者是以“机械必然性”决定人的行动的方式，两者在人之外的发现行动和认识条件上是一致的。《自由的哲学》讨论了两者如何拥护自由的问题。确实，这种自由的理解方式、问题设定方式与席勒相通。只是，席勒把既依靠理性又不受自然约束的方式，定义成美，在《自由的哲学》中并未发现关于这个问题的研究。另外，可以指出的是席勒的研究虽停留在康德伦理学的框架内（二元论），但并未将伦理问题归结为感情问题。那么，应该如何理解施泰纳的“席勒从未是康德主义者，至少席勒早就克服了康德主义”的发言呢？如将此解释为席勒远离超越论的唯心论（康德），从而走向客观唯心论（谢林、黑格尔）成立的一元论立场，是极其不合适的。然而，施泰纳将理念应用于现实的层面，即在实践理性的定言命法所需的人类学各个维度，这才断定席勒远离了康德主义。

施泰纳的一生以40岁左右为分界线，40岁以前作为歌德自然科学论的校订者闻名于世，40岁后作为神智学、人智学等精神运动和社会运动的指导者立世。《自由的哲学》于1894年出版，当时他33岁。这本书所论述的是在深入精神和灵性经验之前，先论证精神和灵性认识的可能性。[①]“人在其思维和行

① 鲁道夫·施泰纳. 自由的哲学［M/OL］. 王欣，伍丹，译. https://hiwaldorf. com/special/freedom.

为上是自由的存在，还是纯粹处于自然规律的严格必然性之下?”[①]“作为意志存在的人，能把自由作为自己的东西吗？还是自由只是单纯的幻想?”[②]这是这本书研究的根本问题，且本书关于根本问题的论证是一种究极席勒式的问题意识，“有人说，人不是在动物欲望的支配下，而是在理性的支配下才是自由的……但是我们不能从这些论点中得到任何东西，因为问题是理性、目的和决心是否以与动物欲望相同的方式强迫人类?”[③]以此否定人类在“理性的强制”中是自由的。另外，对唯物主义的批驳也是施泰纳研究的重要课题，他把道德的起源假定为“人类外在的现实领域”，并从中寻求道德的真正起源。某种意义上，其根源上与席勒相似。

（二）施泰纳论《美育书简》

施泰纳曾两次间接地论述了《美育书简》，一次是1905年为纪念席勒逝世100周年，面向神智学协会会员进行的名为“席勒与现代”的演讲。前一年，施泰纳出版了《神智学》和《如何获得对超感官世界的认识》两本重要著作。另一次是在1899年歌德诞辰150周年时，他在杂志上发表的一篇论文，虽以歌德为主题，但在此篇文章中《美育书简》具有重要作用。当然，这里的《美育书简》不能与歌德论分开来考究，也并不一定需要往这个方向深入研究，而是要朝着与自由哲学及“社会有机体三节化论”的关系进行研究，笔者更为感兴趣的是施泰纳与席勒之间的“共鸣”。

首先是1905年的演讲。在这场演讲中，他认为席勒加深了对神智学根本问题的研究。作为我们感官的对象，作为感官的世界，在我们周围的事物和超越感官的事物之间找到通道，这些事物既存在于我们内心，也存在于我们之外，超越感官、精神、灵性和超感官。例如，以《群盗》为首的早期戏曲表现出一个问题，即近代以前人类所感受到“物质的东西与灵魂之间的和谐”已经丧失，面对“自然与精神、感性与精神和灵性之间的深深裂痕”，人类该如何生存？施泰纳认为，关于这个问题的研究在哲学上最深入的是《美育书简》。前面的根本问题，席勒这样表述人，一方面“服从于感性的必要性、感

---

① 鲁道夫·施泰纳. 自由的哲学［M/OL］. 王欣，伍丹，译. https://hiwaldorf.com/special/freedom.

② 鲁道夫·施泰纳. 自由的哲学［M/OL］. 王欣，伍丹，译. https://hiwaldorf.com/special/freedom.

③ 鲁道夫·施泰纳. 自由的哲学［M/OL］. 王欣，伍丹，译. https://hiwaldorf.com/special/freedom.

性的欲望和热情”，另一方面又服从于“逻辑的必然性”及“道德的必然性”，在这两方面，人都没有一切自由，“无非是奴隶”。自由如何成为可能？在这里，施泰纳非常明确地断定了席勒和康德的关系，“席勒从来不是康德主义者，至少席勒早就克服了康德主义”。在《美育书简》中，席勒不再站在康德的立场上。席勒在审美直觉中发现理论和欲望（热情）的和谐，并不是绝对康德主义的“定言命令”。席勒在“审美状态”中写道：“人类的道德已经成为他的血肉之躯，因此本能和欲望自然而然地体现了精神和灵性。”[①]在这种状态下，精神、灵性和感性之间是相互渗透的。在阐述席勒论点之后，施泰纳也提到“美的社会”应有的状态。在美好的社会中，爱（真善美）是人与人之间所渴望的，是他内心深处的倾向性赋予他的。这种理想的社会模式，在席勒时代并没有完全成熟，只能向艺术寻求帮助。但我们追求的是“自由社会中的自由人”。他认为，这一切都因为我们的教育发生了变化，教师们通过自己的努力，实现了《美育书简》中席勒所描绘的人与人之间的交往方式。

其次是1918年的论文。施泰纳指出，《美育书简》中所论述的理念，是席勒在与歌德的交往中形成的（《美育书简》中有歌德的身影，是对其另一种解释）。就其天赋和素质而言，在每一位个体的人身上都具有纯粹理想人的成分，在他的各种变化中与这种不变的统一体中保持和谐，这是他的生存的伟大生命。[②]席勒试图在日常现实中的人和理念性的人之间架起桥梁。与这个“日常现实中的人”和“理念性的人”相应的是“感性的冲动”和“理性的冲动”。施泰纳把席勒的“形式冲动”置换成了“理性冲动”。席勒所言的“如果感性冲动占上风，人类就会被他的本能和热情所压倒”[③]，被施泰纳解释为在他的意识所笼罩的活动中，混入了使他的意识模糊的力量。同时，如果理性冲动占上风，人类就会压抑本能和热情，把自己托付给“不被内在温暖所承载的抽象必然性”，[④]施泰纳接着解释：无论哪种情况，人类都处于一种强制力的支配之下。前者，感性本性压制着精神本性；后者，精神本性压制了感性本性。两者都没有给予处于感性和精神性之间的人类存在核心的人性完全的自

---

① 席勒．美育书简：德汉对照［M］．徐恒醇，译．北京：社会科学文献出版社，2016：174－180.

② 席勒．美育书简：德汉对照［M］．徐恒醇，译．北京：社会科学文献出版社，2016：40.

③ 席勒．美育书简：德汉对照［M］．徐恒醇，译．北京：社会科学文献出版社，2016：129－130.

④ 席勒．美育书简：德汉对照［M］．徐恒醇，译．北京：社会科学文献出版社，2016：129－130.

由。只有通过调和两种冲动，才能实现完全自由。

施泰纳似乎简单地解释了席勒关于《美育书简》中两种冲动的讨论，但从“形式冲动”到“精神本性”（关于“精神的本性”这一译词，在1918年，gcistlg显然应该根据人智学的思想翻译成“精神的、灵性的”）的解读，以及人性的“完全自由”的表达，都是施泰纳独有的。接着，施泰纳对席勒的研究做了如下解释。席勒曾表明“感性不应该被压抑，而应该崇高化，本能和热情应该被精神性所满足。其结果是，它们将潜入自己内心的精神事物变为现实。在这种情况下，人类将理性的劝告当作理所当然的事情，出于本能，以感情的力量进行”①。施泰纳认为，如果有一个人在自己的感性中揭示理性的精神性，在自己的理性中揭示热情的原始力量，那才是自由的人格。在此基础上，施泰纳强调，席勒试图在自由人格发展的基础上，建立人类社会和谐共同生活的基础。对席勒而言，真正适合人类的存在的问题，是与对人类共同生活的形成的问题联系在一起的。

施泰纳在这里并未提及席勒关于“美的王国”的研究，只注意到席勒对人类和社会生活方式的关心。

施泰纳在对《美育书简》进行以上解释之后，将论点转移到歌德身上。他认为，歌德希望自己能够意识到自己的生活方式是真正适合人类的存在，并且在席勒的《美育书简》中看到过这种生活方式。《美育书简》唤起了歌德的思想，其努力以自己的方式，塑造席勒信中所言的生活方向。席勒对于“人类灵魂与感性世界的关系，与超越感性的世界的关系”的问题，在《美育书简》中进行了哲学上的研究。与此相对，对于歌德而言，抽象的哲学的道路像是死胡同，无法走下去。他与席勒共同的方向，是将各种形象具体化。

二、再考与演证

席勒的《美育书简》之所以晦涩难懂，是因为康德。席勒曾表明，当他与公众因对康德的误解做斗争时，他是一个康德主义者，但在以康德为基础展开自己的哲学时却与康德对立，两者形成了《美育书简》难解的原因。但《美育书简》是席勒的思想精髓的体现，通过研读《美育书简》，可考证施泰纳对《美育书简》的解释，从而进一步明晰席勒美与教育的思想。

---

① 席勒. 美育书简：德汉对照［M］. 徐恒醇，译. 北京：社会科学文献出版社，2016：129－130.

（一）再考《美育书简》

《美育书简》的前十封信对法国大革命后的政治社会进行了批判性的考察，对比“自然国家”（由力量支配的国家）、“理性国家”和“道德国家”（由道德法律支配的国家），以及考察在不牺牲自然多样性的情况下从前者向后者过渡所需的必要条件，从而指出“文化”（有的译为“教养”）作用的重要性。也就是说，这一部分具有引论性质（席勒的《美育书简》的政治性质也在这里得到了明确），同时也与作为结论的第二十七封信相呼应。出乎意料的是，在过去，一般文化并没有对社会的崇高化做出贡献，反而对堕落做出了贡献（性格的松弛、学问和技术的发展导致的各种活动和能力的分化和分工、社会的一般疏远状况）。这显然是意识到卢梭的思想理论，也表明席勒并不单纯地相信所谓的“美的约定”。但这种批判性的指责并不是像卢梭那样批判文化和赞扬自然状态，而是“通过更高级的技术，恢复我们本性中被技术破坏的整体性”。另外，还需指出只分析“现实文化”是不够的，还需考虑“美的概念，其经验来源的不同”。也就是说，通过对历史经验的考察，无法论证美、艺术能使人性崇高化。所以，席勒认为：“在经验中被称为美的东西，究竟值不值得被称为美，必须通过美的概念来认识。”①

在第十一至十五封信中，席勒开展了审美和艺术的超验主义演绎推理。从追求变化的倾向（状态）和追求不变性的倾向（自我）出发，将“感性冲动”和“理性冲动”演绎为“人本性的条件”，并指出这两个条件（形式）存在“相互作用”。因此，人类的完整性是相互作用的平衡状态。而承担相互作用角色的是文化，为避免某一方面出现问题（感性利己主义者或理性利己主义者），必须同时启动两种冲动。在这种平衡的相互作用下，出现了第三种冲动，即“游戏冲动”。文化项目是使“游戏冲动”起作用的对象，即席勒所说的“活的形态”，赋予人类理想和艺术。因此，从“感性冲动”的支配，即感觉和欲望的支配，到“形式冲动”的支配，即理念和理性的强制，自由的“美的状态”才会实现，人的完整性才会实现。

在此基础上，第十六、十七封信是对美和艺术经验性的研究。如第十六封信开头所述：“美是从两种对立冲动的相互作用中，从两种对立原则的结合中产生出来的，所以美的最高理想要在实在与形式的尽可能完美的结合与平衡里

---

① 席勒．美育书简：德汉对照［M］．徐恒醇，译．北京：社会科学文献出版社，2016：160．

去寻找。”[①]这里考察的不是“理念中的美”，而是“经验中美”的各种形态。这就是融合性的美（优美）和振奋性的美（崇高）。从这里得知，席勒已经涉及美（优美）与崇高的论述，只不过在现阶段其哲学思想还未明显地体现出对立，即优美和崇高的对立。图 1 是美（优美）和崇高二元对立的可视化展示，以此为基础，可了解席勒研究的根本框架。图中展示了感性界和理性界及它们各自的性质。在美（优美）的状态下，只停留在感性的世界之中，而在“崇高”的状态下，摆脱了感性界的原理（因果律），过渡到理性的世界中。他想要达到的始终是两个状态同时满足的状态。在这种状态下，图中箭头表示两者的相互作用。但从逻辑上讲，这是一种矛盾的状态，因为它既停留在感性世界，又向理性世界过渡。如果将美（优美）和崇高整合，其箭头表示的运动方向就是充满矛盾的动态运动。

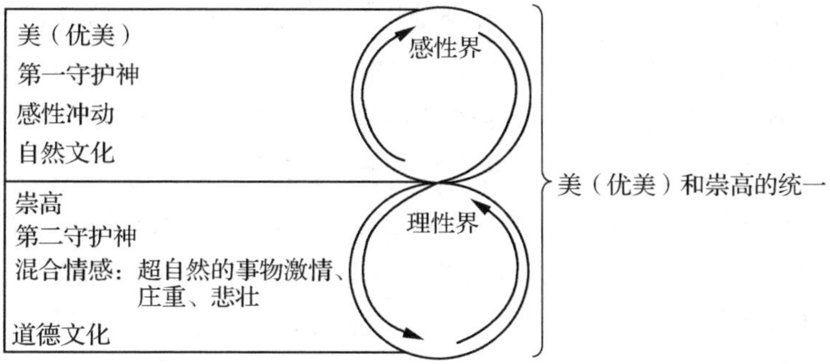

图 1　美（优美）和崇高的关系图示

美和优美统合，使人能想起席勒《美育书简》中的“游戏冲动”。在《美育书简》中，席勒将具有相反性质的“感性冲动”与“理性冲动”的平衡称为“游戏冲动”。因为“游戏冲动”的定义是极其抽象的，对于这个定义的解释，根据解释者的不同也会有微妙的差异。“感性冲动”和“理性冲动”倾向的不确定性造成了不同的解释，造成这种情况的原因也与席勒的哲学根基“二元对立”脱不了关系，即使可以把握“感性冲动”和“理性冲动”的极对性，也很难确定这两种冲动的活动领域。不过，可以确定“游戏冲动”的条件是“感性冲动”和“理性（形式）冲动”的融合，最终转化为一种生命形态，其内涵与美（优美）和崇高的融合状态一样。另外，这两封信中还有关于“经验中美”对人与人之间的情感效果的人际学式的叙述，这是在超越论

① 席勒. 美育书简：德汉对照［M］. 徐恒醇，译. 北京：社会科学文献出版社，2016：118.

的抽象记述中没有出现过的心理学记述。席勒在信函中建立了一种审美、文化和一般现实的基本认识框架，通过这个框架描述了“经验中的美”。

在第十八至二十二封信中，席勒又回到超验主义中，仔细阅读，便不难发现，席勒并不是单纯地研究超验论。在第十八封信中提到了审美方法论，“盲目地相信自己的情感引导”的审美法，即经验性分析和“把理性（知性）作为指导者”的两种分析方式，前者想按照美发生作用的方式思考美，后者想使美像他们所想的那样起作用。[①]两者都不能达到真理：因为前者想以自己有限的思维能力来模仿自然，而后者想把无限的自然局限在他们的思维法则上。[②]只有交替论述审美的经验性和超验论，才符合审美要求。第二十二封信就将超越论和经验性微妙地交织在一起论述。这部分论述的要点是“所有关于美的问题最终到达的原点”，即两种对立的冲动在保持对立的同时理想地统一起来。席勒在试图克服对立的状态中看到了“意志”和“自我意识”的成立，认为这也是自由的起点。“游戏冲动”所起作用的审美状态并不仅仅是人类活动的一种状态，而是像席勒多次强调的那样，赋予“人类本性”的条件。从第二十封信中就能论证：“人不能直接由感觉过渡到思维，他必然退回一步，因为只有当一种规定被排除时，相反的规定才能进入。因此，人为了以能动状态代替受动状态、以主动的规定代替被动的规定，就必须暂时摆脱一切规定而处于一种单纯规定可能性的状态”[③]。“感性规定的状态”（自然状态）与“理性规定的状态”（逻辑、道德）不同：感性冲动和理性冲动同时发挥作用可以抵消各自的规定性而产生“可规定状态”（无止境的可规定状态）。“纯粹的无规定状态”的“审美状态”到底意味着什么呢？它既不能实现智力目的，也不能实现道德目的；它不会发现任何真理，无助于我们完成任何义务，只赋予人应有的存在自由。[④]这表明，美对认识和意志都没有直接的效果。在这个意义上，遵守了康德“三批判书”的区别（理论认识、实践理性、审美判断的自律性）。然而，这似乎与席勒的设想相矛盾，即审美状态有助于自然状态向理性状态转变。审美状态是“充实的无限性”（假象），即由现实的偏向规定性导致人性丧失的状态“零”，因此与人的本性相联系。[⑤]人类在被置于各种

① 席勒．美育书简：德汉对照［M］．徐恒醇，译．北京：社会科学文献出版社，2016：130.
② 席勒．美育书简：德汉对照［M］．徐恒醇，译．北京：社会科学文献出版社，2016：130.
③ 席勒．美育书简：德汉对照［M］．徐恒醇，译．北京：社会科学文献出版社，2016：143.
④ 席勒．美育书简：德汉对照［M］．徐恒醇，译．北京：社会科学文献出版社，2016：148.
⑤ 席勒．美育书简：德汉对照［M］．徐恒醇，译．北京：社会科学文献出版社，2016：150.

特定的状态之前，已经拥有了这种人性作为素养，但在现实中，当他被置于各种特定的状态时，就失去了这种人性。当人类必须进入对立的状态时，就必须通过这种审美状态来重新找回人性。以此证明，美对现实的“效应”并不是直接的或积极的。它仅仅以间接的方式影响“审美状态”，即由“假象”带来的“充实的、零规定的状态”，使人联想到“人性”。这种回忆的结果是：是否让情绪采取特定的意向性，即是否实现，完全取决于“自由意志”。但是，我们决不能低估这种间接的“效应”。席勒把“美”称作“第二造物主”，尽管这种隐喻表达方式在语境上有些唐突，但如果考虑到基督教的传承，就不难理解这是以“第一造物主”神为前提而形成的比喻。在这一隐喻的背后，可以认为是一种基督教的人类形成观，即人类是模仿神而创造的。虽然原罪“神像”受损，但通过“模仿基督”可以来恢复这一形象。换言之，席勒用“人性的形象”代替了“神的形象”。反过来说，美是“第二造物主”，在倾向性上使人想起“人性之象”，但在现实中是否能实现这一点，并不在于美，而在于始终如一的自由意志。席勒的阐述令人信服。

在第二十一、二十二封信中，席勒认为，纯粹美的作用在现实中是不可能存在的，只能近似地具体化，且以与经验考察交叉的形式描述了具体艺术流派（音乐、诗歌、雕塑）的特征及其理想形式。就作品而言，“特定的艺术、特定的艺术作品对我们的感情的方向的限制越少，它就越高贵，它就越优秀”[①]。在《美育书简》后半部分第二十三至二十七封信中，再次回到经验性研究，进行了发展论、文明论研究的同时，也是对序言部分所提出的问题（第十封信中提出的卢梭问题，即文化和文明批评）的答复。在序言中，他似乎同意卢梭的观点，但在最终的结论中，却主张如果以过去的超越论中规定的以美、艺术为基础的文化概念为前提，要在“自然的生活”中开始“道德的生活”，通过美的文化化，学会有更高尚的欲求，以免不得不去向往崇高。[②]在第二十四封信中，开创了从利己的自然状态到美状态，再到理性的道德状态的理念发展阶段论。第二十六封信讨论了审美的问题，这种心境（情绪）可以看作是超验主义论中所说的“审美状态”在现实情绪中所采取的现象形态，这是从发生论和人类学角度进行探讨的。通过对经验成为可能条件进行逻辑性考察的超越论演绎而揭示出来的“美的状态”，在这里被放在经验性考察的层

---

① 席勒. 美育书简：德汉对照［M］. 徐恒醇，译. 北京：社会科学文献出版社，2016：155.

② 席勒. 美育书简：德汉对照［M］. 徐恒醇，译. 北京：社会科学文献出版社，2016：165－169.

面上，其如何产生原始形态成为一个问题。作为人性的条件——美感，其形成条件是什么？席勒认为这是“对假象的喜悦”“对装饰和游戏的爱好”。在超验主义层面上（由“游戏冲动”产生的）被称为“审美假象”，在人类学考察层面上则是“对装饰和玩耍的喜爱”，是现代风格的“演出”或是“美学符号”。只要外在显现（假象、符号）是真正的（明确放弃对实在的一切要求），而且只要它是独立的（无须实在的任何帮助），那么显现才是美的。①“美的符号”在不危及现实认识和道德的情况下，将“规定性”重置为“规定可能状态”“零”，才能引导“人性”的回忆作用。也就是说，席勒从没有在对认识和实践有帮助的明确指向量的“美的象征”中看到人的“自由”形态。

在结论，即第二十七封信中，先前的超验主义考察与人类学和发生论考察的成果互相嵌套，回到了前文所探讨的问题（“国家”和政治的问题）。“美的假象”在其原始形态中，表现为在素材中加入“过剩”的形式进行的“自己存在的美化”，讲述了动物的阶段，即从被素材束缚的状态中，人类是如何变得“自由”的。另外，既然是“装扮”，就会意识到他人的眼光，产生美丽的社交、礼仪，进行文化交流。换句话说，席勒认为审美符号的产生是人类学层面上的人性条件，是人性自由的条件。换言之，“人性”只以“美的象征”这一虚构的形式出现在现象界中。在超越论上，“美的状态”被定位为实现符合人性的道德状态的中间阶段和理论上的“美的状态”，在现象界中表现为以“美的象征的生成”（Spiel）本身为目的的“美的心境”。因此“美”既被当作手段来谈论，又被当作目的来研究。他曾在第九封信中初次涉及现象学界的陶冶程序。“如果你发现了那些‘邪恶’，你就可以用崇高的、精神丰富的形式把它们包围起来，用优秀的象征把它们包围起来，让假象克服现实，让艺术克服自然。”②以“游戏冲动”为基础的（或激发它的）美和艺术，即“审美假象”“审美符号”将人们包围，这是席勒陶冶论的核心。被“美的象征”包围的空间就是第二十七封信中所论述的“美的国家”。综上所述，我们可以回到第三封信中所提出的国家问题，将其视为统括全局的部分。也就是说，人们要追求自身利益的权利，为了使法律得以被遵守而行使权力的“动力国家”是第三封信中的“自然国家”，每个人作为立法者主动服从道德法则的是“道德国家”，在第三封信中没有提到的“美的国家”，被视为使这两个国家无法

---

① 席勒. 美育书简：德汉对照［M］. 徐恒醇，译. 北京：社会科学文献出版社，2016：205－207.

② 席勒. 美育书简：德汉对照［M］. 徐恒醇，译. 北京：社会科学文献出版社，2016：74.

实现的人类社交性格成为可能。这是因为，在“自然国家”中，只有感性的快感，追求私人欲望占优势，而在“道德国家”中，只有理性，即只有普遍的东西占优势。所以在此原理上，无论在哪方面，人都只会与人分离。在“美的国家”中，个体和普遍、感性和理性相协调，人们在共同体中不是出于自我利益或道德义务，而是出于爱和同感进行交流。然而，“美的国家”是具体存在的吗？据席勒称，潜在地存在于所有“美好的灵魂”中。与“道德国家”和“自然国家”不同，不应将“美的国家”作为即将到来的理想和政治共同体，而应该从文化交流层面来阐释，毕竟追求的是个体“自由的人”，从而实现完整自由的人性。

（二）审美教育论

康德意义上的实践理性所支配的“道德国家”与“审美国家”乃至“美的假象国家”之间的关系，成为《美育书简》难解的一个重要因素。从感觉的受动状态，到思维和意向的能动状态的转变，只有通过审美自由的中间状态才能完成。可简单地理解为要想使感性的人变得理性，除预先使它变美之外，别无他法。①以及“自然状态”“审美状态”“道德状态”的三段发展图式，都可解释为美的教育是实现道德国家的唯一手段。②在席勒的著作中，唯一以“教育”一词为标题的就是《美育书简》。这部著作也极具政治色彩，其中美的教育（审美教育）的提出同柏拉图一样，作为实现理想社会的一个杰出的政治计划。在第二十五封信之后，席勒的论点发生了变化，审美状态本身受到更多的赞扬，提出“美的王国”的观念。美的王国的观念不是作为一种手段，而是作为其本身的目的。强调了现实与假象之间的界限，“美的王国”（假象）强化了与真实的国家和社会相断裂的印象。这样的观点，常常被理解为席勒的审美教育构想在政治上的非现实性的自我暴露。那时，席勒认为无论以何种方式都无法看到社会主义对资本主义的超越，但他可以在远离经济和社会现实的唯心主义层面上寻找出路，通过美的教育来改变人们。但是，这是一种颠倒（从意识到存在、从上层建筑到经济基础、从结果到原因），必然会陷入僵局。随《美育书简》接近尾声，“完全脱离所有现实”的“美的王国”观念的出现，标志着最初审美教育构想的破灭，也体现了席勒的现实悲观主义情结。

---

① 席勒. 美育书简：德汉对照［M］. 徐恒醇，译. 北京：社会科学文献出版社，2016：163－164.

② 席勒. 美育书简：德汉对照［M］. 徐恒醇，译. 北京：社会科学文献出版社，2016：175－178.

从“基础—上层建筑”论到批判美的教育构想的非现实性，也许会给人一种略显僵硬的马克思主义批评的印象。然而，对席勒审美教育理论的批评（逃向审美虚拟的幻想世界），并不局限于马克思主义的学说，在过去，关于《美育书简》的政治教育作用的质疑，就经常出现。不仅如此，像以“现实与假象”的对比为基础，质疑美和艺术的政治教育有效性的言论，不仅限于席勒，一般在“美与教育”的研究中也经常出现。举一个熟悉的例子，诺尔在《德国新教育运动》中对艺术教育运动进行了批判性的总结，认为艺术教育缺乏“与日常现实的搏斗”的界限源于艺术本身的本质，即“总是暂定的，游戏的”。虽然世界观不同，但这与席勒的逻辑基本同构。我们很容易理解，席勒将理想社会的可能性寄予在“审美”上，是一个非常伟大的、了不起的梦想。

三、结 语

席勒的论点是通过“游戏冲动”使感性的“质料冲动”和理性的“形式冲动”之间的对立得到媒介的协调。施泰纳将其解释为，通过感觉赋予我们的世界和超越感觉的世界（这被称为“精神的、灵性的”，或者直截了当地称为“超感觉的”）之间的通道。《自由的哲学》可以看作是施泰纳对《美育书简》的回应，但可以肯定的是，他只停留在对自由的解释上，并未像席勒一样回归于美，要想研究施泰纳对美的理解，就必须深入施泰纳的教育实践中去。这也是本研究所欠缺的地方，未能将席勒和施泰纳关于“美”的讨论进行对比，这一遗憾，也为接下来的研究提供方向。经上述重读，席勒显然还是没有超出康德二元论的研究框架，但施泰纳敢于从一元论的角度解释席勒，重新审视施泰纳的席勒论，就会察觉到施泰纳对一元论的迫切追求。施泰纳从“思考”（而不是美）中寻求自由的根据，即把感性的东西与超感性的东西联系在一起，只认识到了超感性理念的存在。尽管一元论在解释世界与人、理想与现实的关系上是那么迷人。但在当时的条件下，在形成教育和陶冶的基础论上，席勒对费希特的主观唯心论表现出保留态度，对一元论（客观唯心论）更为慎重。不可否认的是，席勒和施泰纳一样，为了新社会的需要，重视不受感性、欲望、理性、理念强制的自由人性。培养自由人性不应该属于教育问题，而是陶冶、文化的问题，陶冶、文化是通过将所有“规定状态”降至“零”来回忆人性的过程。在此基础上，席勒主张用“美的假象”“美的象征”来包围人们。但施泰纳的情况不同，认为是培养人性的“美的国家”在学校这个封闭区域内是可能的，席勒却不只依靠封闭的学习区域，而是将其落实到允许人们回忆人性的“美的状态”的社会交流之中，将理想社会的可能性寄予在“美与教育”之上。

原载《艺术教育》2023 年第 9 期（原标题为《美与教育：以施泰纳的视角新考席勒美育》），略有改动

同源异流的美学建构

——席勒与蔡元培美育观之比较

河北农业大学 刘跃兵

摘 要 在中外美学史上，蔡元培与席勒是对审美教育进行深入阐释的具有代表性的美学家，他们都结合各自的时代与社会特点大力倡导美育。席勒与蔡元培的美育观都是以康德美学为理论基础的，然而，由于时代背景、社会身份、文化传统等方面的差异，他们对美育的目的和属性的理解各有侧重。席勒倡导美育的目的是恢复人性，蔡元培认为美育的目的是健全人格；席勒的美育是实现政治目标的中介和手段，而蔡元培倡导美育主要出自一种终极的人生关照。此外，蔡元培美育理论体现的综合务实的实践精神与席勒的思辨玄想风格也迥然不同。

关键词 席勒；蔡元培；康德美学；美育；艺术教育

在中外美学史上，美育思想具有久远的历史和渊源。中国最早倡导美育的是春秋时期的孔子，儒家“诗教”“乐教”的实质就是美育。在西方，古希腊的柏拉图在《理想国》中驱逐诗人和重视音乐教育的主张中也包含着美育思想，亚里士多德的“净化说”指出了悲剧艺术的美育功能。到了近代，随着美学的学科独立，美育思想逐渐发展成熟。启蒙运动时期，德国美学家席勒首次提出了“美育”概念，被尊称为“现代美育之父”。与此呼应，中国近代教育家、美学家蔡元培倡导“以美育代宗教”，并终身推动艺术教育和美育实践，开辟了中国美育事业的新局面。

就历史背景而言，蔡元培和席勒都处于时代变革时期，他们的美学观点都直接源自对社会现实的关注。他们提倡美育和艺术教育都是为了拯救社会，拯救人类而自有其理论价值和意义。他们都看到了当时社会普遍存在的问题，其根本原因在于审美和艺术的缺乏，因此，他们不约而同地倡导美育和艺术教育。他们的美育主张是各自美学体系的一个部分，有着共同的思想源头，那就是康德美学。然而，由于各种主客观原因，席勒与蔡元培的美育思想的侧重点又有不同，因而呈现出同源异流、各具特色、异中有同、同中有异的基本特征。

一、共同的思想基础：康德美学

康德是德国古典美学的开创者，他的哲学体系综合和调和了西方哲学史上经验论和唯理论的矛盾。首先，康德将世界区分为现象界和物自体两个方面，认为人可以认识现象界，而物自体是不可知的。其次，他将人的心理功能划分为认识、情感和意志三个独立部分，简称为知、情、意。他的不朽巨著“三大批判”就是对这三种心理功能的系统研究。《纯粹理性批判》是研究认识功能的认识论，《实践理性批判》是研究意志功能的伦理学。认识和意志是两个相互隔绝的领域，但是情感可以沟通这两个领域，在它们之间架起一座桥梁。也就是说，情是知与意之间的中介。与此对应，“美”就成为沟通“真”与“善”的中介和桥梁。康德晚年所写的《判断力批判》就是研究情感和美的美学专著。在《判断力批判》“美的分析论”中，康德对鉴赏判断或审美判断从质、量、关系、模态四个方面进行了深入分析，提出了“审美判断四契机”说。康德认为美具有以下四种性质：与利害无关的愉悦、与概念无关的主观普遍性、无目的的合目的性、建立在共通感基础上的普遍可传达性。[①]在这四种性质中，无利害性是最为根本、最为重要的。自此以后，“审美无利害”原则成为西方现代美学的核心命题，对后来的美学与艺术理论产生了巨大而深远的影响。

《审美教育书简》是席勒的美学代表作，它是席勒写给丹麦王子奥格斯堡公爵的27封信的汇集。席勒在第一封信中就坦白了他的思想来源：“诚然，我不愿向您隐瞒，下边的看法大多是以康德的原则为依据。”[②]康德对席勒美学的影响表现在以下几个方面：首先，席勒的“游戏说”来源于康德的“美感产生于想象力的自由游戏”的观点及“审美无利害”原则。席勒认为审美教育的实质就是人与美共同游戏，他说：“人同美只应是游戏，人只应同美游戏。说到底，只有当人是完全意义上的人，他才游戏；只有当人游戏时，他才完全是人。”[③]艺术的审美教育功能正是存在于无功利、无目的的自由游戏之中，人们在“审美假象”中创造一个物质与精神、感性与理性和谐统一的世界。其次，席勒还继承了康德“美在形式”的思想，他说：“在一部真正的美的艺术

---

① 康德．判断力批判［M］．邓晓芒，译．杨祖陶，校．3版．北京：人民出版社，2017：35－59.

② 席勒．审美教育书简［M］．冯至，范大灿，译．上海：上海人民出版社，2021：25.

③ 席勒．审美教育书简［M］．冯至，范大灿，译．上海：上海人民出版社，2021：132.

作品中，内容不应起任何作用，起作用的应是形式……只有形式才会给人以审美自由。”[①]构成审美外观的形式才是游戏的对象，是艺术的本质，艺术就是由形式构成的审美假象王国。最后，席勒认为要使“自然人”成为“理性人”，必须先使他成为“审美人”，审美是沟通和连接认识与道德两个领域的桥梁，显然也是康德思想的变种。

蔡元培于1912年赴德国留学，在莱比锡大学学习哲学、美学、心理学、艺术史等课程，尤其受到康德美学的影响。他回国后写过《康德美学述》一文。康德美学是他阐述美育和艺术教育问题的思想基础。首先，蔡元培接受了康德对于现象界与物自体的区分，只不过换成了更为现代的哲学语言——“现象世界”与“实体世界”。他说：“美感者，合美丽与尊严而言之，介乎现象世界与实体世界之间，而为津梁。”[②]他认同康德的观点，强调美感教育是沟通现象世界与实体世界的桥梁，能实现知识与情感的调和。其次，蔡元培完全接受了康德的心理功能“三分法”，但是他更加重视情感的作用。他认为，吾人精神上之作用，普通分为三种：一曰知识；二曰意志；三曰感情……知识、意志两作用，既皆脱离宗教以外，于是宗教所最有密切关系者，惟有情感作用，即所谓美感。[③]蔡元培认为，最初的宗教是知识、情感、意志的结合，因为那时精神的作用是混沌的，随着社会的发展进步，知识、意志都脱离宗教而各自独立，唯有情感作用仍然保持与宗教的密切联系，而情感也是艺术和审美的核心。最后，蔡元培接受了康德的“审美无利害”原则，认为美的性质就是普遍与超脱。他说：“康德立美感之界说，一曰超脱，谓全无利害之关系也。二曰普遍，谓人心所同然也。三曰有则，谓无鹄的之可指，而自有其所赴的之作用也。四曰必然，谓人性所固有，而无待乎外铄也。”[④]蔡元培把康德的“审美判断四契机”说概括为超脱、普遍、有则和必然，基本上也是在转述康德美学，只不过用了更现代的语言。

由此可见，康德美学构成了席勒与蔡元培的美育和艺术教育观念的共同的思想源头。然而，深入考究其思路，可以发现他们的美育观存在不少差异。

---

① 席勒．审美教育书简［M］．冯至，范大灿，译．上海：上海人民出版社，2021：180－181．

② 蔡元培．对于新教育之意见［M］//杜学敏．20世纪中国美学经典选读．西安：陕西师范大学出版总社有限公司，2023：74．

③ 蔡元培．以美育代宗教说［M］//杜学敏．20世纪中国美学经典选读．西安：陕西师范大学出版总社有限公司，2023：77－78．

④ 蔡元培．美学观念［M］//蔡元培．美育与人生：蔡元培美学文选．济南：山东文艺出版社，2020：15．

二、审美教育的目的：恢复人性与健全人格

随着科学技术的发展，近代出现了严密的社会分工，人性由此分裂，这让席勒深感失望，难以面对，一方面，他非常沮丧地描绘道："国家与教会、法律与道德习俗都分裂开来了；享受与劳动、手段与目的、努力与报酬都彼此脱节了。"① "三个脱节"就是近代劳动分工导致人性分裂的显著表征。另一方面，席勒认为古希腊人"既有丰富的形式，同时又有丰富的内容；既善于哲学思考，又长于形象创造；既温柔，又刚毅，他们把想象的青春和理性的成年结合在一个完美的人性里"②。席勒认为，处于人类童年时期的古希腊人单纯质朴，拥有完整和谐的人性。这种鲜明的对比充分说明，古希腊社会是席勒心目中理想的社会状态。

在比较了近代社会与古希腊社会之后，席勒提出要恢复完整的人性，只有求助于艺术审美活动。席勒指出："只有艺术、只有想象才能治愈劳动分工、工作专门化、大众社会的扩张、人的机械化日益加剧等造成的创伤。"③席勒进而提出了著名的"三种冲动"说。他说："我们完成这双重的任务——使我们身内的必然转化成现实，使我们身外的现实服从于必然的规律——是受了两种相反的力的驱使。"④这两种相反的力推动人们去实现它们各自的对象，它们就是"感性冲动"与"形式冲动"（理性冲动），这两种冲动都需要限制和调和。席勒说："人同时有这双重的经验，即他既意识到自己的自由同时又感觉到他的生存，他既感到自己是物质同时又认识到自己是精神，在这样的情况下，而且绝对地只有在这样的情况下，人就会完全地观照到他的人性。"⑤这种调和的手段就是"游戏冲动"，它的对象是"活的形象"，也就是广义的美。席勒说："美既不善于建立性格，也不善于启蒙头脑。因此，通过审美的修养，一个人的个人价值或尊严仍然是完全未受规定，只要这种价值或尊严还能依赖于此人而存在；美什么也达不到，除了从天性方面使人能够从他自身出发为其所欲

---

① 席勒. 审美教育书简［M］. 冯至，范大灿，译. 上海：上海人民出版社，2021：58.

② 席勒. 席勒经典美学文论［M］. 范大灿，等译. 北京：生活·读书·新知三联书店，2015：54－55.

③ 伯林. 现实感：观念及其历史研究［M］. 潘荣荣，林茂，译. 南京：译林出版社，2004：226.

④ 席勒. 审美教育书简［M］//冯至. 冯至译文全集. 上海：上海人民出版社，2020：81.

⑤ 席勒. 审美教育书简［M］//冯至. 冯至译文全集. 上海：上海人民出版社，2020：95.

为——把自由完全归还给人，使他可以是其所应是。”[①]在席勒看来，以艺术为代表的审美活动是自由的，不带有任何功利性，可以弥合近代社会人性的分裂，使人性复归完整。审美教育能够克服道德教育和法律的强制性局限，它能够在自然和自由脱节的状态下恢复分裂的人性。

蔡元培生活在鸦片战争爆发之后，当时的中国已沦为半封建半殖民地社会，整体上处于军阀混战、内忧外患、蒙昧腐朽、阴沉黑暗的状态。留德归国的蔡元培面对此情此景，内心无比焦灼。根据他的观察和判断，社会危机的根本原因在于人们情感上的空虚和堕落，在于人的精神世界出了问题，因此，他要着力倡导关于情感的美育和艺术教育，以求净化人们的生命情趣，提升人生境界，拯救社会的弊病。蔡元培对美育有两个经典的定义，第一个定义是：“纯粹之美育，所以陶养吾人之感情，使有高尚纯洁之习惯，而使人我之见、利己损人之思念，以渐消沮者也。”[②]第二个定义是：“美育者，应用美学之理论于教育，以陶养感情为目的者也。”[③]蔡元培认为美育的性质就是“陶养感情”，因而倡导从情感入手改造人的精神世界。蔡元培认为，实施美育的主要途径是艺术教育，他说：“美育为近代教育之骨干。美育之实施，直以艺术为教育，培养美的创造及鉴赏的知识，而普及于社会。”[④]蔡元培还说：“我提倡美育，便是使人类能在音乐、雕刻、图画、文学里又找见他们遗失了的情感……知道了享受人生的乐趣，同时更知道了人生的可爱，人与人的感情便不期然而然地更加浓厚起来。”[⑤]他进一步指出：“人人都有感情，而并非都有伟大而高尚的行为，这由于感情推动力的薄弱。要转弱而为强，转薄而为厚，有待于陶养。陶养的工具，为美的对象；陶养的作用，叫作美育。美的对象，何以能陶养感情？因为它有两种特性：一是普遍；二是超脱。”[⑥]由于美和艺术的普遍性能破除人我之隔阂，美和艺术的超脱性能超出利害关系和现实欲望，因

① 席勒．审美教育书简［M］//冯至．冯至译文全集．上海：上海人民出版社，2020：138.

② 蔡元培．以美育代宗教说［M］//杜学敏．20 世纪中国美学经典选读．西安：陕西师范大学出版总社有限公司，2023：79.

③ 蔡元培．美育［M］//杜学敏．20 世纪中国美学经典选读．西安：陕西师范大学出版总社有限公司，2023：87.

④ 蔡元培．创办国立艺术大学之提案［M］//蔡元培．美育人生：蔡元培美学精选集．长春：吉林人民出版社，2020：172.

⑤ 蔡元培．与《时代画报》记者谈话［M］//蔡元培．美育人生：蔡元培美学精选集．长春：吉林人民出版社，2020：177.

⑥ 蔡元培．美育与人生［M］//蔡元培．美育人生：蔡元培美学精选集．长春：吉林人民出版社，2020：3.

此，蔡元培明确指出："美育之目的，在于陶冶活泼敏锐之性灵，养成高尚纯洁之人格。"①在蔡元培看来，美育和艺术教育的目的在于陶养情感、活泼性灵，健全人格，使人达到高尚自由的境界。

由此可见，对于审美教育目的的认识，席勒与蔡元培有不同的侧重点，席勒的着眼点是抽象的人性论，而蔡元培的出发点是感性的人格论。从某种意义上说，这种差异源自哲学与心理学两种迥然不同的理论视角。

三、审美教育的属性：中介手段与人生观照

席勒始终关心政治问题，他认为以法国大革命为代表的政治革命不仅不能恢复人的完整人性，反而践踏和破坏了人性。席勒指出，当时的上层统治阶级生活专横腐朽，社会下层阶级粗野暴戾，完全丧失了古希腊人性的自由完整。要改革国家，获得政治自由，首先必须改善时代的性格，恢复人性的完整性。席勒说："人们在经验中要解决的政治问题必须假道美学问题，因为正是通过美，人们才可以走向自由。"②人要从自然状态的"感性人"走向道德状态的"理性人"，必须经过审美状态，先成为"审美人"。美育和艺术教育就是席勒为这个有病的社会和时代找到的"济世良方"。席勒似乎是一个悲观主义者，他倡导美育和艺术教育的初衷乃是对不合理现实的强烈不满和无情批判，具有强烈的社会政治色彩。

从根本上说，真正让席勒焦虑的问题不是人性的分裂，而是当时的政治危机。在席勒看来，依靠自然法则和道德法则所建立的政治秩序无疑是对人性的戕害。为解救这种危机，席勒试图为政治革命嵌入一个审美的维度。他认为应当让美先行于自由，只有借助美学问题，才能解决现实中的政治问题，进而在清朗政治的自由中实现和恢复人性的完整性。因此，对于席勒来说，审美和艺术都是政治的必要条件，也是政治的真正根基。审美教育（审美的王国）的指向最终归结为使人们从"自然国家"（力的可怕王国）走向"伦理国家"（法则的神圣王国），美育和艺术教育最终要服务于政治革命。在此意义上，席勒美学可以看作是一种政治美学。"政治美学应当研究的其实是'情感人'在政治中的位置和作用，是共同体中如何安顿、沟通个体与群体的情感，建立

---

①　蔡元培．创办国立艺术大学之提案［M］//蔡元培．美育人生：蔡元培美学精选集．长春：吉林人民出版社，2020：172．

②　席勒．审美教育书简［M］．冯至，范大灿，译．上海：上海人民出版社，2021：31．

与情感秩序相适应的政治秩序的问题。”①在政治理想中融入美学维度，用美学的方法思考政治问题，这是席勒在西方美学史上的重要贡献。总体来看，席勒强调审美教育应以自由为鹄的，艺术被他视为消除异化的工具，也是通向政治自由的中介和手段，鲜明的政治色彩无疑削弱了席勒美学的纯粹性。“德国古典美学都是把美学当成解决矛盾的工具，都是希望通过审美的活动来解决内心的矛盾，从而达到解决现实的矛盾的目的。”②席勒的工具论政治美学鲜明地体现了德国古典美学的这个基本特点。

蔡元培虽然关心国家和社会的问题，但他却更加强调美育和艺术教育对于人的自由发展的巨大价值。陶养情感、健全人格，培养积极的人生态度，提升人的精神境界，赋予人生以意义和价值等，都是美和艺术不可替代的功能。蔡元培美学思想的核心命题是“以美育代宗教”。他认为，美育无限制、可普及，应该有绝对的自由，以陶养人的感情，因此艺术可以辅宗教的限制和保守之不足。这是一种不同于席勒的乐观主义美学。实际上，蔡元培把宗教和美学分别当作旧思想和新思想的典型代表，“以美育代宗教”的精神内核是对民众进行思想启蒙，这是与“五四”新文化运动相一致的进步精神。蔡元培始终关注人，人的生命、精神和人格，他尤其强调美和艺术的超脱性。他认为美感和艺术的教育属于超轶政治之教育，具有独立的属性和品格。艺术是高尚的消遣，能提起人的创造精神，因此，他把审美教育提高到与科学教育同等重要的地位，因为科学只解决认识问题，而艺术主要解决情感问题，只有二者互补才能满足国民的人生需要。蔡元培强调审美教育能使人达到生命自由的精神境界，体现出对人生终极层面的观照。如果说席勒的审美教育观的基石是唯心的抽象人性论，其思路仍然是工具理性的话，那么，蔡元培的审美教育观则是立足于人的活泼的感性生命和精神世界，它更倾向于价值理性，更契合美学和艺术的精神。因此，他的思想和观点更加切合人们的现实生活，更容易让人接受与认同，所以在社会上产生了广泛的影响。

由此可见，在席勒看来，美育和艺术教育终究只是一种具有过渡性质的中介、手段和桥梁，政治自由才是其终极目标。席勒美学是一种政治美学。蔡元培立足于感性现实和人的精神世界，着力于以美健全人格，体现出一种深刻的人生观照。他的“以美育代宗教”说具有丰富的人文内涵，是一种典型的人生美学。

---

① 骆冬青．“活的形象”与席勒的政治美学［J］．江苏社会科学，2005（4）：11．

② 蒋孔阳．德国古典美学［M］．合肥：安徽教育出版社，2007：26．

四、不同的理论风格：思辨玄想与综合务实

在美学史上，席勒的思想以徘徊于哲学与诗歌之间而著称。虽然其哲学贡献远逊于康德、黑格尔，但是他的美学著作体现的抽象晦涩的文风同样让人望而生畏，鲜明地体现出德国古典哲学的思辨性特征。比如，席勒把人性分为“人格”和“状态”两个对立的因素，前者持久不变，后者经常变化。它们在绝对存在中是统一的，而在有限存在中则永远是分裂的。如果他不举例子来说明的话是很难理解的。其实，此说来自康德对现象界与物自体的区分。从根本上来看，该学说是受到了康德思想的深刻影响。

当然，作为诗人的席勒在论述美学问题时也使用过一些富有才情的诗化语言，让读者受到情绪上的感染。他在《强盗》《阴谋与爱情》《华伦斯坦》等剧作中塑造了众多鲜明生动的人物形象，揭示了不少社会政治问题。他的诗歌《欢乐颂》经贝多芬谱曲而广为传颂，他的创作实践验证了艺术的巨大价值。但是，这毕竟不是主要的方面。总体来看，席勒对美育和艺术教育的阐述是一种理性思辨的、抽象玄秘的哲学表达。最大的问题是，他虽然高举美育与艺术教育的旗帜，为之呐喊助威，却对在现实中如何实施避而不谈。对于那个“美的假象王国”是否真的存在的回答也是虎头蛇尾，他说：“按照需要，它存在于任何一个心绪高尚的灵魂之中；而按照实际，就像纯粹的教会或共和国一样，人们大概只能在个别少数卓越出众的人当中找到。”①如此说来，美的王国要么存在于人的内心，要么只有少数精英人物才能到达，这充分显示出席勒美学的乌托邦空想性质和主观唯心主义倾向，因此，他的审美教育观念难以回避实践性和普及性的局限。

与席勒不同的是，蔡元培不但深受康德美学的影响，而且自觉继承了儒家思想的传统。在《中国伦理学史》中，他批评了先秦各派伦理学说的极端性，而肯定了儒家思想折中、调和的方法论。他还作过《中华民族与中庸之道》的讲演，写过《三民主义的中和性》等论文，阐释中庸之道的内涵及其应用。再如，他将北京大学的学术方针概括为“兼容并包”，体现出对中庸方法的推崇。蔡元培强调“美是各种相对性的调和剂”②。“调和”就是一种中庸方法论，蔡元培称之为“中和之法”。“蔡元培的中和之法，也是他的美学理论建

---

① 席勒. 审美教育书简［M］//冯至. 冯至译文全集. 上海：上海人民出版社，2020：195.

② 蔡元培. 旅法中国美术展览会招待会演说词［M］//蔡元培. 蔡元培文集. 北京：线装书局，2009：194.

构的主要方法。”[①]蔡元培所谓的“中和之法”实际上就是一种综合的方法，源自儒家的哲学方法论。

席勒和蔡元培的审美教育都以艺术教育为主要途径，然而，他们对艺术教育的理解却大有不同。一般认为，艺术教育包括素质教育、专业教育和学术教育三种形态。显然，席勒重视的艺术教育更偏重“素质教育”，他的设想是通过审美教育培养更多懂得欣赏美的艺术公众，从而为政治铺平道路。蔡元培终身倡导的艺术教育则不仅限于“素质教育”，也涵盖了“专业教育”，甚至还包括“学术教育”。蔡元培认为美育是美学理论在教育领域的应用，他非常看重美育和艺术教育的学术性和理论性。他在担任北京大学校长期间，曾亲自讲授美学课程并撰写教材。蔡元培强调作为学术教育的“学”与作为专业教育的“术”应该并举，他说：“学与术可分为二个名词，学为学理，术为应用……学必借术以应用，术必以学为基本，两者并进始可。”[②]相比较而言，蔡元培的艺术教育观念似乎更为宽泛全面，内容也更为丰富，同时更加契合教育的本质，因为他既是思想家和学者，同时又是具有实干精神的教育家和社会活动家，具有丰富的教育实践经验。

有学者指出，“蔡元培真正的无可替代的根本性建树在于，在教育总长和北大校长任上大力倡导并领导全面实施现代性美育体制和艺术教育体制”[③]。这说明，追求务实是蔡元培的美育和艺术教育理论的重要特征。在担任中华民国教育总长期间，蔡元培颁布了《普通教育暂行办法》等法规制度，将美育（含艺术教育）与智育、德育、体育“四育”并举。任北京大学校长期间，他亲自指导美育和艺术教育，成立了北大音乐研究会、画法研究会和书法研究会等机构，还帮助成立了一批艺术专科学校。蔡元培还在《美育实施的方法》等文章中对美育和艺术教育做了周密的规划，认为美育和艺术教育应从家庭、学校和社会三个方面展开，艺术教育设施并不限于学校，还应包括博物院、展览会、音乐会、影剧院等场所。

由此可见，蔡元培不是空想者，而是行动派，不仅是思想家，更是实践家。比较而言，席勒的审美教育理论更具理论性，焕发着思辨玄想的色彩，蔡元培则无意于理论体系建构，他的审美教育理论更多地体现出一种综合务实的

---

① 聂振斌．蔡元培美学思想研究［M］．北京：商务印书馆，2012：159.

② 蔡元培．在爱丁堡中国学生会及学术研究会欢迎会演说词［M］//张汝伦．蔡元培文选．上海：上海远东出版社，2012：345.

③ 王一川．跨文化艺术美学［M］．北京：中国大百科全书出版社，2017：41.

精神。

五、结　语

作为中西方近代美育史上极具代表性的美学家，席勒和蔡元培的审美教育理论都是属于他们的美学思想的一部分。首先，他们的学说都受到了康德美学的深刻影响，他们的理论充满着人道主义的光辉和人文主义的精神，在美学思想史上占有重要的地位。当然，蔡元培在接受康德美学的同时也受到了席勒美学的影响。难能可贵的是，这种双重的影响并没有使蔡元培放弃中国文化本位的学术立场，他没有完全照搬康德和席勒，而是结合时代和社会特征进行了创造性发挥。

更重要的是，他们对审美教育的阐释有不同的侧重点。席勒认为审美教育的目的是恢复人性，蔡元培认为审美教育的目的是健全人格，这是他们分别从哲学立场和心理学立场对美育做出的不同阐释；席勒认为审美教育是实现政治目标的中介和手段，而蔡元培倡导的审美教育更多是出自一种终极的人生观照，这是他们采取工具理性和价值理性两种不同的逻辑理路的必然结果；此外，席勒的美育理论焕发着思辨玄想的色彩，而蔡元培并没有成体系的理论著作，他的美育观点散见于各种论文、演讲词和文章之中，更多地体现出综合务实的实践精神。追根溯源，这种差异反映出中西文化不同的精神内核，西方哲学和文化更强调理性精神，注重矛盾及其解决，更重视理论体系的建构，而中国哲学和文化更强调“知行合一”及中庸之道，更注重知识和理论的应用实践价值。

以跨文化视角对席勒和蔡元培的美育观念进行比较研究，有助于我们深入理解中西方美学家探讨美学问题的不同思路、风格和精神，进而更加深入地领悟和把握中华美学和艺术精神的精髓和内核。同时，对于美育工作者构建新时代有中国特色的审美教育理论，并在实践中探索践行，具有重要的启示意义。

论古希腊悲剧知意困境激发情感的美育价值

中央戏剧学院 桑 丹 陈 敏

摘 要 马克思一生追求的人类解放的标准是：作为一个完整的人，占有自己的全面的本质。塑造“完整的人”的审美人物是戏剧艺术的使命。戏剧的审美理想和人类的最高理想一致。席勒美育思想与冯友兰风流人格美观念在美育实现手段和最终目标上呈现出一致性，即通过文艺审美，塑造完整的人。作为古希腊文艺最高形式的悲剧，将知与意的困境以戏剧情境的形式置于人物所处的当下，令其同知与意的既定秩序形成冲突。通过塑造完整的人的审美人物，激发观众的情感与反思，实现观演关系中的慰藉与参照，以发挥美育之效用。因此，古希腊悲剧经典对美育理论研究与实践具有启示意义与价值。

关键词 美育；悲剧；知意困境；人格；完整的人

康德将人的内心全部能力区分为知、情、意。“总目的是在知情意（即在哲学、伦理学、美学）三方面都要达到理性主义与经验主义的调和。”①知（知识）帮助人认识客观世界，情（审美）与意（道德）则生成于人与自我、人与他人的关系。知与意从属于因果律，情因其主观经验性而不受因果律的制约。知与意是逻辑的、有限的、约束的；而情是直觉的、无限的、自由的。知与意的既定秩序与人类自由意志的冲突不仅永恒存在，而且这种冲突所激发的人类生存情感即普遍人性正是人类存在的本质性的具体表现。知与意两个层面对于人的自由意志所构成的困境与其说是一种冲突，不如说是人类生存的基本状态。正如马拉美所言，“戏剧最根本的主题是人和宇宙的对抗”②。对于悲剧来说，最奇妙的不是痛苦，而是人物对待痛苦的方式；引起人们振奋的不是灾难，而是人物的反抗。命运可以摧毁个人，却无法摧毁人的伟大与崇高。当生活中知与意的既定秩序与介入其中的人的自由意志的冲突被显现于舞台之上时，戏剧性冲突则能激发观众的情感，进而令观众开启对困境中的人物形象的审视与反思。正是人类生存情感被悲剧激发，人身处于知与意困境中的现实受

① 朱光潜．西方美学史：下册［M］．武汉：长江文艺出版社，2019：277.
② 汪义群．西方现代戏剧流派作品选（二）［M］．北京：中国戏剧出版社，2004：416.

挫才得以慰藉与参照，进而反思内在的主观世界，确证其与存在的关系并指导实践——认识和改造外在的客观世界，推动人类文明的进步。

从知、情、意的角度，探研古希腊悲剧经典，不难发现：知（知识）和意（道德）的困境来源于悲剧诗人所处时代的社会生活，与悲剧诗人的主观情致化合最终呈现于舞台中央，形成一个个不泯的戏剧人物。它是一种依托于知与意困境中的人类生存情感的符号创造，其戏剧性源自戏剧中人物和情境的契合，内容与形式的统一，知、情、意的调和。古希腊悲剧经典显然没有完全独立于日常生活，审美与哲学、政治、宗教、伦理等都有着密切的联系。古希腊悲剧经典作为西方古典美学的范畴，具有他律性特征。中国美学基于主客一体到主客二分的中国哲学转向继而发生从自律到他律的现代性内部变革，同时受到西方现代美学从他律到自律的反向外部影响，因而显得更加独特与复杂。随着马克思主义美学的引入，中国现代美学才呈现出美学他律性的主流特征，强调审美的功利性、艺术的政治性和趣味的大众化。据此，不难发现古希腊悲剧经典作为西方古典美学范畴与中国现代美学在美学特征上具有了相当程度的同构性，这也是其能成为当代中国美育理论研究与实践的重要介质的根源。

一、戏剧审美机制：知意困境激发情感、塑造人物

戏剧是以演员塑造的舞台人物为核心的，融合了艺术的各个门类及文学的一门视听综合性剧场艺术。它不仅是一种制造快感的娱乐与技艺，更是重要的、真实的和普遍的文化媒介。戏剧美育，首要解决的问题是戏剧美在哪里、审美对象是什么。当代著名戏剧理论家、剧作家阿瑟·米勒给出了明确的回答。他视古希腊戏剧为典范，因为其人物都是以追寻自由理想为目的的感性生命的存在，所以都是呈现“美”的“完整的人”。[①] 这里“完整的人”指的是人性的完整。塑造“完整的人”的审美人物，是戏剧艺术的美学使命，而审美人物就是戏剧审美的对象所在。

古希腊悲剧经典在审美人物的形象塑造上，凸显人类生命的尊严和意义，更强调对完整的人的追求。“生活的真正意义是什么，人性的尊严靠的是什么。对于这两个问题，悲剧作家们给了我们确定的回答。”[②]戏剧是总括的艺术，其揭示人类多面性的特质决定了戏剧性形式中人的生命存在与知、意既定

---

① 罗伯特·阿·马丁. 阿瑟·米勒论剧散文［M］. 陈瑞兰，杨淮生，选译. 北京：生活·读书·新知三联书店，1987.

② 依迪丝·汉密尔顿. 希腊精神［M］. 葛海滨，译. 修订本. 北京：华夏出版社，2019：191.

秩序的密切关联。戏剧从来都不会离开生活，尤其不会离开那些卡在知与意困境中的生活。悲剧是人类试图摆脱无法克服的窘境与社会、与他人及自我进行的一场力量悬殊的战争。[①] 正是介入知与意的困境，拓展了戏剧的表现手段，显化了戏剧冲突，强化了舞台艺术与观众所处当下现实的关联，丰满了审美人物的生命形象。对与“心智”相关的“秩序”和“越界”的兴趣，确实是古希腊悲剧中一个反复出现的主题。[②] 悲剧诗人所描绘的伟大的、不愿接受人之为人局限性的个体，以此与知的困境抗争。当然，这种界限也包括别林斯基所说的在每个悲剧的内容里都有美学上允许的道德问题，即意的困境。韦尔南所提出的“悲剧时刻”的概念，“也围绕着英雄的、传统的规范与流动的社会中新出现的法制和公共价值之间的张力展开”[③]。概言之，无论是知识抑或伦理、道德、法制所建构的令雅典城邦骄傲的既定秩序，悲剧诗人总是在他们的戏剧艺术作品中试图将这些状似完满的知与意的既定秩序的确定性撕开一条裂缝，注入不确定性的、异于常理的混乱，将知、意的困境以戏剧情境的形式显明地摆在戏剧人物所处的当下，令其在种种两难的、撕扯的绝境中向着知、意秩序的既定界限试探、冲撞。情的无限性冲破了知与意的有限性，自由的狂飙注入秩序的井然，为人类与人类社会的向前迈进拓展了想象力与创造力的空间。观众将自我完全沉浸于悲剧人物立足的情境，在和人物情感共鸣中沟通了自身生活现实当下的知与意，完成知、情、意的互动交融，达成观演关系中的慰藉与参照，所谓美的关照，指“我们把其他一切的诱惑加以断绝，而专一地陶醉于对象生命里面”[④]。这里需要指出的是，情感即人类生存情感，是从杂多具体的情感中抽象出来的概念，具有本质性。正是在审美人物所处的知与意的困境中通过戏剧行动激发的人类生存情感，实现了人物对现实既定秩序的审美超越，令观众与审美人物一道在戏剧人物的生命体验与感受中迸发出强烈的追求真理、正义与至美的愿望，内在心灵也在戏剧鉴赏中实现审美超越。通过以上关于戏剧审美机制的阐述，不难理解悲剧缘何被亚里士多德称为古希腊文艺最高形式并承担着公民教育的社会功用，悲剧诗人亦被视同公民的教育者。亚里士多德在《诗学》里提到悲剧的功用，即通过引发观众的怜悯与恐惧使情感

---

① 易东生．承袭与构建：新时期小说中的死亡书写［M］．徐州：中国矿业大学出版社，2013．

② 西蒙·戈德希尔．阅读希腊悲剧［M］．章丹晨，黄政培，译．北京：生活·读书·新知三联书店，2020：292．

③ 西蒙·戈德希尔．阅读希腊悲剧［M］．章丹晨，黄政培，译．北京：生活·读书·新知三联书店，2020：225．

④ 范寿康．美学概论［M］．上海：商务印书馆，1927：199．

得以净化（即卡塔西斯）。卡塔西斯所针对的是作为观众的人，所依托的则是作为戏剧审美人物的人，归根结底，反映社会现实的悲剧艺术是为了寓教于乐、审美教化。

戏剧创造了一种虚幻的经验和历史①，所表现的正是人类情感的本质。苏珊·朗格不再将直觉与理性对立，而是将二者联系起来。直觉交融了情感、想象、感知，成为理性思维的起点。人类思维的发展，就是在直觉与逻辑的共同作用之下才能得以完成。而古希腊悲剧经典的美育价值就在于实现了审美直觉与逻辑思考的联系与调和。戏剧审美的过程，同样成为理性思维的起点。悲剧舞台让我们看到了太多属于人类固有的局限性，在观众体验到戏剧人物所处困境中的压抑、焦虑、困惑、痛苦与迷茫的同时，悲剧诗人则将观众引向人类生存情感的天光中，戏剧中心人物在承担起自己命运的同时也真正意识到了人的有限性与世界的无限性，并成为一个“敢于直面惨淡的人生，敢于正视淋漓的鲜血”②，承担自己的责任，承受自己的命运的真正的理想的人。

黑格尔将希腊古典艺术视为精神内容和物质形式的完美契合。他把独立自足性视为理想的人物性格所必有的主要特征，在他看来，理想的人物性格只有在理想的环境中才能形成，理想的环境即英雄时代。“他认识到自己是一定社会的成员，能把这社会所流行的道德理想作为自己的道德理想。因此，他一方面依存于社会，接受社会的理想。另一方面又不受社会限制……能凭自己的意志去实现这种理想。”③古希腊悲剧经典在舞台上的呈现，可以说是英雄时代的理想环境。英雄时代所赋予舞台上的知意困境会体现为更为压缩的时空环境、更为激烈的事件冲突、更为复杂的人物关系。悲剧人物，即便身处命运之神搅动的湍流漩涡中也不失其高贵与庄严，树立了理想的人格。这残酷的命运，昭示了黑格尔所说的真正的悲剧精神。“听天由命逆来顺受的人，不能成为真正的悲剧主角，凡是不计成败、奋起斗争、临危不惧、宁死不屈的人物才最富于崇高严肃的悲剧精神。”④以死亡落幕的悲剧人物却在观众心目中成为永恒不泯的英雄，流芳千古。在黑格尔看来，“他个人虽遭到毁灭，他所代表的理想却不因此而毁灭。所以悲剧的结局虽是一种灾难和苦难，却仍是一种‘调和’

---

① 苏珊·朗格. 情感与形式［M］. 刘大基，傅志强，周发祥，译. 北京：中国社会科学出版社，1986.

② 鲁迅. 记念刘和珍君［M］//鲁迅. 鲁迅杂文选读. 武汉：长江文艺出版社，2021：77.

③ 朱光潜. 西方美学史［M］. 南京：译林出版社，2021：458－459.

④ 陈瘦竹，沈蔚德. 论悲剧与喜剧［M］. 上海：上海文艺出版社，1983：6－7.

或‘永恒正义’的胜利”[①]。可见，古希腊悲剧经典在展现理想的审美人物方面具有独一无二的优势，亦是审美和美育的理想介质。

二、知意困境激发情感：以《俄狄浦斯王》为例

正是在索福克勒斯所处的时代，戏剧创造了一种人民与国家互动的方式。亚里士多德评价其作品《俄狄浦斯王》为希腊悲剧的典范，十全十美的悲剧，剧中的悲剧冲突、悲剧性格、悲剧效果都足以代表古希腊悲剧的最高水平。俄狄浦斯所陷入的知意困境表现在人神之争，即人的自由意志与神谕的对抗。弑父娶母的神谕，无论之于俄狄浦斯还是舞台下的观众都是戏剧开场后人人皆知的秘密，而俄狄浦斯则是通过选择背井离乡、不见父母，在三岔路口杀死老王，破解斯芬克斯之谜，拯救忒拜成为新王，玷污母亲床榻等一系列戏剧动作极力声言：知命而不认命，也就是即便我知道我是谁，但我偏偏不想成为我。悖论在此发生，正是俄狄浦斯自由意志驱使下的人的理性与神谕的对抗，反而助推神谕在其身上的依次显现。这显然是一个隐喻，人类自由意志一直在对抗且受限于现实世界，这种冲突从人类起源至今从未停止。然而古希腊悲剧经典则可以将这种冲突及冲突所激发的情感呈现到一个至今似乎都难以企及的高度。索福克勒斯残酷地将俄狄浦斯置于神谕与谜题席卷的属于知意困境的风暴眼中，将俄狄浦斯的知与意层面的自信撕得粉碎。西格尔称：“希腊戏剧中没有哪一个角色比俄狄浦斯更强烈、也更悲剧性地体现了人类文明力量的诸多悖论。”[②]

戏剧开场，凭着过人的智慧赢得第一公民称号的俄狄浦斯王，在众人眼中就是智慧卓然的“最高贵的人”[③]，是智慧与德行的典范。“我们是把你当作天灾和人生祸患的救星”[④]，在城邦人民的拥戴与厚望中，无论是知与意，他都显出异乎寻常的自信，甚至志得意满地认为自己是“幸运宠儿”[⑤]：“我认为我是仁慈命运的宠儿，不至于受辱。幸运是我的母亲。”[⑥]这显然是具有反讽意味的，一个一直在神谕阴影笼罩下的逃亡者，却在理性的对外延伸的行动中

---

① 朱光潜．西方美学史［M］．南京：译林出版社，2021：464．

② SEGAL C. Tragedy and civilization：an interpretation of sophocles［M］. Norman：University of Oklahoma Press，1999：207.

③ 罗念生．罗念生全集：第二卷［M］．上海：上海人民出版社，2007：348．

④ 罗念生．罗念生全集：第二卷［M］．上海：上海人民出版社，2007：347．

⑤ 罗念生．罗念生全集：第二卷［M］．上海：上海人民出版社，2007：375．

⑥ 罗念生．罗念生全集：第二卷［M］．上海：上海人民出版社，2007：375．

走向膨胀与迷失，而这也预示着他终将遭受“一切污染”[①]、堕入自造的耻辱。于是，俄狄浦斯种种与神谕对抗的行动，状似自由意志驱使的理性选择、无往不胜，实则凸显了他刚愎自用，对旁人满腹狐疑等的人性缺陷。弑父娶母的命运神谕，反而成其不断对外归因、向外攻击的最大借口。

具体而言，俄狄浦斯作为戏剧人物的复杂性，在于他时刻摆荡于知与盲、高贵与耻辱的两极。他可以凭一己之力破解一个具有双重含义的谜题而拯救城邦、承袭王位、走向伟大；然而另一面，他一直是那个每分每秒提心吊胆的弃婴，那个永远被阿波罗神谕封印命运的逃犯。而缉凶和自查两个戏剧行动线内外交织，向外的缉凶（查找杀死老王的元凶），向内的自查（我是谁），二者有时间线上的前后承续，在观众眼中却是双流交织的一体两面。蕴含哲学意味的斯芬克斯之谜，用脚的意象象征人的行动性。它代表人以一生为尺度地向外延伸、对外探索宇宙真相即人对自然的科学探索（知）、对社会的道德伦理建构（意）。俄狄浦斯，这个名字一语双关，本意是脚肿的人，同时意为知道脚谜语的人。他之所以能够猜出谜底，恰好因其一直以来信奉与坚持自由意志驱使下的不断对外延伸的行动力，这恰是西方理性文明走向科学探索的集体无意识。缉凶与自查行动线交织时，被亚里士多德称为“最好的‘发现’”，即“发现”与“突转”同时出现，[②]而俄狄浦斯的“发现”与“突转”极力声言的正是在进步和知识获取的叙事中人对自身认识与控制的不确定性。诺克斯对这种探究用语的分析值得玩味：“悲剧中的这一行动，不计后果、坚持到底追查痛苦真相的行为，反映了那个时代的科学探索。”[③]

俄狄浦斯最终陷入了“你虽然有眼却看不见你的灾难”[④]的自我认知困境，母亲成妻子、子女成兄妹的道德伦理困境。知意困境所激发的人类生存情感——一边是对外界高扬的剑所指代的无所不能的自负，另一边是刺瞎自己双眼的母亲的金别针所代表的对自造困境无能为力的自卑——将观众引向沉思：何谓理性？理性为何？或许能给这一悬思以启发的是剧中的另外一个隐喻——盲人，曾是俄狄浦斯在面对先知忒瑞西阿斯将元凶的线索逐渐指向自己时所回击的最为恶毒的语言暴力，曾被其自负地视为无知的象征，而在戏剧落幕前，

---

① 罗念生．罗念生全集：第二卷［M］．上海：上海人民出版社，2007：354.

② 亚理斯多德．诗学［M］．罗念生，译．北京：人民文学出版社，2002：29.

③ 西蒙·戈德希尔．阅读希腊悲剧［M］．章丹晨，黄政培，译．北京：生活·读书·新知三联书店，2020：343.

④ 罗念生．罗念生全集：第二卷［M］．上海：上海人民出版社，2007：357.

俄狄浦斯则以自戕双目承认了其对于自身的本质性无知，并通过自我放逐的方式实现自我惩罚，进而实现了对理性悖论的审美超越。

伯格森认为，人类理性的狭隘功利活动，根本不能形成对生命的真正认识。克罗齐则认为，只有直觉认识才是一种完善的、无所不包的认识形式。克罗齐的直觉理论对艺术表现出强烈的反理性主义。19 世纪末以来，科学家们才渐渐习惯把他们的规律和理论看作近似的知识。如梅洛-庞蒂所说，“科学的任务——去澄清具体之物、去澄清感性之物——是个无穷无尽的过程，永远也不可能真正完成”①。因此，面对知意困境，悲剧艺术显然不会将解决问题的出路诉诸知识的研讨与伦理的思辨，而是以艺术特有的审美方式，通过戏剧人物的命运体验激发人类生存情感，为那些人类既有秩序中的不可解之谜，打开一扇窗，照进美的天光。

三、古希腊悲剧经典审美机制的美育启示

经典之所以谓之经典，不仅因为它是人类最高智慧和最高美感的结晶，且在历史上产生过重要影响，更重要的是它在时间长河中经过洗练仍持久恒远，不断地形塑着人类精神。马克思每年要把埃斯库罗斯的原著读一遍。他始终是古希腊作家的忠实的读者。德国哲学家雅斯贝尔斯称：“人类一直靠轴心期所产生、思考和创造的一切而生存。每一次新的飞跃都回顾这一时期，并被它重燃火焰。”② 古希腊悲剧经典，之所以迄今为止仍然在全球范围享誉不衰，从戏剧美学角度探因，就在于其通过情境与人物的完美契合，实现了知意困境中所激发的审美人物的人类生存情感，即普遍人性与观众现实当下体验共鸣的永恒性。换言之，人类从起源开始就一直承受着自由意志与现实世界冲突所带来的痛苦。自由意志有无限可能，现实世界却处处受限。人类自有生命开始，其终极目的就是获得自由和解放。因此，人类产生了一种创造艺术的迫切需要，只有艺术才能冲破现实世界的重重限制进而使人们缓解内心的痛苦。于是，我们在鉴赏古希腊悲剧经典时，沉浸于那些英雄人物拼尽全力与知意困境对抗的生命流变中，将戏剧审美人物作为理想的永恒对象讴歌与传颂。

人类的解放，是马克思终其一生的目标。在马克思心目中，人类解放的标

---

① 莫里斯·梅洛-庞蒂．知觉的世界：论哲学、文学与艺术［M］．王士盛，周子悦，译．南京：江苏人民出版社，2019：9.

② 卡尔·雅斯贝斯．历史的起源与目标［M］．魏楚雄，俞新天，译．北京：华夏出版社，1989：14.

准是“作为一个完整的人，占有自己的全面的本质”①。马克思在青年时代深受席勒影响，曾称席勒是“新思想运动的预言家”。美育一词便是席勒最早提出的。他明确界定美育即情感教育。席勒认为，人性中存在着两种对立的本性：感性与理性。他肯定感性对于人的生存和发展的价值，美育能够使人的感性和理性趋向平衡，进而恢复人性的尽可能的和谐。黑格尔称赞席勒敢于超越康德的思想界限，“在思想上把统一与和解作为真实来了解，并且在艺术里实现这种统一与和解”②。值得注意的是，在艺术里实现这种统一与和解正是席勒所提到的，感性冲动与形式冲动在满足游戏冲动的道路上去寻求人的美的理想。③ 美，能将分裂的人变成自由、完整的人。审美教育可以使艺术美的内容与形式的统一实现于生活。这开创了人的全面发展和审美的生存的新人文精神的路径重塑，关系到人类长远持续美好的生存。

艺术活动作为一种集中而复杂的以创美为中介的审美活动，形成一个独特的系统，创造—作品—接受是这个独特系统中的三个主要环节。冯友兰先生把通过审美还原驻留在天地境界中的人格称为风流，同时认为“风流是一种所谓人格美”。④冯友兰从四个方面论述了构成真风流的条件：必有玄心、必有洞见、必有妙赏、必有深情，强调了审美的超越性、直觉性、人情化、无目的性。冯友兰把风流当作一种人格美，可以启示我们更加深入地理解风流同审美人生之间的关系。他把人生境界由低到高分为四种：自然境界、功利境界、道德境界和天地境界。天地境界被其视为人生境界中的最高者，又称同天境界即天人合一。实现大全的人生境界，成为冯友兰境界论及美育思想的最高目标。人格和境界的提高，从更深远的层次讲，需要通过审美来解决。把冯友兰风流人格美的阐释、席勒的美育观点，与古希腊悲剧经典由知意困境激发情感、展现审美人物的戏剧审美机制相结合，会发现，一切教育形式中都应该渗透审美教育，而美育是教育的最高境界，这是美育最根本的理念。美育需要内外兼修，对内强化和谐人格的培养，对外理顺人与自然、人与社会的关系，推动人的全面发展。

朱光潜先生认为：“心有知、情、意三面，教育求在这三方面同时发展，

---

① 马克思．1844年经济学哲学手稿［M］．中共中央马克思恩格斯列宁斯大林著作编译局，译．北京：人民出版社，2014：81．

② 黑格尔．美学［M］．寇鹏程，译．重庆：重庆出版社，2016：60．

③ 弗里德里希·席勒．美育书简［M］．冯至，范大灿，译．上海：上海人民出版社，2021：119－124．

④ 冯友兰．南渡［M］．上海：东方出版中心，2017：87．

于是有智育、德育、美育三节目。”[①]科学、道德都具有既定秩序的边界性，科学只能研究与解决具备客观现实基础的问题，凡与人的情感、意志相关联的问题，都难以用科学方法加以解决；而道德往往难于突破地域、民风、习俗的范畴，局限在特定历史阶段，规范人的外在行为，却难以约束人的内心世界。而科学的真与假、道德的善与恶，又具有时移性，彼时的真或是此时的假，此时的善或是彼时的恶。只有人类的生存情感，能跨越时代、跨越种族、跨越国界，一直以生命存在的形式影响着人类精神活动与情感活动的深层心理结构。艺术就成了为表达基本生命而发展的可塑形式。[②] 古希腊悲剧经典，正如席勒在《美育书简》里言称的，有映象生命的能力，把生命和形式统一起来，形成一种活的形象，一种生命形式，艺术因而具有强烈感染力。古希腊悲剧经典作为古典主义美学范畴，具有美学的他律性特征。据此，戏剧美育可以成为智育、德育的中介进而实现知、情、意的沟通互融。诚然，戏剧美育不仅是戏剧教育，更是通过戏剧审美的方式提升受育者审美体验能力，进而产生一种高远的人生追求，提升自我的人格境界。正如宗白华先生所言，“我们心中不可没有诗意、诗境，但却不必定要做诗”[③]。

戏剧美育贵在戏剧审美，而戏剧审美则需要美育者带领受育者通过戏剧赏析来实现传播与育化，进而提升受育者自身的戏剧赏析能力以促升其戏剧审美能力，最终使受育者在戏剧艺术中感受美、欣赏美、陶冶美，以达成戏剧的美育之功。根植戏剧本体论，通过戏剧美学的理论与方法提升美育者的戏剧赏析能力是戏剧美育的当务之急。戏剧审美，美在人物，而人物和情境的完美契合，是戏剧艺术内容与形式的统一。戏剧人物在戏剧情节所建构的知意困境中所呈现出的独特、丰富、复杂的个性情感命运，则是需要美育者进行戏剧赏析的重点与核心。以此为抓手，戏剧美育要培养观众在鉴赏时能在戏剧情境呈现的复杂人物关系中找到人物行动背后的幽微动机的能力，通过对人物动机和行为的判断，对情绪或情感的性质进行体验式识别，进而把握人物的个性情感特征，通过情感共鸣实现审美超越，实现知、情、意的沟通，使直觉、感知、情感、想象成为理性思维的起点。通过审美体验、反观自省、心灵觉悟，进而丰

---

① 朱光潜. 有趣的灵魂都有静气［M］. 北京：北京联合出版公司，2019：230.

② 苏珊·朗格. 情感与形式［M］. 刘大基，傅志强，周发祥，译. 北京：中国社会科学出版社，1986.

③ 宗白华. 宗白华讲美学：《美学散步》《艺境》插图本［M］. 成都：四川美术出版社，2019：377.

富和提升自己的人生经验与待人处世的能力。

“欣赏如果不‘再造’出作者所‘创造’的东西，它就会成为被动的接受，就体会不到艺术作品的真正的妙处。”①戏剧美育以创美、审美的巨大动力，强化人的创造力、想象力，进而推动科学与道德向更高维度开疆拓土，推动人类文明的进步。戏剧赏析，既赏又析，赏偏感性，析偏理性，二者既有区别，又有联系，可谓赏中有析，析中有赏，彼此依托，互为提升。然而，作为戏剧审美核心内容的戏剧赏析，却时常受限于赏析主体对戏剧本体的把握不明、戏剧美学观念的偏狭、意识形态的矛盾等诸多因素的制约，因而呈现出良莠不齐的状况。因此，提升戏剧美育水平，前提是需要提升戏剧美育工作者的戏剧美学理论水平与戏剧美育的业务能力，重点在于提升其戏剧审美能力和戏剧赏析水平。欠缺戏剧审美能力的育人者，其赏析水平很难达到戏剧育人的目的，而没有科学规范的戏剧赏析方法和有效的戏剧赏析传播路径，戏剧审美就只能成为育人者的独美。

除了专业能力，更要重视戏剧美育工作者正确的历史观、时代精神与自身人格境界的提升。克罗齐认为，历史的透视是文艺赏析的一个重要条件，“不置身于作者的历史情境，就无从了解作者以及他和他的作品与时代的关系；不结合到自己的当前历史情境，也就不能凭实际生活经验去体会作品，不能使作品对自己发生正当的作用”②。新时代的中国戏剧更强调戏剧艺术的人民性。戏剧艺术既要满足人民的审美趣味，又要不断提升人民的审美素养。戏剧艺术本身就承担了培养具有健全人格和美好情操的时代新人的目的与使命，向来是一种极其重要的美育方式。然而，过去在戏剧美育中往往过于强调知识灌输、技能培训、道德批判，轻视心灵育化与人格培养，不注重人生意义和价值的求索，进而影响人生境界的提升。美育，作为一个历史性概念，它的意义随着历史的发展而变化，不断被赋予新的时代内涵。我们身处中国式现代化建设的洪流中，应该立足新时代，创新与发展当代中国戏剧美育的理论与实践。创新虽是国家发展之本、当务之急，但切忌急功近利，更不能违背创新规律。面对中西方不断涌现的戏剧美学新思潮，我们不仅要与时俱进，还要一切从实际出发，保持学术定力、审慎对待、去伪存真、去粗取精，明辨其背后潜隐的意识形态。对于中西方文化与美学经典，应该在经典及经典产生的时代厚壤中，继续深入探研、比较分析、发现规律、把握精义、行稳致远。

---

① 朱光潜. 西方美学史［M］. 南京：译林出版社，2021：589.

② 朱光潜. 西方美学史［M］. 南京：译林出版社，2021：589.

古希腊悲剧经典作为戏剧艺术的明珠，其赏析正是一个时空中被高度压缩的英雄人物情感命运的集中体验过程。当悲剧走向世界的时候，悲剧精神就开始发光，社会的现实也将被揭示。观众在剧场里实现了情感共鸣，他们走出剧场投身社会实践时，能够更加坦然地正视自身缺陷，接受可能的失败，书写和承受自己的人生，担当自己的职责，鼓起勇气为挑战人类极限而奋起行动，进而真正成为理想的、自由的、完整的人。所以说，悲剧不悲，它是极致的美。

舞台人物根植于剧本人物，二者合称为戏剧人物。通过戏剧性形式中完整戏剧人物的塑造，培育德智体美劳全面发展的时代新人，是戏剧独具的优势。以完整戏剧人物塑造为核心，依托戏剧性形式，融通古今、并蓄中外、博采众长，展现最新、最美的时代旨趣，培育堪当中华民族伟大复兴重任的社会主义的接班人和建设者，是当代中国戏剧美育必须把握的重中之重。

原载《美育学刊》2023 年第 6 期（原标题为《戏剧美育在新时代人格涵养中的作用——以古希腊悲剧经典为例》），略有改动

从规训到自我技术

——福柯的身体思想与实践对美育的启示

贵州大学　杨笑媛

摘　要　区别于传统美育观念的偏重“心育”，身体美学注重“身育”，倡导通过对人的身体感性的培养，来实现“全面而自由发展的人”的美育终极目标。福柯的身体谱系学揭示了现代社会因对身体进行规训而导致人的感性经验的单一匮乏、使人变得麻木的现象，但同时这种使身体变得驯顺有用的规训也表明人的身体是可以被塑造的。因而福柯通过一系列极端的身体实践试图激发身体的感性，挑战规训导致的同一化，这对身体美育具有深刻的启示。而其后期总结的生存美学理论，则通过探寻古希腊和古罗马时期的自我技术，追问人的主体化的方式，进而阐明了人自我审美塑造的多样化可能。追求自身的审美塑造，把生活塑造成艺术品，是福柯对身体美育的直接呼应；但是他所亲身从事的自杀、吸毒、同性恋性虐待等极端身体实践，虽然体现了个体化的自由选择，却不是具有普遍操作性的可推广方案。如何在既注重个体感性差异性与丰富性又符合社会规约的前提下，为大众提供可行的审美塑造方案，促进人与社会的整体和谐，是美育理论和实践应着力解决的问题。

关键词　身体美育；身体感性；规训；生存美学

伴随着身体美学的兴起和研究的不断深入，身体美育的理念也被学者们提出并试图做出进一步解释。身体美育的理念之所以能成立，除了其顺应了美学的身体转向、生活转向的趋势之外，也因其倡导解蔽和培养人的身体感性的目标，与传统心育为主的美育观的“发展全面的人”的最终目标相合，并且在一定程度上弥补了传统心育美育观因忽视身体维度而始终处于悬空状态的不足。

福柯虽然没有从狭义的教育学出发专门研究教育问题，也没有从美学的角度出发论述美育问题，但是他对身体所做的谱系学分析、后期对古希腊和古罗马自我技术的探究，以及亲身从事的身体实践，都向我们传达出了关于培养人的身体感性，培养丰富全面的人的理念，对我们今天的身体美育的理念探究与实践开拓具有一定的启示意义。

一、身体美学与身体美育的兴起

自20世纪90年代美国学者理查德·舒斯特曼提出“somaesthetics”这一命名起，身体美学的研究已经走过了二十多年的历程。虽然其相较于传统心灵美学及其他的美学派别尚属年轻，但身体美学也取得了堪称“丰硕”的成果。国外以舒斯特曼为中心聚集了一大批研究者，或针对舒氏的身体意识、身体经验等身体美学的重要概念及相关的重要命题展开讨论，或致力具体的艺术领域，如音乐、舞蹈领域中的身体美学的理论研究与实践探索。国内则以王晓华为代表，建构了主体论身体美学，认为身体是美学的哲学基础，意识只是身体的功能，美学就是身体美学。张再林等学者则依托中国传统哲学中的身体思想资源梳理了身心一体观念下的传统身体美学思想，与舒斯特曼的研究形成了中西对话。可以说，身体美学在西方身体哲学转向背景下兴起，通过强调身体维度在美学中的重要性，来对抗传统心灵美学只重精神却忽略人生存之基础的身体而导致的虚无主义问题。

美育作为美学理论研究中非常重要且富有实用性的一部分，也在身体美学的理论视域下得到重新阐释。关于美育的思想，中西方早期先贤们均有所论述。如古希腊柏拉图对诗教和音乐教育的重视，亚里士多德在《诗学》中谈及悲剧的“卡塔西斯”的功用，还有更为典型的古罗马贺拉斯的“寓教于乐”的思想。而中国古代儒家思想中则更是蕴含了丰富的诗教、乐教思想，如《论语》中“兴于诗，立于礼，成于乐”的思想。然而，无论是古希腊、古罗马还是中国古代的美育思想，都是将美育的手段限于诗乐之教，且将美育视为政治治理的辅助手段，充满了浓郁的政教合一色彩。现代美育思想的正式确立可以从首次提出“美育”概念的席勒算起。在《美育书简》中，席勒将美育界定为感性教育和艺术教育，认为通过艺术教育即美育能够弥合感性与理性的冲突，恢复人性的完整性。由此可以看出，席勒对感性是予以肯定的。然而，席勒的感性最终是要走向理性的，因为完整的人性是理性的。这种对感性的有保留的承认，与美学之父鲍姆嘉通给美学命名时的态度十分相似，都是在理性的领域为感性争取地盘，最终都要将感性交付于理性。当然，这与当时的哲学背景相关，能够在理性中心的传统下为感性争得一席之地实属不易，已经有“离经叛道”的意味了。中国现代意义上的美育理论奠基者王国维在用德国古典哲学与美学思想诠释中国古代的美育相关思想时，也将之定为情感之启蒙的工具。蔡元培、鲁迅在阐述美育观时，也都将之视为人格完善的途径。无论是古代先贤的思想星火，还是现代美学体系下美育的系统阐发，美育都被视作情感教育的手段，其功能更多地呈现为心育，甚至更多的时候，美育的功能被描述为，以美引善、促进人格完善，依附于德育而失去了其独立的价值。为实现人性的完善而强调的感性，也都是在心理层面上的感性，即情感。而对于感性的更为基本的层面——身体感性则完全忽略。

然而，我们身体意识的敏感度、我们的身体感知力直接影响了我们的审美能力乃至生存状态。这也是舒斯特曼倡导身体美学的原因。舒斯特曼将身体视作感性审美欣赏与创造性的自我塑造的核心场所，希望通过对人的身体经验和作用的批判、改善的研究，以及身体意识训练的实践探索，来使人的身体意识得到增强，从而提升人的生存状态。舒斯特曼将身体分为两个维度：表象的和经验的。表象的维度就是指身体的外观，这也是通常所说的作为客体的身体的维度；而经验的维度，则指身体的具体感知，即我们所说的身体作为主体的维度。身体外观的美可以通过修饰呈现，但同时一定的身体训练也能够通过改善人的身体感知力来呈现一种表象的美。这也触及了身体的经验维度，即身体感知力的培养。基于这样的区分，身体美育也对应了两种状况，除了一般意义上的身体表象的美育，即一个人呈现出来的外在形象的优雅从容之外，还要强调对身体感性感知力的塑造。[①] 正如有学者指出："身体美育不仅仅关注身体的外在形式与表现，还关注身体的活生生的体验。"[②] 正是活生生的身体体验，显现出人类热情洋溢的生命力，人之存在的价值。

身体美育的思想在美学思想史上也有前奏，尼采就曾经指出仅仅对人进行精神上的审美教育是不够的，更为重要的是要从身体培养开始："为了美……对感情和思想的单纯培育近乎无用……人必须首先说服肉身……在正确的位置开始文化——不从'心灵'开始（如教士和半教士们灾难性的迷信那样）：正确的位置是肉身，举止，规定饮食，生理学，其余由此产生……"[③]而被誉为"20 世纪法国的尼采"的福柯，也通过身体的谱系研究和自身的身体实践，给予身体美学思想建构及身体美育以丰富的启示，因而被舒斯特曼视作身体美学领域的先驱。

---

① 舒斯特曼．身体意识与身体美学［M］．程相占，译．北京：商务印书馆，2011．

② 方英敏．身体美育与审美教育［J］．贵州大学学报（艺术版），2015，29（4）：53．

③ 弗里德里希·尼采．偶像的黄昏：如何用锤子哲思［M］．卫茂平，译．上海：上海人民出版社，2019：150．

二、规训与身体感性的遮蔽

作为20世纪最有影响力的思想家之一，福柯虽然没有以身体为主题进行专门著述，但身体在其思想的每个阶段都有所呈现。作为一位忠实的“尼采主义者”，福柯在权力、话语等很多问题上继承了尼采的思想，当然也包括身体思想。尼采在反对西方自柏拉图以来的意识哲学的灵魂假说、“唯心”传统时，提出“以身体为准绳”“我完完全全是肉体”“灵魂只不过是表示身体上某个东西的词语”。尼采认为，身体是生命，是权力意志，是重估一切价值的基础。① 按照海德格尔的分析，权力意志是尼采的本体，那么身体作为权力意志，也是本体。沿着尼采的路径，福柯也是在身体基础上来重估一切价值的。不过，相较于尼采对身体生产力的正面激昂的赞颂，对福柯而言，身体却是“镌刻事件的平面”“自我的消解所”，是知识和权力运作斗争的场所，表现为历史的“被动铭写”。② 福柯在早期著作中，为我们呈现了身体被排斥、被惩罚与被规训的历史。《古典时代疯狂史》主题是“疯狂”，要揭示的是理性如何将疯狂一步步视作他者，从而使其成为被排斥的对象的。此外，疯狂虽然被现代心理学定义为一种精神疾病，但其首先是一种身体呈现；而对疯狂的矫正，在古典时代也是以对身体进行折磨的方式实现的。在《临床医学的诞生》中，福柯则展示了现代医学如何将身体视作观察和试验的对象，将其打开、对其进行探察。尤其是《规训与惩罚》，它讨论了历史上对身体的各种暴力惩罚。从古代对肉体的惩罚到现代规训技术，都是权力在肉体上留下的痕迹。

《规训与惩罚》的主题是“权力”，是要通过惩罚的演变史来探讨权力在整个社会的运作。著作开篇，福柯即向我们展示了两种极致的惩罚方式，一是对达米安的酷刑，呈现为对肉体的极度残暴的折磨；二是少管所的作息时间表，对人的行为从时间和空间上进行限制，具体到洗手洗脸的时间都被严格规定。酷刑将对肉体的折磨发挥到极致，反过来受折磨的肉体也成了古代君权的象征——只有君主才有对犯人发号实施极刑的权力。这种过于残暴的公开处刑试图展现受刑者承受极刑时的忏悔，但反倒显示出受刑者的英勇，进而激起观者的同情与对权力的反感，效果适得其反。在对刑罚方式进行梳理的过程中，福柯发现，惩罚的权力逐渐转向温和的方式，不再是向肉体直接施加权力，肉体不再是被折磨的象征物，而是被规训的对象。少管所的时间表就是体现这种

---

① 尼采．查拉图斯特拉如是说［M］．孙周兴，译．北京：商务印书馆，2023：44.

② 汪民安，陈永国．身体转向［J］．外国文学，2004（1）：43.

规训的形式之一。对于罪行的惩罚技术的变化，使肉体特性显现出来——“肉体是驯顺的，可以被驾驭、使用、改造和改善”[①]。看似惩罚方式更温和了，但却是“更微妙”的折磨。

这种规训的效用使其在社会各个领域运作并发挥作用，包括军队、工厂、学校，并形成了纪律与规范，“每个人无论自觉与否都使自己的肉体、姿势、行为、态度、成就听命于它”[②]。纪律体现为对时间、空间和身体活动的具体规定与安排。每个位置一个人，每个人一个特定位置，每一项活动都有特定时间要求，每一项活动也有特定的要求。如军队训练，除了对身体姿态有具体细致的要求外，还对步伐的长度和节奏都做了具体规定：“短步伐的长度是一英尺，一般步伐、加倍步伐和正步伐的长度是二英尺……”（1 英尺 = 30.48 厘米）不仅如此，连身体、四肢和关节的位置都被确定：“应昂首挺胸，交替用一条腿保持平衡，向前迈另一条腿，大腿绷紧，脚尖稍稍向外和向下，由此可以轻轻掠过地面，而不是敲击地面。”[③]

学校中，学生的书写姿势也有精细的姿势要求，包括上半身的姿态、左肘的位置和姿势、左腿与右腿的放置关系、身体与桌子的距离、右臂与身体及右臂与桌子的距离都有明确规定。[④]“这是一种操练的肉体”“一种受到有益训练的肉体”[⑤]。经过操练的肉体每一部分都适应精细化的运作要求，产生规范的姿态，纪律范围内的动作，可以接纳特定的、具有特殊的秩序、步骤、内在条件和结构因素的操作。纪律还通过细化时间单位，产生对每个身体行动的时间控制，力图不断强化时间的使用，或者说压榨。这在“互教学校”体现得十分到位。它通过协调不同的学生组在班长和助教的指导下同时运作，使各个时间段都填充不同的但有秩序的活动。并且通过一系列信号、口哨、命令控制节奏，给每个人规定时间标准，用以促进学习过程，同时培养做事敏捷的习惯。经过操练的、被权力驾驭的精细化肉体，一旦投入精打细算的空间分配与时间

---

① 米歇尔·福柯. 规训与惩罚：监狱的诞生：修订译本［M］. 刘北成，杨远婴，译. 5 版. 北京：生活·读书·新知三联书店，2019：146.

② 米歇尔·福柯. 规训与惩罚：监狱的诞生：修订译本［M］. 刘北成，杨远婴，译. 5 版. 北京：生活·读书·新知三联书店，2019：336.

③ 米歇尔·福柯. 规训与惩罚：监狱的诞生：修订译本［M］. 刘北成，杨远婴，译. 5 版. 北京：生活·读书·新知三联书店，2019：163.

④ 米歇尔·福柯. 规训与惩罚：监狱的诞生：修订译本［M］. 刘北成，杨远婴，译. 5 版. 北京：生活·读书·新知三联书店，2019：164.

⑤ 米歇尔·福柯. 规训与惩罚：监狱的诞生：修订译本［M］. 刘北成，杨远婴，译. 5 版. 北京：生活·读书·新知三联书店，2019：166.

程序下，则可能达到最经济的效益。福柯将之称为“肉体的政治解剖学”。但这样的肉体却不是“洋溢着动物精神的肉体”，不是尼采的“权力意志的身体”，而是权力控制的客体对象，是好用的驯顺的工具，是被动、消极、悲剧的身体。这种“被权威操纵的身体”可以达到纪律要求的规范，从外观上达到了社会要求的身体形象，与此同时，身体的感知力也在操练的过程中规范化了，形成了固定的身体习惯和肌肉记忆。被固化的身体也缺少激情欲望，日渐远离了本该属于人类身体的活泼生动的身体感性。

规训技术造成肉体的精细化、程序化，制造了符合社会要求的身体外观和身体习惯，也造成了身体感性的麻木。纪律和规范使得个体整齐一律，在有效的手段下达到了效益的最大化，但也因而失去了个别性。人的身体感性已不是生理学意义上的“刺激—反应”的简单模式，而是由社会权力规训的，由社会话语建构的。这样的肉体甚至不及被折磨的肉体，相较之下，被折磨的肉体至少是有血有肉的，是充满了丰富的感性的肉体。福柯的系谱式研究，将隐秘的规训权力揭示出来。每个人似乎都被困在规训这张权力之网中，要依从纪律和规范行动，压抑自己的个性、隐藏自己的差异性。如何对抗这张权力之网，实现自由的、丰富的身体感性，是福柯试图解决的难题。毕竟，有感觉力的身体是我们赖以生存的载体，是人的生命力的表征。①

三、身体实践与边界经验

权力通过规训技术和手段将人的身体形象与身体感性社会化，遮蔽了个性化的、洋溢着动物激情的身体感性。但这也让福柯意识到：身体是可塑的。为了社会治理和效益，权力可以对身体进行塑造；反之，人们也可以采取行动，唤醒、重塑肉体的感性，改善我们的身体感知力。为了对抗权力对身体的规训和操纵，进而解放人的感性，福柯从事了一系列的实验，包括成立监狱小组、参与政治运动，以及他对身体极限体验的亲身实践。几乎每一本为福柯做的传记式文字，都不可避免地谈及福柯年轻时的自杀企图、而后的吸毒经历及同性恋的施虐受虐性活动，而对福柯的研究也或多或少触及这个话题，并且对此颇有争议。有些论述将其判定为“虚无主义的法国老油条对于麻醉剂与性变态迟钝”的个人趣味，有些学者认为这是福柯对极致快感的追求，因此是一种享乐主义的倾向，还有些性别研究者认为福柯鼓吹同性恋自虐，显示了狭隘

① 舒斯特曼．身体意识与身体美学［M］．程相占，译．北京：商务印书馆，2011．

的、聚焦于暴力的大男子主义性取向。[①] 这些观点基于各自的理论出发，因其论述的目的性，甚至在其理论内部已出现分歧。

抛开这些略显偏颇的见解，从福柯的思想路径来看，这些极端的身体探索与实践代表了福柯身体观的变化。前面提及，福柯是一位忠实的尼采主义者，他用谱系的方法揭示了身体受难的历史。这个阶段，福柯视野下的身体是被动的、受折磨的、驯顺的，是历史的铭盘。但是，福柯更加期望的是尼采的洋溢着动物精神的、权力意志的、超人的身体，作为本体的身体。这个身体是活的身体，它奔跑，它行动，它活着，它有欲望；它既透明又不透明，既可见又不可见，既是生命又是一个物，这个身体是一切乌托邦的首要行动者，具有无限的可能性。这些极限体验在探索身体自身的边界的同时又挑战传统，消解意识。这种体验破坏了我们熟悉的自我意识，并为重新创造它而做好准备。乌托邦身体表明，无须借助心灵，身体自身就可以实现超越的、永恒的宏愿。

通过这些极限体验，挑战身体的承受能力，以求最终引起强烈的身体快感，在一定程度上对抗了权力对身体的规训导致的身体感知力的麻木。不过这样的实践却由于自身的极端而遭遇质疑。由于这种快感的获得是通过对身体感知的强烈刺激来实现的，如果原来的刺激被感官感知得很轻微，那么后面一个较小的刺激也可以被清晰而容易地注意到；如果已经存在的刺激非常强烈，那么此后要感知到这种感觉就要更强的刺激。对于极端的身体快感的持续追求，会导致对引起快感的刺激要求越来越强烈，进而导致身体感知力的钝化。我们在向这种刺激强度投降的时候，我们的身体感知和意识却日益迟钝了。福柯自己曾经表示过“在体验快乐方面有严重的困难”，因此药物对他来说很重要，因为它们“能缓解我对那种强烈而又寻觅不得的快乐的渴望”[②]。对福柯而言，那种纯粹的、完全的快乐是同死亡联系在一起的。在舒斯特曼看来，这是非常严重的快感缺乏症，这种快感缺乏症在一定程度上也印证了福柯自己所揭示的纪律和规范对身体感知力的钝化，这种病态的对更强刺激的需要，目的是让人感到他还真的活着。[③]

四、自我技术与生存美学的改造

对极限体验的追求，是福柯对抗权力规训的亲身实践。而在理论上，福柯

---

① 舒斯特曼．身体意识与身体美学［M］．程相占，译．北京：商务印书馆，2011.

② 米歇尔·福柯．权力的眼睛：福柯访谈录：修订译本［M］．严锋，译．上海：上海人民出版社，2021：19.

③ 舒斯特曼．身体意识与身体美学［M］．程相占，译．北京：商务印书馆，2011.

则反身回到古代哲学，在古希腊和古罗马的自我技术中，去探寻主体化的进程，从而为对抗规训对人身体的塑造寻找大众出路。通过对古希腊人的快感问题的探究，福柯发现，古希腊人在性快感的享用中，通过个体的节制实现了一种生存美学。这种对于性快感的有节制的享用，并不是出于道德禁忌，而是一种自我的自由选择。通过自我节制，古希腊的公民体验到了一种自己把握自己的自由，这也是一种自我选择的主体化的过程。而对自我的关注所实现的自我塑造更有助于关注家庭、照看城邦。可以说古希腊有节制的快感享用法则是“生存美学”或者说是生活艺术，也是古希腊的一种“自我技术”。

福柯把社会制度、文化的建构和运作的技术分为四种：生产技术、符号的技术、权力技术和自我技术。其中生产技术使人能够生产、转换和操控事物，使人具备生存所需的最基本的物质基础；符号的技术则是创设符号体系，使人可以运用符号、意义、象征物；权力技术是对人进行支配治理的技术；而自我技术则是个体“通过自己的力量，或者他人的帮助，进行一系列对他们自身的身体及灵魂、思想、行为、存在方式的操控，以此达成自我的转变，以求获得某种幸福、纯洁、智慧、完美或不朽的状态”①。也就是说，自我技术是主体实现自我塑造、自我转变的技术。自我技术基于“关注自我”的原则，首先就要关注自己的身体。无论是古希腊的养生法，还是在古罗马的书写技术中记录的内容，都可以看到人类对自己身体的看护。福柯从古希腊人那里获得的启示是，通过关心自己，用心经营自己的生活，人可以把人的身体、人的生存创造成“艺术品”，把各种生活技艺当作一种艺术实践、自身创造。“自我技术”是一种自由实践，不仅走向了日常生活审美化的自由，而且形成了身体美学、性爱美学。

尽管某些自我技术与福柯的极端的对身体经验的追求一样，都带有一种精英式的实践特点，但并非与大众的生活疏离。关心自己的身体，选择适合的方式经营生活，是每个人都应该也可以去做的事情。虽然大众未必能将之上升到“审美地生存”的理论高度，但他们可以通过行动切实地实践“审美地生存”。通过养生，通过合理安排自己的生活节奏、娱乐休闲，大众可以实现身体意识的觉醒，促成身体感性的丰富性和全面性。

五、余 论

福柯的身体思想与实践揭示了权力技术对人身体的规训所导致的人的感性

---

① 汪民安. 文化研究关键词［M］. 南京：江苏人民出版社，2019：581.

经验的单一、麻木，使得同一性取代差异性；而通过自我技术可以唤醒我们的身体意识，改善我们的身体感知力，而改善后的身体有助于提高审美能力，有助于实现自我塑造和自我转化。身体总是具有与美相关的效用。要改善身体，要突破权力对身体的规训，在一定程度上要破除规范，因为规范的形成与身体规训有着密切的内在关联。然而规范是治理的要求和手段，是社会秩序的保证。自我技术与社会规范之间是不是水火不容的状态？是不是所有的规范都不可取？

尤其是针对学校这一特殊的机构，学校教育的群体性、机构性特征，使其必然要设定相应的规范和纪律。而学校教育包括美育的目标则是将学生培养成全面发展的人才。其中美育理应起到提升学生的审美感知力的作用，因此身体意识、身体感知力的培养就显得尤为关键。治理需要规范，但是对于个人身体的规训则需要理性看待。在艺术技巧训练中，动作的精细化要求及重复程度是必要的，这种训练在某种程度上貌似是一种身体规训，但其实这种“规训”在目的上、方法上都不同于“肉体的政治解剖学”。“肉体的政治解剖学”是为了更有效地管理和更高效地生产，而艺术技巧的训练则是为了个体能力的提升。并且并非每一位受教育的个体都需要这种技巧的培训，我们更应该实施的是一种有利于培养审美感知力的美育。艺术鉴赏作为传统的美育方式，可以在一定程度上提升学生的审美感知力。但目前有些地区的美育出现通过考试迫使学生掌握更多艺术领域知识的导向，这种导向也是一种规训，一种以知识为手段的规训。这种“美育”的结果可能是学生对所学知识很熟悉，却在听到动人的音乐时无动于衷；并且在考试过后就可能会忘记所背的知识。这显然不是美育工作者所期望达到的效果。

如果能通过一些温和的身体训练来唤起学生的身体意识，通过具身的方式，如舞蹈、书法、美术等的欣赏与创作、生态审美等，在身体力行的活动中唤起人的感知力，则更有利于促进审美感知力的生成，增强审美愉悦。这要求我们找到启发学生参与、体验的方式，调动学生全部的身体感官，而不是如传统的美育方式让学生仅仅作为一个静观者的角色。正如环境美学家阿诺德·伯林特所提倡的“参与美学”的构想，“人们将全部融合到自然世界中去，而不像从前那样仅仅在远处静观一件美的事物或场景”①。身体美育的方式是多样的，可以不断地探索。而在具体的美育实施过程中，找到同一性与差异性、规范和创造力、共性与个性之间的平衡点才是关键所在。

---

① 阿诺德·伯林特. 环境美学［M］. 张敏，周雨，译. 长沙：湖南科学技术出版社，2006：12.

第三篇

学校美育基本理论研究

“大美术”拓展美育时空：从学校向“终身”的嬗变

贡恺远

摘　要　“美育”是贯彻终身的，这在蔡元培提出“美育”概念时已然明确，即美育不被学习、工作、退休等人生阶段划分，其作用与影响同生命等长。当前，学校美育和社会美育的关联、衔接、融合构成了相对完整的“终身美育”体系，可由于“学生时期”与“工作时期”的身份差异，两处美育场景总是在相互比较。事实上，学校作为终身美育的“第一阶段”，也存在着缺乏情境的针对性，忽视跨学科横向联系等弊病，这使得学生对美的感受不足，审美的能力不强，对美的表达不畅，难以形成具有独立意识的个体审美，融入社会美育的“第二阶段”进程。“美”没有边界，“美育”没有围墙，在“大美术”理论的语境下，“美”反映了艺术向多元形态和多样媒介延伸的态势，涵盖了如工业设计、工艺美术等广泛的艺术呈现，将“美”的内涵和外延无限扩大，由此出现了设计美育、旅游美育等脱离了“纯艺术”和场景需求的美育过程。“大美术”使世间万物成为传美达艺的载体，是个体通过对外界事物的模仿学习而实现审美提升的美育范式，兼具学校、社会的美育场景共性，亦能使之有机结合、有序递进。如何借助“大美术”中美的因子，充分发挥多元美育优势，模糊学校、社会的场景界限，实现从被动到主动，从个体到全域的体系构建，是一个值得深入研究的“终身美育”课题。

关键词　大美术；学校美育；终身美育；美术教育

一、“大美术”泛化美育意象

“美”源于本能的感性知觉和理性思考，是个体视听、记忆、思想与周遭事物相遇后得到的启迪与共鸣，这一活动被具象化地称为“审美”。当不同的思想通过艺术的形式汇聚，在群体的交流与渐融中求同存异，最终引起大多数人精神共鸣的审美认同，如此以“美”为媒介的思想与感受的传播过程便是“美育”的底层逻辑，因此弗里德里希·谢林就曾形象地比喻“艺术是哲学的唯一真实而永恒的工具和证书”。事实上，早在蔡元培提出“美育”这一概念时，就以“美育者，以陶养感情为目的者也”明确了美育并非望文生义的“美”的教育。换言之，以“美”为精神内核，通过宣扬其思想引起人的情感共鸣继而进入哲学心境，达到陶养感情的积极目的，便不失为一种美育。在

“美育”理论体系化前，类似的美育实践比比皆是，如儒家“兴于诗，立于礼，成于乐”、朱子（朱熹）理学、阳明心法及现当代的波普艺术、非架上艺术等，都承担起了广义的“美育”功能。[①] 进入工业化、信息化时代的艺术形式更是不拘泥于传统的绘画、书法、雕塑等，甚至不再是具象化的，从实验艺术的多维演绎到元宇宙和非同质化通证（NFT），“艺术”的边界更为模糊，“美育”的概念更为泛化。事实上，随着工业设计、建筑设计、工艺美术等学科在20世纪的井喷式发展，“美”更为多元丰富了，世间万物都成为传美达意的载体。从衣着鞋袜到生活日用，从各色建筑到家装家具，它们都承载着显性的美学表达和隐性的审美认同。在当前“大美术”理论的语境与思潮下，“美”不只是形容词，更是反映了艺术向多元形态和多样化媒介延伸态势的动词，涵盖了如工业设计、工艺美术等广泛的艺术呈现，以及覆盖生活的美育体验，将“美”的内涵和外延无限扩大。

徐冰认为，“从纯艺术到大美术，是弧线的延长线”。一望而知，“大美术”是与“小美术”（纯艺术）对应的学术概念，其源于赵友萍1987年在《美术研究》中“建立大美术”的畅想，他阐释“大美术”是美术与其他学科有机结合、相互渗透的“跨学科”概念。此后，郭绍纲、张道一等学者相继对“大美术”理论加以阐释补充，使之成为近30年中国美术界独特艺术语境下的重要概念。“大美术”言简意赅、定义明确，“美术”是创造“美”的视觉形式的“术”，“术”是艺术亦是技术，其包含非实用的“纯艺术”，也包括实用的物品、器具，以及排列、置放的装饰法则，即除绘画、雕塑这类纯粹供给审美需求的艺术之外，还包括像工艺、建筑、环境、装置、服装等美术用品，甚至于我们尚不可知的未来的更多品类、设计和装饰法则，[②] 因此“大美术”之“大”不仅是对象从“纯艺术”扩大至“实用美术”，更是从“小我”走向“大我”、从自娱、自赏走向社会共享。[③]“大美术”理论虽新，但传承已久，其主导的“实用美术”已然渗透入生活的方方面面，例如购买服装时的比较和挑选不失为一种“审美过程”，而穿衣的风格更是“审美趣味”的体现，这样的“审美”不是与生俱来的，也不是学校美育课主讲的内容。事实上，“大美术”理论下的美育广泛地存在于社会生活中，并依托工业化设计、

---

① 贡恺远.“双减”背景下儿童设计美育的逻辑构建［J］. 中国艺术，2022（3）：80－89.

② 杨倩. 张仃大美术观的构建［D］. 北京：中国艺术研究院，2012.

③ 唐家路.“大美术”语境下的全国美展：第九届全国美展的时代性与多元性［J］. 山东工艺美术学院学报，2017（6）：90－94.

生产的商品、建筑、景观等“艺术”形制呈点面覆盖传播，在潜移默化中影响了公众的审美观念。这不仅意味着“大美术”泛化美术概念并涉及了诸多交叉领域，更体现了“大美术”构建起广泛的感官体验与思想认同，在美育的应用中成效卓然。在“大美术”语境下，我们能发现美育过程呈现出三个突出特点，第一，美育过程具有可选择性与交互性。当前，大众可能会因爱好、兴趣而产生广泛深入的美育交流或结为团体、群组，这是互联网构造的新兴社会现象，也是美育传播的新媒介，这样的美育是主动选择且具有正反馈的，这与被动接受的传统美育有着很大的区别，“大美术”实现从被动到主动，从个体到全域的美育构建；第二，美育过程非连续，但具有松散的持续性。非连续和持续，两者看似是反义词，实则构筑了社会美育的底层逻辑，如欣赏歌剧、参观展览、游览名胜古迹等都是“大美术”美育的外延，可这样的美育活动单次的持续时间不长，缺乏相互间的关联性与单一活动的往复性，因此具有非连续的特点，如若从“终身”的维度，就能发现不同的美育活动相互交织串联，形成了长期且松散的美育持续性；第三，“大美术”弱化了教育本位及场景限制，由此出现了设计美育、旅游美育等脱离了“纯艺术”和场景需求的美育过程，进一步说，“大美术”使世间万物成为传美达艺的载体，是个体通过对外界事物的模仿学习而实现审美提升的美育范式。可以说，“大美术”下的美育同蔡元培对美育的定义一般，是一种广泛存在的，陶养性情的“无声之育”。

二、蔡元培的“终身”美育观

蔡元培在《美育实施的方法》中开宗明义地指出，家庭、学校、社会三方共同构成了美育，之所以将美育以场景划分，是由于学生不是常在学校的，又有许多已离学校的人，不能不给他们一种美育的机关。① 这一系统性的观点发展至今，衍生出了两点基本认识：第一，美育是在学校、家庭、社会等多维场景的协同配合下开展的；第二，美育不被学习、工作、退休等人生阶段划分，其作用与影响同生命等长，即美育是贯彻终身的。当前，学校美育和社会美育的关联、衔接、融合构成了相对完整的“终身美育”效应，而通过《蔡元培全集》七卷本的内容得以发现，蔡元培对“终身美育”有着更为清晰的“步骤分解”与泛化的美学定义，他将“终身美育”划分为胎儿美育——胎有

① 蔡元培．美育实施的方法［M］．北京：商务印书馆，1925．

所宁；幼儿美育——幼有所乐；青年美育——少有所志；壮年美育——壮有所悦；老年美育——老有所养这五个阶段，并提出相对应的实施办法①，例如，蔡元培对腹中胎儿阶段的“美育”提出，“为孕妇提供清新秀丽、优美平和之境，远离怪诞、狠裹、强刺激，为胎儿创造一个恬静安宁的外环境”。并建议孕期“阅览的文字要平和的乐观的，令人不安的恐怖的都要避去……每日要播放音乐，选取简单的静细的，避去刺激太甚的卑靡的”。② 同时教育道，“怀孕时目不视恶色，耳不听恶声，口不出傲言，立必正，坐必端”。如此“胎有所宁”的美育观点，是极有科学道理的，其也正是希望利用美育宣扬科学，在医学尚不发达、新生儿夭折率较高的年代，呼吁家庭、社会为孕妇创造恬静优美的生养环境，减少外部刺激，降低环境因素对胎儿的不利影响，并使用音乐、诗词这些优雅崇高的意象令孕妇、胎儿接受美的熏陶，增加情感联系，在优美的环境与愉悦的心绪中，唤起轻松圆满的审美愉悦感，传递给胎儿和谐平缓的情绪，积淀原初美感。

蔡元培单独论述过“美”字，但无处不在谈“美”。事实上，美育所涵盖的是一个边界模糊的范围，当前“美育”究竟是“审美教育”“美学教育”，还是“哲学教育”仍为学界所争议，但无可争议的是，“大美术”将是终身美育的完满形态和理论基础。所谓完满形态，从蔡元培对终身美育的五个阶段的描述就不难看出，无论是外部环境的“清新秀丽、优美平和”或是内部心境的“目不视恶色，耳不听恶声”，都是泛化的美学概念，与“大美术”理论下的美育实践不谋而合。除此之外，以美育宣扬科学更是将相对宏大的意向收束在“美”这个话语体系内，将科学、哲学、美学赋予感性的体验价值。比方说，当前的学校美育实践中，教师向低龄儿童教授颜色时常这样描述，“红色的波长最长，所以在视网膜聚焦时有扩张感，因此更醒目”，但这样的科学论断，低龄儿童一定难以理解，如果告诉他们“红色是太阳的颜色，会令人感到温暖、热情”，儿童就能通过自身的生活经验理解这样的感性描述，进而理解红色的“醒目”，通过这一类比可以发现，“大美术”承载的价值是超脱于“艺”与“术”的，其或许是“教育”的一种美学工具和外延，而蔡元培也正是利用了“寓教于乐”的传播特点，施以美育，宣扬科学。所谓理论基础，在前述中已然论述了“大美术”理论使世间万物成为传美达艺的载体的底层逻辑，在学术层面，由“大美术”语境下美育活动衍生而来的“设计美育”

---

① 宋飞跃．陶养个体情感，造就愉悦人生［D］．贵阳：贵州大学，2007．

② 高平叔．蔡元培全集：第四卷［M］．北京：中华书局，1984．

"旅游美育""几何美学"等实施办法与场景已然成为蓬勃兴起的细分领域，但无论何种形式、场景、媒介，都被包含在"终身美育"这个宏大命题之中，这也令我们窥见这一通过对外界事物的浸染而实现审美提升的美育范式。事实上，"大美术"引领的美育兼具学校、社会的美育场景共性，亦能模糊学校、社会的场景界限，将"美育场景论"升格为"终身美育论"，依蔡元培的话说，便是给予所有人一种美育的"机关"，而这一"机关"正是打破美育场景的藩篱，落实终身美育的奥妙所在。

三、学校美育融入"大美术"情境

在蔡元培提出的学校、家庭、社会三个美育场景中，尚只有学校美育备受学界关注，体系较为完善，家庭美育则参差不齐，社会美育更是迷失在纷繁复杂的生活之中，因此学校美育与家庭美育、社会美育总是被作为相互比较的美育场景。事实上，当前对于美育的研究和实施大多是在"美术教育"及"美术学科"的范畴内开展的，而学校作为终身美育的第一阶段，也过度依赖美术学科作为美育的唯一阵地，单科思维弊病凸显。需要注意的是，美术只是美外显的表达方式中的一种，"大美育"语境下对美的体验构成了美育的完整性，交织形成"大美术"的传统媒介（音乐、美术、戏剧、电影等）与新媒介（设计、服装、装潢、动漫等）不是彼此割裂的单元，而是相互渗透的美学系统，因此，学校美育"照本宣科"地让美术学科引导美育的做法不免有局限性，美术是将美这一感性判断技术化、规范化、逻辑化的学科，并使转瞬即逝的美成为可复制、学习的，因此在实践中我们也能够发现，学校美育常缺乏情境的针对性，忽视跨学科横向联系，不仅很难与"大美术"理论有机结合，也失去了对审美体验的感性认识，这导致学生普遍对美的感受不足，审美的能力不强，对美的表达不畅，难以形成具有独立意识的个体审美能力。

蔡元培的美育观和"大美术"都告诉我们，欣赏一处自然风光，吟诵一首诗歌，欣赏一出话剧，甚至是观察社会中一切与美好、美德相关联的事物，以及做一些能令自己心生愉悦的爱好之事，这都是以自身作为过程性载体来发挥客观的、具有陶冶性质的广义的"美育"过程。朱光潜也曾提出美感教育应是一种情感教育[①]，席勒有着与之相似的观点，他同样认为美育是培养人感性与理性的精神，并使二者趋近"和谐"的状态。[②] 生活经验与美育实践告诉

---

① 朱光潜. 朱光潜全集：第四卷［M］. 合肥：安徽教育出版社，1988.

② 尹少淳，孟勐. 学校美育与社会美育的互仿与渐融［J］. 美术，2021，638（2）：6－9.

我们，美是感性精神所引发的情绪共鸣，而“大美术”及生活中含有美的元素本身是“理性精神”（即客观存在且不以欣赏者的主观意志而改变）的场景，两者的和谐意味着我们讨论美育时，不能限于对美的抽象感知，还要在具象的“理性精神”中培养学生的美学态度和能力，尹少淳提出，“谈美”要聚焦于物，“育美”要落实于学科与方法。因此，美育的终身性并不是让“大美术”在社会美育语境中“放任自流”，更不能凭据广义的美育对其大而化之，而是要聚焦于“学校美育”的有针对性的叙事中。

当前，学校美育和社会美育的关联、衔接、融合构成了相对完整的“终身美育”体系，在关注两者于场景、形式上的区别时，更需关注两者在“大美术”语境下的渐融与互促。张道一曾拿“实用美术”与“美术技艺”的不同举过例子，家中挂一幅装饰画和摆一套家具，在创作设计上两者无法使用同一种尺度，就算是同一种工艺的地毯和壁毯，两者在艺术处理上和使用目的上也不一样，但最终在陈设摆放上，总会要求两者（装饰画与沙发）相互协调。[①] 这一观点放在学校、社会美育情境下也是适用的，当前美育的目的是相同的，但其进程总被年龄、身份、诉求，以及开展美育的目的、场合、物质条件等客观因素所划分，但只要回到视觉、图像、文化等美学本体的范畴和感官情绪的“冲动”之中，美育对于人的一以贯之的浸润性就能得到明确体现，即在整体上“协调”。相应的，学校美育未必需要迎合社会美育宽泛的逻辑，社会美育也不能收窄、降格迎合学校美育，两者更应在“终身美育”的诉求与呈递中追求步调和过程的统一性与协调性，而不是规则、尺度的一致性。事实上，“大美术”在学校美育向社会美育的渐进中，也正是充当了“协调者”的角色，美育走向终身化，本质上是不断强化“大美术”与“终身美育”的关联性。至此，我们会发现，学校美育、社会美育、“终身美育”和“大美术”之间的有机关联和内在逻辑：“终身美育”是我们始终追求的美育目标，生命不息，求“美”不止。而学校美育和社会美育是“终身美育”的两个重要阶段，彼此不能分割，首尾相接构成了人生美的旅程。“大美术”，在人的一生中，如影相随，时刻绽放美的因子，影响了所有人的美育的进程，而我们也希望，在“大美术”拓展的美的时空中，我们都跨越学校、社会这些概念的藩篱，让美陪伴我们终身，让美育成为自觉追求，让终身美育施惠于人的一生，这也是每一个教育工作者为之前行和奋斗的初心和使命。

---

① 张道一. 我说“大美术”[J]. 美术研究，1998（1）：16－17，39.

马克思主义美育观视野下高校劳动教育与美育融合育人路径探析

中国矿业大学 刘 振

摘 要 马克思主义认为美与劳动密不可分，认为在人们改造主客观世界的过程中应该将美的规律应用于劳动生产，从而实现人自由而全面的发展。当代大学教育既要发展学生的智力因素、道德品质和身体素质，又要培养情感、意志和性格等人格因素，劳动教育与美育在其中发挥着不可替代的作用。本文通过对马克思主义美育观内涵与特征的分析，从树立劳动实践审美观、构建“一核三维六支撑”的课程体系、加强师资队伍建设、创新教学方法、完善评价体系等方面，探索劳动教育与美育融合育人的途径与方法，培养德智体美劳全面发展的社会主义建设者和接班人。

关键词 马克思主义美育观；高等学校；劳动教育；美育

劳动教育在很长时间内一直被教育领域所忽略，直到2018年，习近平总书记在全国教育大会上发表重要讲话，强调我们要培养德智体美劳全面发展的社会主义建设者和接班人，加快推进教育现代化、建设教育强国、办好人民满意的教育。较之2017年党的十九大报告中“德智体美全面发展的社会主义建设者和接班人”的描述仅一字（“劳”）之差，却明确了劳动教育在我国教育体系中的回归。通过劳动教育树立良好的劳动观，加强劳动审美教育，促进劳动教育与审美教育的深度融合，将劳动最光荣、劳动最崇高、劳动最美丽的观念根植于心，有利于促进大学生德智体美劳全面发展。

一、马克思主义美育观的内涵与特征

马克思主义美育观是马克思主义经典作家关于审美教育的思想体系，是马克思主义美学思想和教育思想结合的一个组成部分。马克思主义经典作家并没有明确美育观的定义，但仍可以从他们的经典著述中窥见马克思主义美育观是一种“大美育观”，它突破了传统的审美教育思想的局限，主张通过对美的认识、对美的把握，以美的思想来改造人类及人类社会，最终实现人的全面发展。

（一）马克思主义美育观的内涵

1. 劳动创造美是马克思主义美育观的本质

马克思主义美育观认为美与劳动密不可分，“美源自劳动，劳动创造了美”，马克思主义的创立者们在论述“美”时总是把美与劳动、劳动者、劳动关系联系在一起。马克思曾在《1844 年经济学哲学手稿》中指出“美是在人区别于动物的生产劳动中产生的，劳动创造了美和艺术”，这是马克思主义美育观的本质。马克思主义美育观高度重视劳动与审美的辩证关系，认为养成热爱劳动和尊重劳动的个人习惯和社会风气是审美教育的重要环节。热爱劳动、尊重劳动不仅可以作为一种行为美和心灵美的体现，也可以作为判断人的美丑的具体标准。

关于美的认知，马克思主义美育观认为美具有客观和主观两种属性。一是事物固有的客观属性，花是美的，雪是美的，自然是美的……这些事物的美都不以人的意志为转移；二是人的主观观念的美，生活是美的，劳动者是美的，机器技术是美的，促进社会进步的社会关系也是美的，这些都来源于拥有发现美、创造美、评价美的主体——劳动人民的主观感受，因此具有主观属性。当然主观层面的美存在着不可忽视的差异性。

2. 培养全面发展的人是马克思主义美育观的根本目标

《共产主义原理》明确指出：“教育将使年轻人能够很快熟悉整个生产系统，将使他们能够根据社会需要或者他们自己的爱好，轮流从一个生产部门转到另一个生产部门。因此，教育将使他们摆脱现在这种分工给每个人造成的片面性。这样一来，根据共产主义原则组织起来的社会，将使自己的成员能够全面发挥他们的得到全面发展的才能。”① 马克思主义将人的全面发展的内涵概括为人的体力、智力及思想道德等方面的全面发展，并认为人们在改造主客观世界的过程中应该将美的规律应用于劳动生产，从而实现人的全面发展。实现人的全面发展是马克思主义追求的根本价值目标，也是共产主义社会的根本特征。

美育不同于其他的教育，它是通过感染人的主观情感，使人类的思想和精神得到升华，促使人类对自己提出更高的审美追求，体现了人具有能动的把握社会的能力。马克思主义美育观注重将审美教育和劳动教育贯穿到社会生活的

---

① 恩格斯. 共产主义原理［M］//梁崇海，刘启明等. 马克思主义政治经济学经典文选. 武汉：武汉理工大学出版社，2001：238－239.

方方面面，主张全民劳动、全民审美。

二、高等学校实施劳动教育与美育融合育人的目标与价值

（一）劳动教育与美育融合育人的目标：实现人的全面发展

培养德智体美劳全面发展的社会主义建设者和接班人，是中国当代大学教育的核心目标，也是习近平新时代中国特色社会主义思想的重要内容。劳动教育与美育是德智体美劳“五育并举”中不可或缺的重要内容，也是德智体三育充分展现和运用的主要途径。劳动教育是促进学生树立正确的劳动意识和养成良好的劳动习惯的教育，它具有美育功能，劳动教育过程就是创造美的过程。而美育则是以人对事物的审美判断与情感体验为基础，借助各种事物之美对人进行积极的影响，从而实现人格塑造的一种教育。美育又有促进劳动作用，审美教育的过程是让大学生在学习、生活、劳动中不断发现美、感受美、体验美，从而提升鉴赏美的能力和实现创造美的目标。

中国当代大学教育应特别注重德智体美劳各类教育的实践性，要特别注重发挥大学生在亲身经历中进行审美创造；要加强劳动教育与美育融合育人，助力大学生在人格养成过程中实现全面发展，从而培育出适应时代需求、全面发展的高素质人才。

（二）劳动教育与美育融合育人的价值

1. 劳动教育与美育融合育人是人格塑造的重要保障

人格是个体在行为上的内部倾向，它表现为个体适应环境时在能力、情绪、需要、动机、价值观、气质、性格和体质等方面的整合。大学阶段是人格发展的关键时期，大学生人格趋于定型、成型，高校承担着帮助大学生塑造健全人格的特殊任务，明确回答个体提出的“我是什么人”和“我将成为什么人”等基本问题，即立德树人。

高校劳动教育与美育的融合育人对大学生健全人格的塑造和身心的全面发展具有重要意义。劳动教育不仅能够促进学生形成正确的劳动意识和良好的劳动习惯，还能够培养学生不畏艰苦、积极向上的进取精神和热爱生活的生活态度。而美育则能够引导学生明美丑、辨善恶，全面提升学生的道德素质和精神素养。英国哲学家席勒曾指出，审美趣味使心灵对道德有好感，因为它把阻挠道德的志趣爱好推开，而激起促进道德的志趣爱好。因此，面向全体大学生实施劳动教育和美育的融合教育，通过课程学习、实践训练和校园文化的濡染，能够培养一种健康的、向上的、向真和善的思想素质。

2. *劳动教育与美育融合育人有助于大学生践行社会主义核心价值观*

内涵深刻、范围广泛的社会主义核心价值观，将中华优秀传统文化与人类文明价值观之精华集于一体。党的十八大报告明确提出，倡导富强、民主、文明、和谐，倡导自由、平等、公正、法治，倡导爱国、敬业、诚信、友善，积极培育社会主义核心价值观。新时代以来，劳动教育与美育被赋予了新的时代要求，中共中央办公厅、国务院办公厅印发的《关于全面加强新时代大中小学劳动教育的意见》《关于全面加强和改进学校美育工作的意见》等文件明确提出，要坚持培育和践行社会主义核心价值观，将劳动教育和美育纳入人才培养全过程。

劳动教育与美育融合育人为大学生践行社会主义核心价值观提供了新的教育途径，它们在内容与形式上都追求真善美的统一。“富强、民主、文明、和谐”蕴藏着“真”，“自由、平等、公正、法治”滋养着“善”，“爱国、敬业、诚信、友善”绘出了“美”。当代大学生践行社会主义核心价值观不能采取灌输式的教学形式，而应该在“五育并举”“融合育人”背景下探索新的教育路径，在实施劳动教育和审美教育、从事劳动实践和审美体验的过程中深刻体会社会主义核心价值观的真善美。

三、高等学校劳动教育和美育融合育人的路径探索

（一）以社会主义核心价值观为引领，树立劳动实践审美观

1. *劳动实践审美观的内涵*

任何一种劳动都有“美”伴随其中，我们需要拥有一双能够发现美的“眼睛”，在劳动实践中不断地发现美、体验美，从劳动实践中汲取文明、和谐、自由、平等、敬业、友善等元素作为营养，进而追求和创造我们的美好生活。现代教育需要以社会主义核心价值观为引领，全面深刻地把握劳动教育和美育的本质及内涵，将劳动教育置于人类追求美好生活的宏大语境下，加强劳动教育与美育的深层次融合，极力发挥劳动教育与美育在人格塑造和全面发展中所具备的重要作用。

劳动实践审美观的内涵是在社会主义核心价值观的指引下，以“以劳创美、以美育心”为核心价值目标，将审美教育的“认识美、发现美、体验美、创造美”的审美发展逻辑关系应用到劳动教育全过程，引导大学生树立良好的劳动价值观和审美观，让大学生在劳动实践中学会做人、学会生活、学会劳动、学会审美、学会创新，塑造出美的理想、美的情操、美的品格和美的素养。

2. 劳动实践审美观的本质

美育和劳动教育都有各自独立的育人体系，但劳动实践审美观却能够将二者融合，发挥融合育人的作用。首先，在思想上，劳动实践审美观为劳动教育与美育融合育人提供了思想引领。劳动实践审美观引导大学生在劳动实践过程中始终保持审美态度和意识，处处能发现美，时时能创造美，有助于改变大学生针对"劳动就是脏、累，劳动是汗水"的错误认识，帮助大学生在劳动中树立"劳动是美的，劳动者最光荣"的劳动价值观，进而形成健康的劳动意识和健全的人格；其次，在功能上，劳动实践审美观具有服务劳动教育与美育融合育人的功能。劳动教育能够成为推介美育育人成果的主要阵地，成为美育落地生根的关键。最后，美育为劳动教育提供更深层次的审美需求，为劳动教育提供更高标准的价值指向，成为劳动教育提质增效的钥匙。

（二）以劳动实践审美观为指导，构建"一核三维六支撑"的课程体系

劳动教育与美育融合育人的"一核三维六支撑"的课程体系是在劳动实践审美观的指导下，通过合理构建劳动理论、美学理论、生产实践训练、生活实践训练、产品创造、校园文化六个教育内容组成的课程体系，有力支撑知识、能力、素质三个维度的教学目标，进而实现当代大学生"以劳创美、以美育心"德智体美劳综合素质的全面提升和发展。"一核三维六支撑"课程体系体现了不同门类、不同领域教育课程体系的融合，展现了将"以劳创美、以美育心"内化于人才培养的全过程，是实现德智体美劳全面发展培养目标的主要载体，是实现劳动教育与美育融合育人的重要途径。（图1）

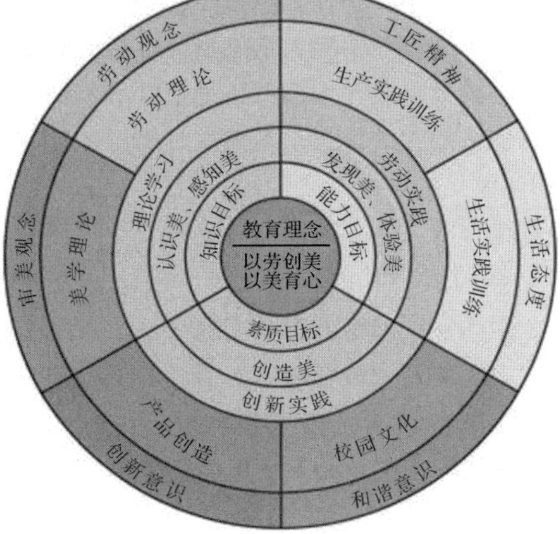

图1　"一核三维六支撑"课程体系

1. 以“以劳创美、以美育心”为核心价值理念

“以劳创美、以美育心”既是劳动教育与美育融合育人的核心教育理念，又是其最高价值目标。党的十九大报告明确指出，建设知识型、技能型、创新型劳动者大军，弘扬劳模精神和工匠精神，营造劳动光荣的社会风尚和精益求精的敬业风气。通过学习劳动理论、美学理论及开展劳动实践活动，培养学生的劳动意识和创新精神，增强学生对劳动和创造的责任感及使命感，形成对待工作和事业认真严谨、创新求变、精益求精的价值追求，充分发挥文化育人的价值，不断提升职业素养。

2. 以知识、能力、素质为三个教学目标维度

“一核三维六支撑”课程体系以知识、能力、素质为三个教学目标维度，加强“理论＋实践＋创新”的融合，将认识美、发现美、体验美、创造美的审美教育逻辑发展关系应用到人才培养全过程，使大学生逐步具备丰富的理论知识、较强的实践能力，培养大学生的工匠精神、热爱生活和求善求美态度，树立创新意识、和谐意识。

首先，通过学习劳动和美学理论，引导大学生掌握劳动和审美的基础知识，为劳动实践奠定理论基础，帮助大学生树立劳动意识和审美意识，引导大学生正确理解劳动价值和美学价值；其次，通过生产实践训练和生活实践训练，使大学生掌握劳动技能，在劳动实践中提升发现美、体验美的能力，并在实践中检验理论学习成果，帮助大学生充分感受劳动美学价值，改变“劳动是脏的、劳动是累的”的传统观念，树立“劳动是美的、劳动创造美”的劳动实践审美观，塑造大学生工匠精神、服务精神和热爱生活的意识；最后，通过产品创造和校园文化，激发和培养大学生创造性思维和求美态度，提升大学生创造美的能力。劳动教育与美育天然具备创造性、创新性的显著特征，其培养大学生创新意识和创造能力的优势是其他教育所不能比拟的。

3. 以六个教育内容支撑融合育人

劳动教育与美育融合育人主要采取以劳动教育为主线，将审美教育贯穿其中的“双轨并行”教学模式，其内容包含劳动理论、美学理论的理论学习模块，生产实践训练、生活实践训练的劳动实践模块，产品创造、校园文化的劳动创造模块，共计三大模块六大教育内容。劳动教育与美育融合育人的课程体系要在纵向上帮助学生获得知识、增长技能、提升能力，让大学生具备生活、学习、工作的能力；在横向上通过塑造大学生劳动价值观和审美观使他们服务整个社会。

（1）理论学习模块

理论学习模块包含劳动理论和美学理论的教学内容。在理论教学内容的选择上，要基于生产生活实际，从理论的层面高度概括劳动和美学知识。鉴于劳动教育的实践性意义，理论学习模块以劳动理论为主，美学理论为辅，并尽量缩短理论学时和简化教学内容。在理论知识教学过程中，教师要引领学生探求劳动理论中涵盖的美学知识，重视学生对美的认知、对美的感受能力的提升，从而逐渐形成学生主动创造美的意识，提高学生参与劳动的积极性和主动性。

（2）劳动实践模块

劳动实践模块包含生产实践训练和生活实践训练的教学内容。劳动实践模块教学内容的设计，应体现三个融合。一是生产实践训练与学科专业发展相融合，即普及教育与专业教育相融合，将学科专业知识纳入劳动教育课程体系中，在劳动实践中提升专业技能，检验专业所学知识。二是生活实践训练与日常学习生活相结合。生活实践训练的教学内容既要来源于生活，又要回归生活，这是最贴近大学生日常学习生活的教学模块，如烹饪、园艺、女红、手工艺、木工、维修等，这些教学内容的学习和实践能提高大学生各方面的生活技能，为大学生未来更好地融入社会、提高生活幸福指数奠定基础。三是理论学习与实践训练的融合。“知行合一”的思想由明朝思想家王守仁提出，其主要内涵是将个人的良好思想品德应用于实践，并在实践中升华，知与行应浑然一体。例如，木工技艺实践课程，既要让大学生了解有关中国传统木工技艺的理论知识，还要让他们学会各类木工设备的简单操作，掌握手锯和锉刀的正确用法，学习制作鲁班锁、木凳和木质工具等。在劳动实践过程中，学生能够真切地体会到劳动者的艰辛，以及传统技术的魅力，进而达到弘扬工匠精神、提升个体的实践技能等目的。

劳动实践环节还应将培养大学生劳动意识、工匠精神、服务精神及热爱生活的良好态度纳入实践活动课程内容设计中。教师应在实践教学环节中引导大学生充分感受劳动实践成果中彰显的美感和成就感。例如，在与学科专业发展息息相关的生产实践训练中，机器零部件存在着横平竖直、圆形、平面、曲面造型等美的特征。学生在面对冷冰冰的钢铁产品时，要让自己看到充满美感的艺术品，这有利于学生在制造加工过程中主动严格要求自己。

（3）劳动创造模块

劳动创造模块包含产品创造和校园文化的教学内容。劳动实践获得的劳动果实不是结局，而是开展劳动创作活动的基础。为了鼓励大学生开展产品创造活动和构建和谐校园文化，教师要引导大学生将绘画劳动实践成果打造成别具特色的艺术作品，并赋予它们一个个动听的美名；可以创作一些有关劳动的歌曲，增强团队协作能力，感受集体的力量；可以开展以“劳动最光荣”“团结就是力量”“我劳动、我光荣、我创造、我幸福”等为主题的朗诵会、园艺展、手工作品展、写作展、科学探究会等活动，讴歌劳动者的真善美，领悟粮食来之不易，珍惜劳动成果、珍惜粮食的道理等。

（三）以价值塑造为导向，探索劳动教育与美育融合育人的方法

以价值塑造为导向是高校育人培才的重要安身之本、立命所在，在树立良好的道德观、价值观和人文观方面具有举足轻重的作用。如何全面提高学生的综合素质，如何增强劳动能力和审美意识，如何将“美”转化成学生的人生品质和修身之魂，已成为现代教育的核心。

1. 师资队伍建设是劳动教育与美育融合育人的关键因素

教师是教育活动的设计者、实施者、组织者，在整个教学过程中居于主导地位，发挥组织和引导作用。我国的大学劳动教育刚刚起步，劳动教育与美育融合育人路径还在探索过程中。因此，教师所具备的素质直接决定了融合育人的效果和质量。基于劳动教育与美育融合育人的教学要求和鲜明特征，教师应具备以下素质。

（1）较高的业务水平和丰富的劳动专业知识

劳动教育与美育融合育人对于教师的要求极高，教师既要具备较高的自身专业领域的业务水平，还必须具备较为丰富的劳动专业知识，教师如何才能胜任劳动教育与美育融合育人的教学工作，已成为亟待解决的突出问题。目前，我国高校还鲜有专门从事劳动教育的专业师资，大多是由专业教师、后勤工作人员或实验员等兼任。首先，我国高校应极力培养具备较高业务水平和丰富劳动专业知识的师资。其次，鉴于劳动教育和美育是一个具有开放性、动态性的教育过程，在教育过程中应该受到各方力量的指导和影响，如学校教务部门、后勤部门、实验室、社会企事业单位，因此要整合各方教育力量形成教育合力，方能解决问题。最后，从事劳动教育与美育融合育人的教师应注重专业能力和劳动能力相融合、理论与实践相结合的能力。

（2）高品位的审美修养

对于教师这一职业来说，高品位的审美修养是非常珍贵的心理品质，尤其是从事劳动教育与美育融合育人工作的教师，更应具备对美的感知能力、对美的鉴别能力和创造能力等方面的审美修养，能够按照美的尺度引导大学生进行

审美训练与劳动实践活动。教师在教育过程中应以积极的教育态度和情感投入教育事业，学会用审美的眼光贯穿整个教育过程，逐渐形成个性鲜明的融合育人方法和教育风格，力求师生共同提升面对生活、学习和工作的审美素质和修养。

2. 创新教学方法、完善评价体系，是劳动教育与美育融合育人的重要保障

（1）创新教学方法

教学方法是教师针对学生完成教育目标和传授教育内容的方式和方法。劳动教育与美育融合育人的教学方法要在理论传授法、实践体验法、环境濡染法等教学方法中充分彰显教学方法的美育化、艺术性特征，做到以劳育人、以美育心。

① 理论传授法是指将基本知识直接通过课程等方式向受教育者输送，是学校教育中最基本、最常用的方法。理论传授法在劳动教育和美育融合育人中应注重加强劳动理论和美学理论、艺术理论的深入融合，避免“三张皮”“生拉硬拽”现象的出现。同时，鉴于劳动教育与审美教育具有鲜明的实践性，在教学过程中还应坚持以实践活动为主、理论学习为辅的原则，注意理论与实践教学内容比例的合理分配，避免“喧宾夺主”。

② 实践体验法是劳动教育与美育融合育人中最值得提倡的、特色最鲜明的一种教学方法，它是教师引导学生参与劳动与审美实践活动，并在实践中检验所学理论知识和获得美的体验、提升美的鉴别能力的最直接的方法。实践体验法也是实现融合育人的一种重要方法。在实践过程中，可以充分利用“五一劳动节”“学雷锋活动日”“校庆日”等重要节庆假日，组织全校师生开展主题劳动实践活动，定期面向社区开展义务劳动等活动，不断掀起热爱劳动、劳动光荣的教育潮流，培养学生尊重劳动、热爱劳动，以劳动为荣的观念和态度，养成良好的生活、劳动习惯。

③ 环境濡染法是在大学教育中有意识地创设环境幽雅、和谐美好的校园环境，使大学生在潜移默化中提升综合素养的一种教学方法。大学校园是大学生所处的生活环境，运用环境濡染法将劳动教育与美育融入校园文化营造，往往会起到事半功倍的效果。校园环境，特别是校园人文环境的营造需要在活动形式上喜闻乐见，要具有一定的吸引力和感染力，让大学生在环境幽雅、和谐美好的校园中受到濡染，提高大学生学习兴趣、增强大学生学习动力并养成良好的生活态度。

（2）完善教学评价体系

教学评价是以教学目标为依据，按照科学的标准，运用一切有效的技术手段，对教学过程及结果进行测量，并给予价值判断的过程。教学评价是对教学工作质量所作的测量、分析和评定。鉴于劳动教育和美育教育过程具有鲜明的实践性、审美差异性、教育结果多元化等特征，在劳动教育和美育教育过程中要构建多元化的评价制度，注重劳动过程评价，采用教学结果客观评价和学生主观自我评价相结合的评价模式。

① 劳动过程评价是指在劳动课程教学中，根据课程教学大纲的要求，对学生所学理论知识、技能及各种能力、态度、情感等实施的全方位、多形式、分阶段的综合评价。劳动课程过程性评价的意义在于此类评价更加关注教育全过程，全面评价学生的学习效果。课程过程性评价需坚持多样化、多维度的考核形式，主要包括考勤、理论学习作业、实践报告等考核形式。

② 教学结果客观评价和学生主观自我评价相结合的评价模式，一方面，要求定期对教学成果进行客观评价，它是了解劳动教育与美育融合育人效果和质量的重要方式，评价结果所反馈的信息，将有助于教师对现行融合路径进行调整。另一方面，从教育评价的主体考虑，为了避免评价结果过于片面、忽视劳动过程，学校应当积极构建教师、辅导员、学生共同参与的多元劳动实践评定程序，同时关注劳动过程及劳动结果的双重考核体系。学生在实践的过程中总结自己的收获，体会到劳动教育、美育带来的能力成长，能够促使其正确看待劳动的价值，体会“劳动创造美”的真正内涵。

原载《大学》2024 年第 14 期，略有改动

从“身体美学”出发：当代舞蹈教育的哲学定位

华南师范大学 仝 妍 王 情

摘 要 当代舞蹈教育作为一种美育活动，是一种基于主体“在世”感性经验双向转换的审美教育活动，同时也是中华传统美育现代性转型的重要推力；当“发乎于情”的身体相融于当代美育实践形态，在“身体审美”经验不断输入或输出中，传递历史文化与当代社会的人文内涵与超越生命的张力，其现实意义在于提升人的生命价值、创造人的精神生命力量。文章从“身体美学”的理论视角出发，依据“舞蹈是身体美学最具代表性的艺术”这一观念，聚焦学校舞蹈美育教育教学改革，探讨舞蹈美育的本质，旨在从“感性”“身体”与“在世”三个不同维度发掘当代舞蹈教育以具身性、整体性、超越性为特征的哲学内涵，从而为探究新时代背景下学校美育高质量发展的实践路径提供理论依据与支持。

关键词 身体美学；舞蹈教育；哲学价值；具身性；整体性；超越性

当代舞蹈教育作为一种美育活动，是一种基于主体“在世”感性经验双向转换的审美教育活动，在“身体审美”经验不断输入或输出中，传递历史文化与当代社会的人文内涵与超越生命的张力，其现实意义在于提升人的生命价值、创造人的精神生命力量。由此，当前学术领域立足于“身体”立场，对身体美育或舞蹈教育的研究皆在不同方向、视阈下呈现出分门别类的不同景观，凸显当下身体美育与舞蹈教育的研究范式及发展方向。以往的研究有的以考察“身体意象”在中国近现代美育进程中的呈现为目的，如刘彦顺《“身体”的觉醒——中国近现代美育理论中的“身体”概念》一文，对“身体意象”在不同社会性质下的审美内涵与深层次结构进行了细化，结合中国近现代美育发展历程予以阐析，指出“身体”的觉醒在中国近现代美育发展历程

项目名称：华南师范大学哲学社会科学重大培育项目“岭南传统艺术与新时期美育建设研究”（项目编号：ZDPY1903）系列成果之一。

中的开拓意义与现实价值；[1]王亚芹《身体美育：一种美育的新形态》一文针对美育活动在理论与实践中的失衡与错位，提出身体美育作为一种美育新形态的可能性，结合身体生态中的现存危机，系统论述了身体美育的现实性；[2]张文彩《身体感性的凸显——论西方身体美学的美育观》指出“身体”在审美教育活动中由遮蔽到解蔽的过程，凸显出身体感性教育的必然性与必要性，进而细致阐述身体感性教育的性质、对象与实施途径。[3]

有鉴于此，在“舞蹈是身体美学最具代表性的艺术”[4]相融于身体美育实践形态的前提下，当代舞蹈教育本身亟待反思自身定位，明确其发展的走向与时代的责任。

一、当代舞蹈教育与“身体美学”

众所周知，舞蹈是关于身体美的艺术。相应地，舞蹈教育是关于身体的审美教育。对于当代舞蹈教育哲学定位的思考，是对舞蹈教育的价值辨析，唯在此基础上方可实现舞蹈教育、艺术教育、美育共同促进人的全面发展的价值，从而构建“美育学”[5]。

从“身体美学”理论研究的视角来看，当作为物理载体的身体在进入自我创造性塑造或他人审美欣赏的过程时，就已进入了“身体美学”（somaesthetics）的研究视阈。“身体美学”这一概念，是由美国美学家理查德·舒斯特曼在1996年提出的，他通过将希腊语中的soma（身体）与英语的aesthetics（美学）结合在一起创造出一个新的术语，意在通过这个术语建设一个新的哲学及美学学科。2019年，舒斯特曼在《身体美学视域下的舞蹈艺术、剧院和实践》一文中不仅阐述了古希腊柏拉图、亚里士多德关于舞蹈及艺术的相关论点，而且对20世纪美国现代舞蹈的领军人物乔治·巴兰钦的主张进行了批判，强调了舞者在舞蹈表演中的主体地位。[6]

---

① 刘彦顺．“身体”的觉醒：中国近现代美育理论中的“身体”概念［J］．文艺争鸣，2007（5）：34－39.

② 王亚芹．身体美育：一种美育新形态［J］．西北大学学报（哲学社会科学版），2018，48（3）：143－150.

③ 张文彩．身体感性的凸显：论西方身体美学的美育观［J］．美育学刊，2020，11（2）：40.

④ 柯蒂斯·卡特，安静．身体美学与舞蹈［J］．艺术学研究，2020（2）：97.

⑤ “美育的性质和特点是中国美育学的第一个核心范畴，具有哲学意味，可以说是中国美育学的哲学问题。”参见杜卫．论中国美育学建构的问题和范畴体系［J］．美术研究，2021（1）：13.

⑥ 其中文译文可参见理查德·舒斯特曼，何琳．身体美学视域下的舞蹈艺术、剧院和实践［J］．美育学刊，2020，11（5）：46－56.

尽管“美育”的概念来自西方，但是其观念与实践深植于中国传统文化。正如“美育学”的提出者王国维所言：“今转而观我孔子之学说，其审美学上之理论虽不可得而知，然其教人也，则始于美育，终于美育。”①自西周“制礼作乐”确立了雅乐的德育、美育价值，使原始歌舞脱离了混沌状态的宗教迷狂，获得文明的身份——“礼乐文明”，之后圣儒孔子通过以“仁”为美重塑西周乐教，以“尽善尽美”为理想凸显雅乐的人文意味与审美意识。儒家思想中的身体观念与审美活动相结合，借由礼乐塑造“礼仪之身”，即《礼记·乐化》中所言“礼乐不可斯须去身”，至明代朱载堉提出“舞学”的概念，对不同年龄阶段的身体应进行何种教育及教学内容进行了规范，如“二十之下，容颜修正者为之”“不拘士、农、工、商之子，皆可入社”“先使诵诗、读书，而兼学乐、习舞”②等，皆是以传统礼乐文化为内容、以乐舞艺术为手段，基于教化价值取向下的教育观念与实践，既体现了儒家的身体智慧，也为当代舞蹈教育提供了历史依据和哲学基础。

马克思主义哲学强调：“人的本质不是单个人所固有的抽象物，在其现实性上，它是一切社会关系的总和。”③而身体是人的物质存在，这就让人类社会错综复杂的各种关系呈现出“身体前置”的特征。因此，舞蹈作为“人”的身体及其对象化的呈现，以教育活动为形式的审美体验、审美教育活动，则凸显出身体是人们感性审美欣赏与创造性自我塑造的核心场所。

二、“感性”：当代舞蹈教育的具身性

在“身体美学”的研究视阈下，“感性”并非认识论意义上表层、低级的认识，而是属于意识形态、感觉、知觉的产物。而身体感性经验的形成同样并非某种混乱的、惰性的、无序的、片段式的感性材料堆积，它体现出身体向上超越性探索的维度，蕴含着强烈的生命力和人的情感能动性，且在动态的具身生存实践中，与理性活动结伴，共同走向统一、立体的感性经验的积累。这在知觉现象学学者们看来，从感性的肉体性维度出发，“美学应该注重人在具身参与世界的过程中产生的那种原初而直接的身体体验……是人的直接的、活泼

① 王国维. 孔子之美育主义［M］//王国维全集：第14卷. 杭州：浙江教育出版社，2009：16.

② 朱载堉. 律吕精义［M］. 冯文慈，点注. 北京：人民音乐出版社，2006.

③ 中共中央马克思恩格斯列宁斯大林著作编译局. 马克思恩格斯选集：第1卷［M］. 北京：人民出版社，2012：135.

的、朴素的、原初的感性的呈现……感性里带有感性肉体性的反叛色彩”①。反映在舞蹈审美教育活动中，由于其具有感性累积与情感传递的本质属性，继而凭借舞蹈这一特殊的艺术样式，能够在不断地提纯身体感性经验的过程中，实现身体律动性的舞蹈具身实践——通过身体各部位感觉器官的体验与生成，逐渐形成身体性的感官知觉，进而唤醒其在舞蹈教育实践中的感性因子，即身体习惯，构成教育实践过程的“身体前置”基础，最终促使舞动中的身体、欲望达至精神和肉体、感性与理性“艺道合一”的境界。这无疑契合了舒斯特曼在《身体意识与身体美学》中译本序中所说“身体美学”的侧重点：“身体美学尽管也关心形体的外在之美以及其他一些外在的身体表现与标准，但是，它所探讨的主要是身体本身的内在感知与意识能力。”②因此，当代舞蹈教育活动的轨迹是在一以贯之地顺延身体“感性经验”的累积过程，同时展现出具身性的历史性特质与历时性顺延。

作为身体美育的一种形式，当代舞蹈教育可视为对现实生活中人们通过舞蹈审美形式实现的一种感性的、具身性的生存实践教育，即通过身体陶冶、训练及欲望管理实现人的全面发展的终极目标。因此，从“身体美学”的视角来看，当代舞蹈教育凸显了身体感性从掩蔽到解蔽的现代转变，即从身心二元论的“心育”③到身心一元论“身体美育”。在秉持“心育”观念的康德、席勒、黑格尔等的庞大美学思想体系中，虽然把美学设定为感性学，但感性及与感性直接相关的肉体性或身体性，被整体性忽视：“审美事实上并没有从物质感性生发并自下而上地建构，相反，席勒用游戏冲动褫夺了感性冲动的动态力量，这样，被抽空的感性和情感才和理性相协和，在此，身体感性被巧妙地掩蔽了。”④

在中国传统乐教与现代美育的实践与理论中，身体感性在不同层面上亦被掩蔽。礼教语境中的乐教，身体的感性与意象成为伦理教化的工具——“发乎情，止于礼”的过程事实上就是将伦理规范内化为个体内在情感需要的过程，即乐教中的身体仅仅是作为教化手段与对象呈现的，是被动的、虚无的、

---

① 张文彩．身体感性的凸显：论西方身体美学的美育观［J］．美育学刊，2020，11（2）：40.

② 舒斯特曼．身体意识与身体美学［M］．程相占，译．北京：商务印书馆，2011：4.

③ “在整个美育史上，受强大的身心二元论传统的影响，美育所坚持的主流观念是一种‘心育’观念，这种观念认为：我们可触可感的感性世界是杂乱无章的，只有通过对它的压制和对理性的推崇，才能达到某种理想的境界。”参见张文彩．身体感性的凸显：论西方身体美学的美育观［J］．美育学刊，2020，11（2）：38.

④ 张文彩．身体感性的凸显：论西方身体美学的美育观［J］．美育学刊，2020，11（2）：39.

被否定的。而现代美育思想则是在吸收传统和西方美育观念的历史资源与现代思想创见的同时，对身体感性本身形成了惯性的忽视。由此而见，受传统身心二元对立的思想影响，在中西方的主流美育观中，审美感性实际处于理性的管制之下，艺术审美教育的感性、具身性均被忽视了，因而身体的主体性也未得到充分承认。而身心一元论为身体美育之感性的解蔽提供了重要的哲学依据：通过梅洛-庞蒂、福柯、舒斯特曼等“身体美学”的开拓者的努力，美育被理解为一种身体感性的教育，身体美育必然会强调身体感性的重要意义，当代舞蹈教育也由此获得哲学定位。

从舞蹈感性的身体实践之发展历程来看，当代舞蹈与人类认识世界的演化进程相伴而生的观点已得到学术界普遍认可，原始先民通过对具有目的性的身体律动的活动过程，实现传递信息、求生存、求发展、求延续等实用性的功利追求。与此同时，舞蹈活动中的意识形态也初现端倪。我们同样可以认为：原始先民们无意识且不自觉地进行着的身体律动——舞蹈是原始社会族群文化中的独特现象，其教化价值在思维进化、哲学演化的发展中逐渐转变为以促进人的全面发展为目的的审美教育活动的重要内容。中国传统乐舞教育实践的逐步发展实则是通过舞蹈这一独特的物质载体与围绕其中的介质共同建立起人身体感性基因与世界间的良好互动关系，不断促使其实现人的“身体”①与“自然”的融合，达到中国传统哲学思想所追求的“天人合一”的完满境界。

基于舞台表演艺术属性的专业舞蹈教育，对身体感性经验的强调通过系统化、规范化的建构，逐渐形成舞蹈身体审美实践的教育“轮廓”，即以强调具身实践的审美特性，凸显“感性”的首要前提：无论是普及型舞蹈教育，抑或是专业型舞蹈教育，皆离不开对身体感性基因的激发、身体记忆的挖掘和身体语言的构建。基于此，作为“身体美学”最具代表性的形而下的身体，当代舞蹈教育需不断地将其内容、形式、表现、风格、动知觉等一般特性贯穿于身体感性经验累积的过程之中，从而在真正意义上形成兼具动态性、过程性与情感性并存的具身性、实践性的舞蹈教育观。“身体美学”的兴起与哲学内涵，也使得当代舞蹈教育不再只作为狭义的艺术教育实践样式，而是兼具传统与现代、中国与西方哲学思想内涵的，涵盖社会教育、文化教育与广义的艺术教育的当代教育形态之一。

---

① “舒斯特曼所说的‘身体’，其实是一个感性批判和创造性自我提升的场所，是包含精神的身体与物质的身体在内的统一整体。”参见王亚芹．身体美育：一种美育新形态［J］．西北大学学报（哲学社会科学版），2018，48（3）：146．

三、“身体”：当代舞蹈教育的整体性

当代舞蹈教育将“感性”作为“身体美学”的前提，是为了强调其作为身体美育形式之一，对于人身体机能提升所具有的独特价值。如前所述，就舞蹈教育具身性实践的特质而言，它是以身体为主体的具身实践教育，是以舞蹈身体语言的独特形态、审美风格等为主体参照的审美教育活动，且在教育活动过程中强调身体的主体性，即“身心合一”的整体性。

在舞蹈活动中，身体既是审美的主体，也是审美的客体：一方面它是审美体验过程中占据主导地位的主体；另一方面它也是审美各环节中的客体，即当代舞蹈教育的对象。

两者皆具有身体的主体性。于是，当这一具有主体性意识的身体作为审美的实践进程时，便成为“身体美学”视野下“活生生的、感觉灵敏的、积极活跃并且有意图的身体”①。身体在被纳入主体性逻辑予以观照之时，当代舞蹈教育的实践形态才得以全面、充分与有效构建，体现出人的自身创造力与主观能动作用的主体性价值。也就是说，当代舞蹈教育以舞蹈艺术的律动性本质锻造身体、提高身体机能的稳定性与协调性；舞蹈活动使具有主体性意识的身体回归本位——身体在舞蹈艺术中不仅占据基础性位置，同时更包含“身”与“心”之间不可割裂的内在联系，从而形成了身心一元的整体教育观。这一整体教育观的逻辑起点在于舞蹈作为“意识的肢体表现”②“身心统一的肢体”③，构成其主体性特征。“舞蹈艺术最重要的美育意义，是完善人格，使一个人成为真正健全的人……它应当面向全体学生。”④因此，当代舞蹈教育活动的参与主体是每一个人，其意义不仅指向单纯的艺术审美，还指向每一个人重塑或完善个体人格修养的身体自觉。

从身体美育的角度来看，当代舞蹈教育的整体价值追求在于“以感觉的方式训练身体，提升人的智能”“以律动性的形态锻炼身体，增强人的体能”“以审美的方式解放身体，开掘人的创造潜能”“以身心协调的运动训练身体，塑造完美人格”。⑤ 具体而言，当代舞蹈教育实践越来越凸显受教育者身体参

---

① 舒斯特曼．身体意识与身体美学［M］．程相占，译．北京：商务印书馆，2011：4.
② 吕艺生．舞蹈美学［M］．北京：中央民族大学出版社，2011：47－52.
③ 吕艺生．舞蹈美学［M］．北京：中央民族大学出版社，2011：53－57.
④ 吕艺生．舞蹈美学［M］．北京：中央民族大学出版社，2011：450.
⑤ 资华筠，刘青弋．舞蹈美育原理与教程［M］．上海：上海音乐出版社，2006：105－110.

与和接受的积极性、主动性；作为审美主体的身体对外部世界的一切感知皆成为教育活动的前提；通过在身体训练实践的感性经验累积过程中对身体意识与身体经验的总结，促使人的身心凝聚，实现个体人格成熟与完善。如此一来，可见当代舞蹈教育的价值观念应指向对人的身体进行理论与实践并行发展的教育路径，既是以强调肉体内化于心、外表于形的个体自觉追求生命精神的体验过程，又是一种整体性双向互动对话的审美教育活动。

有鉴于此，当代舞蹈教育应当注重身体的主体性地位，其整体性价值有如下表现：一方面在“身”“心”兼具的身体中进行舞蹈实践，且对两者之间不可割裂的内在联系加以强化；另一方面是在当代舞蹈教育过程中，对身体作为审美客体的不同身份进行有针对性的开发与教化。如何实现“人人皆可舞”的美育目标？是在身心合一的身体中，充分发挥主体性意识。也就是说，通过舞蹈教育活动不断促进人的身体与外在世界的融合与沟通，以实现美于“心”、化于“身”的审美追求。因此，作为一种教化手段的当代舞蹈教育，是身体教育的一门、艺术教育的一类，更是人类文化赓续的一脉。

四、“在世”：当代舞蹈教育的超越性

从“身体美学”的视角可见其与舞蹈教育极为契合的维度，即实践的“身体美学”，是指“通过智力化的身体训练来实践对身体的关怀，它的目的是改善身体的状况（无论身体训练方式是以表象的、经验的，还是以执行的方式出现）”①。作为身体美育形式之一，当代舞蹈教育包含两个方面的“在世”内涵：其一，强调身体“在世”生存的过程本身，以身体为教化工具的舞蹈教育，其本身就具有强烈的身体参与实践的特性，是将一切身体及身体教育的理论形态付诸“在世”体验的审美转换过程。其二，将身体视作世界与个体间交互构建影射的焦点，赋予其极具超越性的本体论价值，形成由形而上的超越维度与以肉体感性经验为基础的直接维度相合一的身体在世观。

当代舞蹈教育作为适应当前文化现实与人类生存现状的一种身体美育实践形态，在“以文化人”的理念中，其目的已不再局限于对身体的专业规训，而是以完善人的全面发展、发挥当代美育精神涵养功能为意趣旨归——“一方面在本体层面向着人的存在完整性趋近，体现为人生意义的精神呈现；而另一方面……在功能层面上，‘以文化人’的实践形态通过直接体会现实中的缺

① SHUSTERMAN R. Pragmatist Aesthetics[M]. 2nd ed. Maryland: Rowman & Littlefield Publishers, 2000:276.

失与有限性，不仅向人提示着精神发展的宏大旨趣，而且在历史与现实相关联的方面具体丰富着人的现实的精神活动”①。基于此，当代舞蹈教育对于人们身体素养的和谐与完善将起到积极的作用，不断促使拥有和谐身体的个体追求人格的完满，追求有意义的人生。如今，当代舞蹈教育形态在不断丰富，包括以培养表演素养为目的的专业化舞蹈教育、以发展核心素养为目的的基础教育和通识教育等。从“精英化”到“大众化”，当代舞蹈教育的转型也体现出美育的“当代性”特征——多元化、包容性、传统与现代的共存性。

与此同时，当代舞蹈教育的“在世”还体现为对文化的传承与创新。校园成为不同实践形态的舞蹈教育活动实施的重要场域，在以舞释美、以美育美、以美育人的舞蹈教育教学活动中，凸显出舞蹈教育回归身体本位内涵的超越精神；围绕“以美育人、以文化人”，通过审美与人文素养的提升，从而在真正意义上实现个体由自然的身体向社会的身体、文化的身体的超越发展。近年来的“非遗（舞蹈）进校园”活动，作为引发关注与热议的舞蹈现象、教育现象，对其进行的实践与理论研究更是涉及不同学科的相互角逐。其原因在于：一方面，习近平总书记围绕中华优秀传统文化在现代社会“创造性转化和创新性发展”的重要指示，对以传统民族文化传承与创新发展为教育目标之一的当代教育事业提出了更高要求。另一方面，因古老而文化底蕴深厚的舞蹈艺术作为一种当代文化形式，以身体为介质不断传递出“非遗性”的价值内涵。于是，非遗舞蹈成为当下校园素质教育、普及教育、美育等不同教育实践形态中的重要内容，也成为当代舞蹈教育中不可或缺的重要组成部分，彰显了“在世”的舞蹈身体于非遗舞蹈中、教育进程中的本位存在。

一言以蔽之，当代舞蹈教育的“在世”，是在“感性”的具身性与身体的整体性相融后产生的美育实践形态。基于“身体美学”的哲学视角，“感性”的具身性与身体的整体性是对舞蹈教育形而上的美学分析及实际运用方法的阐释，而舞蹈教育的“在世”则倾向于描述与显现教育实践中个体身体的审美体验。这也同样意味着当代舞蹈教育是能动的、实践的、超越的存在，它并非一蹴而就或一成不变的，而是逐渐走向身体自觉的一种创造性审美体验与追求。

① 王德胜．“以文化人”：现代美育的精神涵养功能：一种基于功能论立场的思考［J］．美育学刊，2017，8（3）：23．

五、结　语

个体自由且全面的发展是人类文明社会最终追求的远大目标，同时也是新时代教育事业的终极目标。实现这一目标的前提与基础在于个体的身体自由，舞蹈作为艺术样式或美育途径，在促进人的身心和谐与自由方面具有先天之优势。[①]因此，当代舞蹈教育将以培养“大写的人”为核心理念的感性教育、整体教育与实践教育合为一体。“身体美学”的理论与实践形态的发展，为当代舞蹈教育的哲学定位与哲学价值的阐释提供了一种新理解、新方向。毕竟，身体不会终结，舞蹈不会停滞。

原载《当代舞蹈艺术研究》2021年第2期，略有改动

---

① 仝妍. 从现代美育思想看当代舞蹈美育的本质［J］. 美育学刊，2013，4（5）：34.

党史百年历程下中小学美育：历程、成就与展望

华东师范大学 张志强

摘 要 中国共产党成立以来，中小学美育事业在党的光辉指引下取得了卓越的成就。文章探讨了它起步与形成、确立与沉浮、振兴与加强、深化与创新的四个阶段，回顾了我国中小学美育发展历程。党的领导下中小学美育取得的卓越成就，包括中小学美育事业持续进步，促进学生身心的全面发展；中小学美育资源逐步改进，构建高质量发展的条件支撑；中小学美育载体形式丰富，推进美育工作的持续发展；中小学美育理论研究不断深入，形成美育实践的重要动力。在建设高质量基础教育体系新征程的背景下，未来中小学美育发展应全面贯彻党的教育方针，落实习近平总书记关于美育的重要论述；坚持以美育的场域传递育人理念，落实立德树人教育根本任务；构建具有民族特色和本土价值的现代化中小学美育体系，形成中国特色学校美育改革与发展道路；与其他四育的融合逐步加强，构建以素养为核心的学校美育体系。

关键词 中国共产党；美育；中小学；主要成就

美育是中小学教育中不可或缺的重要组成部分，它与德育、智育、体育、劳动教育相互呼应与关联，共同构筑学生全面发展的教育系统。自中国共产党成立以来，中小学美育事业不断改革和发展，取得了卓越的成就。本研究回顾与梳理党史百年历程下中小学美育的实践探索和主要成就，探讨与展望我国中小学美育改革未来发展图景，这对于更好地深化中小学美育实践，推动美育改革与创新具有积极意义。

一、党史百年历程下中小学美育的实践探索

党史百年历程下的中小学美育发展呈现着自身的特点与规律。为了更好地把握中小学美育事业的发展脉络与变迁轨迹，增进对中小学美育的历史认知，以下基于中小学美育发展的时代背景、历史特征和基本进程，将中小学美育发展历程分为四个不同历史阶段进行探讨。

（一）起步与形成时期（1921—1949 年）

1921 年 7 月，中国共产党成立，在文化教育建设方面，中小学美育一直

受到中国共产党的重视，并以不同的形式和名称在中小学教育体系中存在着和实践着。1927 年土地革命时，中小学美育在极为艰难的条件下展开。1933 年 10 月，中央教育人民委员会颁布《小学课程与教则草案》，其中规定小学一至四学年开设唱歌、图画等美育课程，并对教学内容与方法进行了具体阐述。1934 年 4 月，中央教育人民委员会颁布《小学课程教则大纲》，中小学美育以包含唱歌、图画、游戏、体育内容的游艺课程为载体，每周设 8 小时，在初级小学课时占比为 44. 4%；高级小学第一学年占比为 33. 3%，第二学年占比为 30. 8%。[①]1938 年 4 月，鲁迅艺术学院在延安成立，自 1938 年至 1944 年共招收学员 685 人，还通过各种学习班，培养美育工作者，这些人才对当时中小学美育的发展起到了推动作用。[②]在推行抗日教育政策的背景下，陕甘宁边区、晋察冀边区等地区中小学课程设置中包括政治常识课和基础知识课，其中基础知识课中就有与美育相关的课程内容。例如，1939 年 8 月，《陕甘宁边区小学规程》规定："小学课程以政治、军事为中心，美育课程包括音乐和美术，美术课程在初级小学和高级小学每周 2 课时，音乐课程在初级小学每周 3 课时，高级小学每周 2 课时。"[③]1940 年，晋察冀边区行政委员会公布的《晋察冀边区中学暂行办法》中规定："艺术课程占 10%，主要包括歌咏（救亡歌曲、指挥、识谱等，在课外举行）、美术（漫画、美术字等）、写作技术（与国语课、编壁报合并进行）。"[④]抗日根据地的中小学美育事业，呈现出与抗战救国的密切联系，课程中增加板画、壁报、演戏、秧歌、说唱等内容，宣传马克思主义思想，充分发挥了美育为革命战争和根据地建设服务的效能。解放战争爆发后，党领导的学校美育在新、老解放区进行，并采用丰富多彩的形式在校园内普及开来。例如，1948 年 11 月，《华北区普通中学暂行实施办法（草案）》中，中小学美育课程设置有音乐、美术工艺（包括绘图制表）、文娱活动等。综上所述，在此期间，即使在长期战争的环境中，中小学美育仍作为教育实践中的一项重要内容，以文娱、游艺、戏剧、美术、音乐、工艺等形式开展实践，充分体现了为战时服务、因地制宜、因时制宜的特点。

（二）确立与沉浮时期（1949—1976 年）

1949 年 10 月，中华人民共和国成立，中小学美育步入新的发展阶段。

---

① 陈云晖. 老解放区教育简史［M］. 北京：教育科学出版社，1981：40.

② 中央教育科学研究所. 中国现代教育大事记［M］. 北京：教育科学出版社，1988：389.

③ 于述胜. 中国教育通史·中华民国卷（下）［M］. 北京：北京师范大学出版社，2013：283.

④ 张援，章咸. 中国近现代艺术教育法规汇编：1840—1949［M］. 上海：教育出版社，2011：486－487.

1951 年 3 月，在第一次全国中等教育会议上，党和国家确立了促进学生全面发展的教育方针，并指出："普通中学的宗旨和教育目标是使青年一代智育、德育、体育、美育各方面获得全面发展。"[①]在此后颁布的各类教育文件中，美育成为中小学教育阶段重要的组成部分。例如，1952 年 3 月，教育部颁布的《小学暂行规程（草案）》中指出"小学实施德育、智育、体育、美育全面发展的教育，美育方面的主要目标是使儿童具有爱美的观念和欣赏艺术的初步能力"；《中学暂行规程（草案）》规定"中学美育的主要目标与任务是陶冶学生的审美观念，并启发其艺术的创造能力"[②]。1955 年 5 月，国务院召开的全国文化教育工作会议，再次强调在中小学教育中贯彻包括美育在内的全面发展教育方针。[③]在此背景下，1956 年，教育部制定颁布了《小学图画教学大纲（草案）》《小学唱歌教学大纲（草案）》《初级中学图画教学大纲（草案）》《初级中学音乐教学大纲（草案）》[④]，大纲中都指出音乐课、图画课是全面发展教育中完成美育的手段之一。此外，从 1950 年起，人民教育出版社等单位陆续组织翻译和出版了苏联的教育学著作，其中有专门论述"学校美育"的内容，这些内容对新中国成立初期中小学美育的理论与实践起到积极推动作用。总之，自新中国成立至 1956 年，中小学美育地位得到确立，美育工作目标与任务着眼于学生审美观念、审美能力和艺术创造力的培养，对美育功能认识较之前又有进步。之后，由于"左"的思潮和"文革"的影响，党和政府颁布的教育政策文件中较少再提及"美育"，美育的地位被削弱。在此后的学校教育中，虽然依然进行着美育，但是作为德育、智育、体育的组成部分，中小学美育失去了独立存在的地位。

（三）振兴与加强时期（1977—1999 年）

伴随着社会发展和教育改革，中国共产党对中小学美育形成了全新的价值判断和实践改进方案。1978 年之后，党和国家加强了中小学美育课程的建设，各地结合学校实际积极开展美育实践。例如，从 1980 年开始，上海师范大学附属中学将美育与德、智、体各育并列，开设审美考察课、形体课、书法课、

① 中央教育科学研究所．中华人民共和国教育大事记 1949—1982［M］．北京：教育科学出版社，1984：38．

② 教育部体育卫生与艺术教育司，教育部艺术教育委员会．学校艺术教育 60 年（1949—2009）［M］．长沙：湖南师范大学出版社，2009：56．

③ 杨力，宋尽贤．学校艺术教育史［M］．海口：海南出版社，2002：11．

④ 课程教材研究所．20 世纪中国中小学课程标准·教学大纲汇编：音乐·美术·劳技卷［M］．北京：人民教育出版社，1999：246，83，266，95．

美学理论课等十门美育课程，并通过多种方式开展丰富的美育实践。①1986 年 12 月，艺术教育委员会成立，专门负责对国家美育与艺术教育工作的方针、政策等重要决策进行参谋和咨询。1989 年 11 月，第一次全国学校艺术教育工作会议召开，并颁发了《全国学校艺术教育总体规划（1989—2000 年）》。至此，中小学美育不仅获得了政策保障，而且也拥有了推动其改革与发展的机构。此后，中小学美育迅速发展，许多地区和学校开展探索性的美育实验。例如，1990 年开始，广州市第 109 中学构建“以美育人”的课程体系、活动体系、学校文化、教师队伍、管理机制，实现学校教育的整体优化。② 1993 年 2 月，中共中央、国务院发布了《中国教育改革和发展纲要》，其中第 35 条专门针对美育展开阐述，这是党中央、国务院第一次在国家层面颁布的教育法规文件中以专条的形式论述美育在学校教育中的作用。③1994 年 6 月，在第二次全国教育工作会议中，中小学美育受到重点关注，会议指出美育具有重要作用，在教学过程中应持续加强。这极大鼓舞了广大美育工作者的工作热情，为此后我国美育事业的发展和中小学美育地位的提升奠定了良好的基础。1999 年 6 月，《中共中央　国务院关于深化教育改革全面推进素质教育的决定》中再次将美育明确列入教育方针，并指出要尽快改变中小学美育工作薄弱的状况，将美育融入学校教育全过程。④在此阶段中，党和国家制定颁布的系列文件突出了中小学美育的地位，美育成为学校教育体系中不可或缺的组成部分，中小学美育的设施和环境得到提升，美育要素体系和框架逐步建立。

（四）深化与创新时期（2000 年至今）

进入 21 世纪，党和国家不断加强和改进中小学美育工作，将美育提到了前所未有的高度，美育的形式多样性、深度和广度都得到了全面的加强。2001 年 5 月，《国务院关于基础教育改革与发展的决定》中指出：“培养德智体美等全面发展的社会主义建设者和接班人。”⑤2002 年 5 月，教育部颁布《全国学校艺术教育发展规划（2001—2010 年）》，明确加强中小学美育工作是当前

---

① 张世定. 加强审美教育　提高学生精神素质［J］. 人民教育，1987（4）：11－12.

② 叶昌奎. 扬长促发展以美塑造人：广州市第 109 中学“以美育人”教育模式的构建［J］. 教育导刊，1999（2，3）：14－17.

③ 中共中央，国务院. 中国教育改革和发展纲要［J］. 人民教育，1993（4）：4－11.

④ 国务院. 中共中央、国务院关于深化教育改革全面推进素质教育的决定［J］. 人民教育，1999（7）：4－7，12，13.

⑤ 国务院. 国务院关于基础教育改革与发展的决定［J］. 中华人民共和国国务院公报，2001（23）：25－32.

全面推进素质教育、促进学生全面发展和健康成长的一项迫切任务，对我国的中小学美育起到了很好的指导作用。2010 年 7 月，《国家中长期教育改革和发展规划纲要（2010—2020 年）》再次提出加强和改进中小学美育工作，充分发挥美育在全面发展教育中的重要作用。党的十八大以来，在基础教育中改进和深化中小学美育工作成为一项重要任务，党和国家相继出台了一系列重大政策和文件，中小学美育工作获得了前所未有的发展动力。例如，2013 年 11 月，“改进美育教学，提高学生审美和人文素养”被写进中共中央的决议文件《中共中央关于全面深化改革若干重大问题的决定》中，党对美育的重视程度又实现了一次质的飞跃。为全面贯彻党的教育方针，改进美育教学，2014 年 1 月，教育部颁发《关于推进学校艺术教育发展的若干意见》，该意见在美育实施上有诸多具体的安排。此后，教育部相继颁发了《中小学生艺术素质测评办法》等三个具体推进学校艺术教育工作的实施文件，把学生艺术素质测评作为切实改进美育教学、提高中小学美育教学质量的“推动力”。2015 年 9 月，国务院办公厅印发了《关于全面加强和改进学校美育工作的意见》，提出全面加强和保障中小学美育健康发展。这是我国美育发展的一个重要契机，对于中小学美育的发展具有重要的促进意义。2019 年 4 月，全国学校美育工作会议在苏州召开，会上总结交流了党的十八大以来学校美育工作取得的经验和成效，研究部署了新时代加强和改进美育的工作。①2020 年 10 月，中共中央办公厅、国务院办公厅又印发了《关于全面加强和改进新时代学校美育工作的意见》，从总体要求、课程与教材体系、深化教学改革、改善教学条件、加强组织保障等方面提出意见。此阶段我国中小学美育改革发展进入加速提质时期，学生参加美育学习与实践活动的时间和机会大幅增加，各地中小学广泛开展朗诵、话剧、戏剧、合唱、舞蹈、器乐、绘画、书法、文学创作、电影艺术等美育实践，其内容涵盖了多门学科，美育内容选择和表现方式走向多元综合，育人导向更加凸显。

二、党史百年历程下的中小学美育主要成就

梳理中国共产党百年中小学美育探索历史可以发现，中小学美育的发展进程汇聚着具有中国特色的学校美育实践经验，见证着中国共产党领导下的美育事业的光辉历程。在党和国家路线方针指引下，中小学美育焕发出蓬勃生机与

---

① 余闯．推动新时代学校美育工作再上新台阶［N］．中国教育报，2019－04－22（01）．

活力，在探索与行动中形成自身的实效和成就。

（一）中小学美育事业持续进步，促进学生身心的全面发展

中国共产党自成立起就高度重视中小学美育工作，一直把美育作为全面发展教育的重要组成部分，为中小学美育的发展创设条件、探索道路、奠定基础，也取得了显著的成就。这些卓越的成绩，为发展我国基础教育、建立完整的基础教育体系、实现人才培养目标奠定了坚实的基础，不仅积累了大量具有中国特色的重要经验，而且实现了中小学美育的跨越式发展。纵观中小学美育发展的路径与递进过程，无论是中国共产党成立之初培养德智体美全面发展的人才，还是改革开放后明确美育作为素质教育的重要途径和内容；无论是持续加强中小学美育实施主要路径的音乐、美术等艺术课程，还是在其他课程和校园环境建设中有意识地发掘美育因素；无论是 2015 年《关于全面加强和改进学校美育工作的意见》的出台，还是 2020 年《关于全面加强和改进新时代学校美育工作的意见》的颁布，贯穿中小学美育发展始终的一条主线是党对中小学美育价值的持续认同，以及美育促进学生个体实现全面发展的深入实践。总体而言，党根据不同时期政治、经济、文化、教育等方面的需要，制定了符合国情的美育方针、政策和措施，准确把握不同时段国家对美育发展的需求，促进中小学美育获得持久动力。在此过程中，拓宽学生的审美体验、审美视野和情感范围，加深对美的观察、理解、判断与创造，发挥美育在个体成长过程中的关键人格涵养价值，促进学生的感性思维和理性思维同步成长，进而实现学生健康成长和全面发展。举例来说，一项从 2006 年起，每年对 200 余所普通高校一年级新生进行的美育调查表明：近 80% 的被调查学生在中小学阶段接受了正规的艺术课堂教育，62% 的学生参与了学校的艺术社团或兴趣小组，33% 的学生掌握了一定的艺术技能，67% 的学生具备了一定的艺术鉴赏能力。①

（二）中小学美育资源建设逐步加强，为高质量发展提供条件和支撑

党和国家不断强化中小学美育工作的保障，持续加强设施、场地、师资等中小学美育资源的建设，使中小学美育环境和条件大幅改善。例如，多次颁布和修订基础教育阶段美术、音乐教学器材配备目标和配备标准，实现了学校美育设备器材的规范化管理。2014 年 3 月至 5 月，教育部体育卫生与艺术教育

---

① 柴葳，李小伟．让美育与学生“美遇”：全国学校美育改革发展综述［N］．中国教育报，2016－08－30（01）．

司委托杭州师范大学开展“全国中小学美育教学水平与学生艺术素质评价专题调研”，结果显示，多数学校都设有艺术墙（长廊）、校园雕塑、作品陈列室等校园文化艺术设施，96.5%的城市学校和92%的村镇学校有专用的音乐和美术教室，95.8%的教师认为学校完全或基本配齐艺术课程教学设施设备。[①] 在中小学美育师资方面，党和国家通过多种途径加强中小学美育师资队伍建设，美育教师队伍数量与质量不断增强。比如，教育部于2017年颁布《学校体育美育兼职教师管理办法》，并于2019年起实施体育美育浸润行动计划，充分借力高校美育资源优势，助推农村中小学开展与实施美育。据统计，全国义务教育阶段美育教师人数由2008年的43.41万增加到2018年的71.7万，党的十八大以来，美育学科教师人数平均每年增长8.7%。[②]与此同时，各地也将美育师资作为教师队伍建设的重中之重。例如，北京市通过实施“高参小”项目，有效缓解美育师资和活动资源的缺口；甘肃省“特岗计划”将招录美育教师比例提升到30%；山东省将乡村中小学美育教师培养纳入免费师范生培养范围；江西省实施“万名美育乡村教师专项培训”等。

（三）中小学美育载体形式丰富，推进美育工作的持续发展

中国共产党成立以来，通过加强美育课程建设、丰富活动载体、搭建实践平台等举措，使中小学美育内涵、外延的范畴逐步扩展。全国先后开展农村学校艺术教育实验县、中小学生艺术展演活动、中华优秀文化艺术传承学校创建、“一校一品”“一校多品”特色引领等措施推动中小学美育课程不断丰富。在此背景下，中小学美育形成开放、多元、立体的实施路径。例如，北京师范大学第二附属中学以《诗经》为核心文本，开展诗乐舞跨学科教学实践探索，分介绍、探究、创编、呈现四个阶段展开美育实践；陕西省西安泾河工业区中心学校借助校园腰鼓打造美育特色品牌，“千人腰鼓推广活动”成为学校的重点特色项目；长沙市芙蓉区教育局与湖南博物院共同构建馆校美育大课堂，构建“与大师对话”“传统文化之旅”“艺术大篷车进校园”等品牌活动，促进中小学美育的能动创设和生态延伸。中小学美育发展所呈现的一个突出特点是实践中越来越注重传承和弘扬中华优秀传统文化，并将其有机融入中小学阶段的美育实践。比如，浙江省嘉兴市中小学开发美育载体新形式，让博物馆、民间作坊、传统建筑等成为美育大课堂，建设独具特色的地方校本美育课程；贵

① 美育学刊杂志社，美育与文化传播协同创新中心．中国美育发展报告：2011—2015［M］．上海：上海三联书店，2016：110-113．

② 董少校．我国学校美育取得突破性进展［N］．中国教育报，2019-04-16（03）．

州省安顺市充分利用安顺地戏、蜡染、刺绣等地域优秀民族民间艺术资源，让学生在与优秀艺术和文化的亲密接触中感受传统文化之美，实现文化的感知、内心的滋润、情感的陶冶、态度价值观的提升。此外，针对城乡中小学美育发展不均衡的现实问题，党和国家采取多个举措推进农村地区中小学美育发展。例如，1998 年和 1999 年，教育部分别在湖北潜江市和江苏苏州市召开全国农村艺术教育工作会议。2000 年，教育部选择安徽砀山县、宁夏贺兰县、青海互助县等全国不同地区的 58 个县（市、区、旗）作为农村学校艺术教育实验地区。[①] 2013 年，教育部又选定了上海崇明县、浙江桐庐县、新疆莎车县等 126 个县（市、区、旗）作为农村艺术教育试验县，总结和探索适应我国农村中小学美育的规律和途径。由此可见，党和国家组织开展多样的学生美育活动，选择适当的载体形式，丰富美育课程内容，满足学生多样需求。

（四）中小学美育理论研究不断深入，形成美育实践的重要动力

党领导下的中小学美育发展历程中，美育理论研究始终站在时代的最前沿，推动中小学美育的发展。在各个历史时期，党和国家通过成立美育机构、创办期刊和报刊等方式及时反映美育动态、发展成果、典型案例等，开拓了中小学美育的视野，使中小学美育经验得以分享、积累。例如，1981 年 1 月，新中国第一本美育学术刊物《美育》创刊，由湖南人民出版社编辑出版，刊物宗旨为“普及美学知识、进行审美教育”。[②]1988 年 12 月，国家教育委员会委托人民音乐出版社和南京师范大学分别创办了《中国音乐教育》《中国美术教育》，该杂志刊登各地美育资讯、实践经验、教学案例等内容，大力宣传国家关于美育的方针政策。此外，各地先后创办了专业性美育期刊，包括《美与时代》《美育学刊》等。同时，美育学术团队、研究机构蓬勃发展，中国高等教育学会美育专业委员会、中华美学学会美育专业委员会、北京大学美学与美育研究中心等先后成立。2021 年，教育部成立了首届全国中小学美育教学指导专业委员会，对中小学美育教学发挥研究、咨询、评估、指导等作用。伴随着美育理论研究的不断深入，学校美育研究成果不断增加，美育知识持续累积。例如，对 1978—1997 年人大复印报刊资料全文收录和索引的文章的分析表明：在所有与美育有关的1 209 篇文章中，关于学科（语文、体育、艺术

---

① 教育部办公厅. 教育部办公厅关于开展全国农村学校艺术教育实验工作的通知[EB/OL]. (2000－02－13)[2024－08－10]. http://www.moe.gov.cn/srcsite/A17/moe_794/moe_919/200002/t20000213_80447.html.

② 苏迟. 美育史料·《美育》杂志［J］. 美育学刊，2014，5（2）：2.

等）渗透美育的文章有545篇、美育理论的文章有555篇、美育人物（思想）的有76篇、美育与环境的有27篇、美育与课程的有6篇。①而这一时期在著作方面，有《美育知识丛书》《学校美育系列丛书》《美育》《审美教育的历程》等与美育相关的图书出版。②这些成果充分反映了我国学校美育的成就，引领着我国美育发展的主流价值和学术方向。总之，学校美育理论研究站在历史和时代的高度，及时反映国内外学校美育的最新进展，并持续开展学校美育热点问题争鸣与研讨，在各个阶段对美育问题的探索充分体现了时代性、导向性和学术性，成为我国学校美育事业发展的有力引导者、实践者和推动者，由此形成中小学美育发展与创新的根基和保障。

三、探索具有中国特色的中小学美育

中小学美育演进的过程是一个探究和发展的过程，更是我国学校美育事业发展的一面镜子，有助于我们审视和思考未来中小学美育的样态。在论述发展历程和主要成就后，我们需要围绕价值功能的实现和发展方向，持续提升未来中小学美育实践的质量和水平，提出更具针对性和细致的建议和措施，充分发挥美育的育人功能与独特价值，探索美育实践落地的有效范式。

（一）全面贯彻党的教育方针，落实习近平总书记关于美育的重要论述

党的十八大以来，习近平总书记从建设教育强国和推进教育现代化的战略高度深化对新时代中小学美育工作的认知。2018年8月，习近平总书记在给中央美术学院周令钊等8位老教授的回信中提到："做好美育工作，要坚持立德树人，扎根时代生活，遵循美育特点，弘扬中华美育精神，让祖国青年一代身心都健康成长。"③随后在全国教育大会上，习近平总书记又指出："要全面加强和改进学校美育，坚持以美育人、以文化人，提高学生审美和人文素养。"④2021年4月，习近平总书记在清华大学考察时强调："增强文化自信，以美为媒，加强国际文化交流。"⑤习近平总书记的系列讲话为推动中小学美育

---

① 赵伶俐，汪宏，等．百年中国美育［M］．北京：高等教育出版社，2006：113．

② 邱明正，于文杰．美育志［M］．上海：上海人民出版社，1998：361－363．

③ 习近平．做好美育工作弘扬中华美育精神 让祖国青年一代身心都健康成长［N］．人民日报，2018－08－31（01）．

④ 张烁．坚持中国特色社会主义教育发展道路 培养德智体美劳全面发展的社会主义建设者和接班人［N］．人民日报，2018－09－11（01）．

⑤ 宫剑南．中国美协召开座谈会学习贯彻习近平总书记考察清华大学关于美术工作重要讲话精神［N］．中国艺术报，2021－04－23（01）．

创新发展提供了更宽广的“时空”，也为我国中小学美育事业的发展绘就了蓝图。站在新的“起跑线”上，未来中小学美育应始终贯彻落实党的教育方针，牢牢把握正确政治方向和价值导向，深刻理解习近平总书记关于美育的重要论述的丰富内涵、价值意蕴和实践品格，使中小学美育始终同党和国家事业发展要求相契合、同中国特色社会主义教育发展道路相适合、同我国中小学美育发展实际相切合。由此，引导中小学美育事业健康向上发展，持续发挥美育立德树人、培根铸魂、启智润心的作用，开创建设高质量中小学美育体系新征程。

（二）坚持以美育的场域传递育人理念，落实立德树人根本任务

美育将人的审美情感与审美创造引向更高、更自觉的水平。正如苏联教育家苏霍姆林斯基提出：“学校的任务在于，把美感和许多世纪以来创造的美变为每个人心灵的财富，变为个人的和人们之间道德关系中的审美素养。”①在以人工智能为标志的第四次工业革命时代语境下，学生生活、学习和感知世界的文化生态和文化语境发生了巨大的变化。日渐发达的沟通技术和交通系统正将整个世界紧密地联系在一起，科学技术日新月异、物质生活日益丰裕、文化生态纷繁复杂，这一遍布潜在风险的复杂局面使得学生的价值观念和道德情操面临着前所未有的挑战。因此，未来中小学美育发展需从培养担当中华民族伟大复兴大任的时代新人的高度出发，将立德树人和全面发展贯穿美育的全过程。在中小学美育实践过程中，应超越单纯以知识与技能为体系的活动设计，转向以学生全面健康成长为核心和主线的美育实践内容。为了实现这样的功能，学校在美育实践中应不断提升美育实践的品质及可选择性，创设丰富、多元、多样的美育氛围，形成全方位互动、交融互生、整体布局的活动实施平台。从而丰富学生的感知、想象、情感和理解，使学生在美的氛围和涵养中实现情感的丰富和精神的提升，激发学生的生命活力、开启心智、养育性情，陶冶高尚情操，塑造美好心灵，实现全面发展。例如，在 2019 年“中国孩子讲中国故事”首届新疆中小学生连环画、绘画进校园美育活动中，中小学生通过画笔描绘祖国的壮美河山、抒发生活感悟、畅想美好未来，活动选出的部分中小学生作品在新疆部分地州市巡回展出，广大学生在美育活动中全方面提升了审美素养、道德情操、爱国情怀、理想信念，在美育中播下了培根铸魂的种子。

（三）构建具有民族特色和本土价值的现代化中小学美育体系，形成中国特色美育改革与发展道路

在中小学美育中，构建具有民族性和本土价值的学校美育形态与路径，是

① B. A. 苏霍姆林斯基. 帕夫雷什中学［M］. 赵玮，等译. 北京：教育科学出版社，1983：444.

一个关乎文化和教育的战略问题。

20 世纪以来，我国学校美育都是在中西文化互相碰撞的语境下展开的。“美育”这一术语由国外传入中国，王国维、蔡元培等人于 20 世纪初分别从英文和德文移译作“美育”（又称美感教育、审美教育），连同西方美育理论一起引入中国。①但美育的思想和实践在我国源远流长、悠久灿烂、绚丽多彩，在各个时代和地域有着不同的存在形态，呈现出自身特征。我国 56 个民族，有着丰富多彩的文明特质，共同创造了独具东方神韵的璀璨文化艺术，形成了中国人独特的审美情趣与生活品位，在继承发展中创造了绚丽多彩的文化艺术和丰富充实的精神生活。千百年来，中华美育与中华文明深厚的文化天然连接在一起，拥有着独特的文化元素、艺术语言和表达方式，形成了中国独有的文化精髓、审美观念和美学表达，阐述着中国特有的艺术观、世界观、哲学观。这是我国中小学美育的重要文化传承基因，也是推动社会和谐、陶冶道德情操、树立学生正确价值观念的强大精神动力。因此，未来我国的中小学美育要立足教育本土性，从中华优秀传统文化、革命文化和社会主义先进文化中发现内容，构建具有中国精神、中国品格、中国价值的学校美育系统，引导学生在中华美育特有的优雅、疏朗的美感中得到自然而然的熏陶，使学生在感悟、认知和体验的过程中不断将高雅的审美趣味融入心灵，提升人文素养，筑牢文化自信。

（四）与其他四育的融合逐步加强，构建以素养为核心的学校美育体系

《2021 年政府工作报告》中指出，发展更加公平更高质量教育，其中重要内容是构建德智体美劳全面培养的教育体系。②2019 年 7 月，中共中央、国务院出台的《关于深化教育教学改革全面提高义务教育质量的意见》明确了“坚持五育并举”“全面发展素质教育”，提出实现“德智体美劳”全面素质发展，是衡量教育质量的根本标准。③党和国家从未来人才培养的需求出发，确立了“五育并举”的全面发展教育体系。“五育并举”已成为新时代我国教育变革的基本要求和发展方向。因此，中小学美育应从促进学生的全面而丰富发展的视域理解美育与其他各育的关系，努力打破学科界限，从“五育并举”视角构建中小学美育课程体系，根据地域、学校、学生的实际，发挥“五育

---

① 杜卫. 美育论［M］. 北京：教育科学出版社，2000：42.

② 李克强. 政府工作报告：2021 年 3 月 5 日在第十三届全国人民代表大会第四次会议上［J］. 中华人民共和国国务院公报，2021（8）：15.

③ 杨清. 五育并举视野下普通高中课程体系的构建［J］. 中国教育学刊，2021（6）：45.

并举、全面育人”的理念。当前，我国的课程与教学改革正在向以素养为核心的价值导向转型，着力培养学生关键能力。“大概念”成为教育关注的焦点，“大概念”包括学科“大概念”和跨学科“大概念”，不仅要打通学科内和学科间的学习通道，还要打通学校教育与现实世界的路径。①因此，未来基础教育阶段中小学美育应开展以单位为载体的课程与教学实践，以更加开阔的视野去看待中小学美育观念、内涵和语言，运用跨学科学习促进学校德智体美劳相互衔接，构建课堂教学和课外活动相互结合，学校和社会美育、家庭美育相互协调的现代化美育体系新格局。

四、结　语

回顾党史百年历程下中小学美育的光辉历程，我们更能真切感受到学校美育取得的辉煌成就。与过去相比，当前的中小学美育得到了更多的关注，在推进过程中必然也会出现诸多新的困境和挑战。面对新时代对全体国民素质和人才知识能力结构的新要求，探索具有中国特色的美育模式，中小学美育需要落实立德树人的根本教育任务，从实现中华民族伟大复兴的时代总目标出发，准确把握教育事业发展面临的新形势、新任务，科学定位和整体优化美育的观念、内容和载体，描绘中小学美育事业五彩斑斓的美丽图景。

---

① 《教育研究》编辑部. 2020 中国教育研究前沿与热点问题年度报告［J］. 教育研究，2021，42（3）：33－34.

以生命的力量促进美的升华

西安思源学院 徐春玉

摘 要 生命体与外界环境关系协调稳定时，其所处的状态为美的状态。文章从美对生命体的作用角度入手，指出了当生命体处于美的状态时将具有更强的竞争、生存与发展的能力。生命中各层面的活性本征以其最有效率和最有力量的兴奋表达，组成相应的美的状态，并通过彼此之间的相互协调，引导生命体进入美的状态。文章描述了生命体在表达发散、收敛及发散与收敛相互牵制的结构力量时，将会自然地使生命体基于当前状态而生成与之不同的新的状态。分析了当这种过程在人的意识中反映时，即为期望、对期望的追求及期望满足以后（进入美的状态）所产生的快乐性审美感受的现象。基于生物优胜劣汰的进化法则，生命体总在表达生命的各个层面的活性本征而努力地追求更美的状态，会必然地表现出美的升华。文章通过研究强调指出，发挥“我的（MY）的力量”，即发挥对更美追求的力量——M力，发挥优化的力量——Y力，将会更加有效地促进、推动美的升华。因此，强化“我的（MY）力量”的表现，应是美育中需要强调的关键。而美育的过程性特征则要求在生命力量的具体表达过程中，逐步引导美的升华。

关键词 美的状态；生命的活性本征；升华

美学、艺术与美育之间似乎存在不小的鸿沟。经典美学作为美育的理论基础，似乎有点寻找不到具体的着力点。而运用艺术的方法实施美育，在理论方面还缺少点必然的规律性“过渡”。这就需要三个方面共同努力，在强调各自特色发展的基础上，寻找彼此之间更加本质的联系，使美学成为美育的理论基础，艺术成为美育的方法基础，共同搭建起美育这个宏伟“大厦”。

一、美的状态与境界

（一）美的状态

生命体形成与外界环境协调稳定的关系时所处的状态，我们将其界定为美的状态。①生命体受到外界环境的作用时，将会发生相应的改变。而在形成与

① 徐春玉．美的真谛［M］．北京：中国社会科学出版社，2020：219.

外界环境的协调关系时，即进入某种稳定状态。生命体在美的状态下，构成了对外界环境作用的恰当的适应关系。

（二）美的状态及其特征

1. 生命的耗散结构特征

耗散结构理论指出，活的生命体是一个复杂的耗散结构，它是一种需要与外界环境之间存在物质、能量和信息的交换才能维持的动态稳定的有序结构。这种有序结构的形成与维持需要远离热力学平衡态，非线性特征相互作用需要表现得足够明显，尤其是需要与外界环境不断地有物质、能量和信息的输入与输出。也就是说，耗散结构需要外界环境不断地对该动态稳定的有序结构产生作用才能形成并维持。

2. 美的状态中生命体达成与外界环境的协调关系

在这里，我们将美的状态中各种元素彼此之间的相互协调关系作为构建美学理论的一个基本词汇而不再做进一步的解释。其实如果再进一步地以“协调”为研究对象，去研究协调的意义、特征和作用，就只能从协调对于生命的意义和作用出发，认定生命体受到当前外界环境的作用，处于动态稳定状态，各组织器官、生命的各种活性本征彼此之间将形成协调关系。也就是说，生命体在外界环境的支持作用下处于动态稳定状态时，我们就称生命体内的各环节、组织器官彼此之间形成了协调关系。

在生命体整体上形成与外界环境的协调稳定关系时，生命体内的各个层面的活性本征都将处于相应的兴奋状态，并且彼此之间形成相互协调的关系。

3. 生命活性本征的兴奋性

从耗散结构理论的角度来看，生命体内任何一个部分，都将处于相应的兴奋状态。生命是在不断地适应外界环境的过程中，基于优胜劣汰的生物进化法则逐步地复杂化的。伴随着复杂的组织器官的生成，会在不同的层面形成具有相应意义的生命活性本能模式——我们将称之为活性本征。生命的活性本征始终以相应的兴奋程度而在生命体内发挥着重要的作用。

4. 生命活性本征的各个层面的不同表达

一般情况下，对于人，我们可以将生命的活性本征分为：物理化学层面的活性本征、生物学层面的活性本征、生理学层面的活性本征、人的意识层面的活性本征和社会性活性本征等几个不同的层次。以低级的物理化学层面的活性本征为基础，逐步地构建出更高层次的活性本征。但显然，最低层次的活性本征将在各个层面发挥出相应的作用，并显现出力量。生命会在低层次生命活性本征表现的基础上，基于各组织之间的相互使用，生成更具宏观意义的活性本征。这些活性本征将在生命体与外界环境的相互作用过程中，以其特有的自主兴奋特征和力量而发挥相应的作用，并在与外界环境形成协调稳定关系时，达到某种恰当的兴奋表现状态。

（三）美感与刺激

1. 美的刺激

具有美的特征的客观事物作用到生命体上，通过相应的感知神经元，促使生命体内各组织器官，尤其是神经系统的运动状态发生改变，形成对相关刺激作用的“回应”，美的回应引导人进入某个美的状态。在引导人进入美的状态时，会使人产生审美快乐，于是这种特殊的感受便成为人们辨别是否存在美的刺激作用的一个主要“指标”。

2. 生命的进化在强化由不协调到协调状态的过程和结果

（1）生命体在努力地追求与外界环境的协调稳定关系

从生物进化的角度来看，那些能够及时达到协调稳定的美的状态的生命个体，将具有更强的生存发展能力，具有足够强的竞争力，因此，具有更强稳定性的物种，将更能获得足够强的生存优势。正如道金斯指出的：“某些品种由于内在的因素会比其他品种来得更稳定。某些分子一旦形成后就会安于现状，不像其他分子那样易于分裂。在原始营养汤里，这种类型的分子将会相对地多起来，这不仅仅是‘长寿’的直接的逻辑后果，而且是因为它们有充裕的时间去复制自己的拷贝。因此，长寿的复制基因往往会兴旺起来。假定其他条件都不变，那么在分子的种群中就会出现一个朝着寿命变得更长的‘进化趋向’。”①更直接地说，具有足够稳定的个体，通过优胜劣汰的自然选择法则，可以将稳定性特征转化成为生命的一个基本特征。从生物进化的角度来看，生命体追求稳定状态，是自然选择的结果。由此，生命体向着与外界环境协调稳定状态的持续性追求，就是生命在进化过程中自然选择的结果。而这，不就是“爱美之心人皆有之”的基础吗?

（2）生命体将由不协调达到协调作为一种基本的模式

进化过程使生命体能够不断地向着协调稳定状态转化，从而具有更强的竞争、生存与发展的能力。受到复杂多变的外界环境的影响，生命体也总在经历

① 里查德·道金斯．自私的基因［M］．卢允中，张岱云，王兵，译．长春：吉林人民出版社，1999：19.

由协调状态转化到不协调状态，在不协调状态下，生命体又努力地向着协调稳定状态逼近。这种过程的反复进行，即便是一种建构性的过程特征，也能够基于其在大脑神经系统中的反应、记忆，并基于这种记忆的同时性而在高层次神经系统中明确地建构起这种确定的时空结构特征。

（3）通过这种过程能够获得相应的变化性刺激作用

这种过程表达了不协调状态与协调状态之间的基本关系，这种结构的形成，直接表达了其会作为一种刺激性的特征力量而使生命的运动兴奋状态发生相应的改变。由此，这种过程模式即作为一种基本元素，成为引导生命体进入美的状态的基本过程模式，这种模式特征也就由此具有了美的意义。

（4）引导人进入美的状态的关联性特征具有美的意义

美的状态涉及多个不同的美的元素的相互作用，基于这种相互作用构成了相互协调的稳定性兴奋关系。进入美的状态的标志即美的元素处于较高的兴奋表达状态。通过某个美的元素的高兴奋表达，自然可以通过与其他美的元素的相互作用，带动起其他美的元素的高兴奋表达，使美的状态也处于相应的高兴奋表达状态。由此就可以看到，能够使某个美的元素处于高兴奋表达的关联性信息，也就成为引导人进入美的状态的基本因素，也随即成为艺术表达的主题。

直接的关联性意义可以在艺术中表达，那么，作为一个完整的客观整体，其中有可能仅仅存在一个能够引导人的美的状态进入高兴奋表达状态的局部特征，在此情况下，其他的因素也会因为这种整体性的关联关系，成为艺术表达的主题。这也就意味着，当人们认识到不同特征之间的关系，并将其视为一种稳定的关系而在意识过程中明确反映时，所有的关联性特征，就都有可能作为一种典型而成为艺术家在艺术作品中所表达的主题。如果欣赏者也能够认识到这种关系的存在，艺术家所表达的主题，也就能够顺利地（通过共性相关的方式和过程）为欣赏者所欣赏。

二、美与生命的本质联系

（一）对生命的刺激

刺激是通过比较而表达的。刺激的强度在量值上的反映，是直接通过关联比较而构建的。

外界环境对生命的刺激是以生命所处的协调稳定状态为基础建构的。当外界客观事物的某种特征量值与生命体的相关特征量值之间存在一定的差异时，才能形成刺激，生命体即通过相应的感知神经元，将相应的刺激提取出来，促使生命体产生相应的反应，进一步地使其大脑神经系统也产生相应的反应。生命是通过其运动状态的变化，形成对相应刺激的“应对”的。

在促使生命的兴奋运动状态发生改变的过程中，欲使生命体感受到刺激的存在，刺激需要达到足够的强度。正是由于相应外界刺激的作用强度足够大、作用时间足够长，才能促使生命体的运动变化程度足够大，才使生命体形成了专门的感知系统。所形成的与这种刺激相适应的组织结构可以专门用于提取相应的作用信息。

生命体所受到的外界刺激，不受生命体主观的影响。外界环境对生命体的作用有强有弱，生命体在刺激作用下的反应，主要表现为“同化”和“顺应”两个过程。在不使生命体遭受伤害的情况下，生命体通过改变其运动状态，适应外界环境。

（二）生命进化对美的状态的选择

1. 美的状态与生命体竞争能力的关系

在我们界定生命体形成与外界环境的协调稳定关系时所处的状态为美的状态时，并不意味着在美的状态下生命体处于安逸舒适的状态，而是处于更具竞争力的状态，是使其能够获得更多的生存与发展资源的状态。

生命体之所以选择美的状态，也是因为其能够保证生命体具有足够高的竞争生存与发展能力。这是在生物进化过程中优胜劣汰自然选择的必然结果。这种美的状态的直接表现，会受到大脑神经系统富有生命体的自主反应模式的固化，尤其是在人认识到美的力量的重要性，更加积极地使其得到更强的主动表现时，人便能够将其作为更好地保证其生存与发展的基本力量，并运用一切的方式使之得到增强。生命体以构成美的状态而形成最强的竞争、生存与发展的能力。

生命体最早是为了获得维持其生存的发展资源，通过构建生命活性本征的最有效率和最有力量的表现，使生命体具有更高的竞争能力。在生命体体验、认识到这种力量的作用时，便开始着重强化这一过程。可以看出，艺术的诞生，就是为了专门“标注”、表现、强化这种（竞争、生成与发展）力量的。伴随着教育的展开，人们又特别构建出了美育这一专门的教育活动，从而有针对性地专门研究美的力量在竞争、生存与发展中的地位、作用和意义，包括研究美的力量的特征，与其他力量特征的关系，表达美的力量的规律等。从而有针对性地加以培养，努力增强人的美的力量。

2. 优胜劣汰促使生命体自然选择更强竞争力的状态

生命体之所以选择美的状态作为其正常的生存状态，是由生命的进化所决定的。正如道金斯明确指出的："伟大的生物学家达尔文所说的'适者生存'，其实就是稳定者生存（survival of the stable）这一宇宙普遍法则的一个特殊情况。整个宇宙为稳定的物质所占据。所谓稳定的物质，是指那些原子的聚合体，它们具有足够的稳定性或普遍性而被人们赋予一个确定的名称。"①

从自然选择的具体过程来看，生命体之所以选择与外界环境的协调稳定状态——美的状态，就是因为生命体在处于美的状态中具有更高的竞争、生存与发展能力，这样能保证生命体获得足够的生存与发展的资源，使其更具有将相应的优势基因传递下去的机会。由于这种机会是通过优胜劣汰的竞争得到的，那么，传递下去的势必就是那些能够使其具有较强竞争能力的"优势基因"。

三、注重在升华中促进各种活性特征的相互作用

升华，对于人而言，指境界和眼界向着美好的方向有了很大的提高。此处的升华主要强调的是人在美的方面向着更加美好的状态的提升。这涉及以下几个方面：一是美感最初产生于感性的快乐；二是美的抽象性升华；三是美的境界性升华。由此，在人的意识作用下，人赋予美学以越来越特殊的地位。天性的生物学特征推动着生命的进化与美的升华，但显然，这种升华只有在意识高度发达的人的身上才能表现得较为突出。

升华在人的内心具有明确的意义：由具体到概括抽象，由个别到一般，由感性到理性，由局部到整体，由局部经验到系统理论，由具体的科学到规律的科学，再到方法的科学，这都意味着升华。升华还意味着将审美作为提升人生境界的方法和途径，由具体的审美到人性的感悟。从基本层面上讲，升华也意味着进化。升华意味着将不同的审美经验联系、汇集、概括、抽象成一个更大的整体动力学过程。先是将其独立特化，然后再将各种具体的情景联系在一起而促进升华。显然，那些被概括联系的诸多信息，可以是当前外界客观信息的直接感觉性信息，人通过联想回忆激活的以往信息，通过想象自组织构建出来的、自主涌现在大脑中的信息。

（一）对表面而简单的感性满足的追求

表面的感性审美是一切审美的基础。但显然，如果只是满足于表面的感性

① 里查德·道金斯．自私的基因［M］．卢允中，张岱云，王兵，译．长春：吉林人民出版社，1999：12．

审美，会将人引向肤浅的境地，从而不利于人类与自然的有机融合，更不利于在更大程度上达成协调关系。在人不自觉地将自己降低到动物层面而只知感性体验时，就失去了深入思考的追求，失去了创新的乐趣，失去了在差异化构建基础上的比较优化和由此而扩展生成的概括抽象，失去了通过生命的进化而形成的强大的意识能力。人失去了对更美追求的力量，不能够在意识层面的运作中，享受到更高境界的美。

马克思从人的生产与动物的生产的区别、人能“再生产整个自然界”的实践观点出发，揭示了“美的规律升华性”：“动物只是按照它所属的那个物种的尺度和需要来进行塑造，而人则懂得按照任何物种的尺度来进行生产，并且随时随地都能用内在固有的尺度来衡量对象；所以，人也按照美的规律来塑造”。①马克思的“美的规律”“两个尺度”的思想，从根本上阐明了：人类通过自由自觉的生产活动，把合目的性与合规律性统一起来，才创造出美来。这种规律指的就是美的升华性规律。

在人尚未真正摆脱其低层次需求的束缚的情况下，基于联系构建的人的高层次乃至更高的追求及由此而带来的全面发展实际上是不可能的。马克思指出：“囿于粗鄙的实际需求的感觉也仅仅具有有限的意义。对于一个挨饿的人来说并不存在食物的人类形式，而只有其作为食物的抽象此在；食物同样也可以以最粗鄙的形式呈现出来，而且不能说这种进食活动与动物的进食活动有何不同。忧心忡忡的、贫穷的人对最美的演出也没有什么感觉；经营矿物的商人只看到矿物的商业价值，而看不到矿物的美和独特性；他没有矿物学的感觉。”②在人的低层次生存需求占据人的主要追求的情况下，即使是人的天性中存在着对美的不断追求的力量，这种力量也不会占据更为重要的地位，将美特化出来的独立力量不能发挥其应有的作用，美也就不能成为日常生活的主要活动和核心力量了。

美的力量保证人的审美不只是基于某一个具体的审美过程。尤其是人能够基于“类存在”的特征，通过将不同情况的美感结合在一起，通过人对自身的反思反馈，促进形成美的升华和人的升华，并由此提升人的品质（品格）。马克思指出，人的全部历史是“为了人并且通过人对人的本质和人的生命、

---

① 马克思．1844 年经济学—哲学手稿［M］．刘丕坤，译．北京：研究出版社，2021：62－83．

② 马克思，恩格斯．马克思恩格斯全集：第四十卷［M］．中共中央马克思恩格斯列宁斯大林著作编译局，译．北京：人民出版社，1982：542．

对象性的人和人的产品的感性的占有”①，这就明确指出了反思将促使人成为审美的人的美的升华的历史进程。

1. 由单一审美向系统审美升华

生命体在与不同的外界环境的相互作用过程中，会将一个完整的美的动力系统分解成若干不同的美的元素，再通过它们的相互作用而组成一个更高的整体。

单一美的元素的兴奋，使人能够体验到单一的审美快乐，而在诸多美的元素同时兴奋时，所产生的审美享受就会更加丰富和深刻。

2. 由具体审美向抽象审美升华

审美起源于具体的审美过程。但生命体，尤其是人能够在意识中将不同的审美过程联系起来，通过使其处于同一个心理时空，进而产生相互作用。因此，我们要促进感性审美向理性审美的升华。

3. 由低层审美向高层审美升华

各种不同的审美过程在人的意识中有效表达时，会通过形成逐步的抽象概括过程，使其联系的范围更广，涉及的因素更具差异性，概括到的过程更多。在这种综合过程中，能够将更加本质的特征揭示并构建出来。我们能够基于单一的美的元素，进一步地促进彼此之间的相互协调，甚至形成一个包容更多局部美的元素的协调稳定的动力系统。

4. 提升共性特征的作用有效推动美的升华

基于生命本质及进化到人时各种意识本征力量模式的兴奋，都将在引导人进入美的状态中发挥作用，或者说，这些活性本征模式的兴奋，构成了生命与外界环境的协调稳定状态。因此，基于任何一种活性本征模式的兴奋，都会成为引导人进入美的状态的基本方式。这也就意味着，任何生命的活性本征，都将可能成为艺术表达的美的“母题”。在以不同的活性本征特征为基础而建立联系时，将必然性地驱使人在更高的境界上推动人的升华。

（1）揭示共性力量

不同的审美过程被关联在一起时，会自然地在建立关系的基础上，将不同审美过程中的共性特征凸显出来，或者说提高了共性模式的可能性和自主性，增强了共性模式在心理过程中的兴奋程度，使其在构建新的意义的过程中具有更为重要的地位。包括具有更多与该模式相关的信息，使与该模式相关的信息

---

① 马克思，恩格斯. 马克思恩格斯全集：第四十二卷［M］. 中共中央马克思恩格斯列宁斯大林著作编译局，译. 北京：人民出版社，1979：123.

的兴奋程度更高等。尤其要基于不同美的范畴，通过建立联系基础上的概括抽象，基于不同审美过程的共性特征，促进美的升华。

（2）以生命活性本征在各种不同审美过程中的共性表达为基础

美的状态就是生命体与外界环境达成协调稳定时的状态。在由与外界环境的不协调达到协调稳定的过程中，生命的各种本征模式固有地发挥作用，并在生命体适应外界环境的过程中，不断地探索生命活性本征最有力和最有效率的状态。在这里，即构建了以生命的活性本征为共性特征，达成共性相关的基本过程，通过生命的活性本征的高兴奋表达，形成更大范围内不同审美过程的协调兴奋关系。

5. 构建一个新的动力学系统

大脑神经系统的自组织过程，会将不同的审美过程联系组织成为一个复杂的动力系统，能够将共性的特征在更高的层次以一种稳定的模式表达出来，能够建立起各种美的元素之间稳定的联系，达成更高层次的协调，能够更加完整地形成美的状态和产生更为强烈的美的享受等。形成了稳定的动力系统，也就意味着，能够将更具概括抽象性的特征明确地反映在生命机体组织的更高层次。这种高层次的基本结构模式，也将作为一个基本的美的元素，成为引导人进入美的状态的基础性元素，成为美的状态的一个基本环节。

（二）基于美的状态下各元素之间协调性的同步升华

1. 基于美的状态下各元素的相互协调形成同步升华

各艺术元素彼此之间将会形成协调稳定的关系，在由某个美的元素构成的升华的过程中，将会根据美的状态中各美的元素之间的协调关系，促进基于更多元素的协调性升华。

在生命体达成与外界环境的协调稳定关系时，基于某个美的元素的共性相关，可以形成以该美的元素为核心的、使有限的美的元素通过协调性相互作用而形成有限的美的状态的高兴奋表达，并通过具体地形成由不协调到协调的关系，使人产生愉悦性审美快乐。此时，受到人的能力有限性的影响，在某个美的元素高兴奋表达的基础上所构建出来的美的状态，其中美的元素的数量是极其有限的。由此所产生的美感也是有限的。这本是生命的基本特征。

2. 以其局部的美的升华性刺激促使人在相关方面达成升华性同步

人会基于当前的状态，在以某些特征作为价值判断标准时，表现出在该价值判断标准指导下的，向着更高境界追求与转化的过程。而生命体作为一个有机整体，尤其是在进入美的状态时，要求各特征、环节彼此之间形成更强的协调稳定关系，这种协调的力量自然会驱使生命体基于当前价值判断标准的高兴奋表达，使生命体基于更多的价值判断标准，而进入与更高境界相对应的美的状态，从而达成对外界环境的更具综合性的整体适应性升华。

四、充分发挥生命的基础性活性本征力量

从复杂性动力学的角度，可以将生命看作是发散与收敛力量相互协调所达成的动态稳定有序的动力系统。从最基本的物理化学的层面来看，生命所表现出来的最基本的过程性的力量是发散力量与收敛力量。在发散与收敛力量具体表达的基础上，不同的物种会在当前的环境中不断地探索发散与收敛力量的不同表现。伴随着生物物种的不断进化，生物结构会越来越复杂，但再复杂的生物过程，仍是以发散力量与收敛力量的恰当表现为基础而具体构成的。当然，在复杂的生物体内，不同的组织器官所表现出来的发散与收敛力量的强度和彼此之间的比值是不相同的。

（一）表达差异化构建的力量引导人进入美的状态

作为生命活性本征的基本力量：发散、收敛及两者之间的牵制力量，在生命的每一个过程中，都会以其相应的兴奋状态发挥作用，在机体内的每一个组织器官中，都以其恰当的表达，进一步地构成组织器官相应的基本力量。

基于当前状态，不断地表达发散性力量特征时，即能够引导生命体基于当前的状态而不断地构建与之有所不同的（各种形式和各种程度）、新颖的、变化性的，甚至是复杂性的特征，并由此而构建出各种不同的意义状态。基于由发散力量所形成的差异化的构建，将会在原来稳定状态的基础上，基于多种不同的出发点，构建出众多的与当前状态有所不同的新的信息（状态）。这也就意味着，仅仅只是表达生命活性本征中的发散力量和以发散力量为基础的“牵制力量”，使该模式处于较高的兴奋表达状态，便能够通过该美的元素的高兴奋表达而使整个美的状态也协调性地处于较高的兴奋表达状态。

（二）引导人构建期望

期望，哲学家们称之为“意向”。意向通过现象学的研究，成为哲学中的一个重要问题。正如克劳斯·黑尔德指出的：“如今在哲学世界中可以观察到，许多地方都在讨论意向性的概念。究其原因，可能首先是因为这个概念在语言分析和认知主义对人类精神特性所做的讨论中扮演了一个核心的角色。”①

① 黑尔德. 世界现象学［M］. 倪梁康，等译. 北京：生活·读书·新知三联书店，2003：74.

当人基于这种具体的构建过程，将当前状态与其所构建出来的新的状态建立起关系，并通过两种状态在相关特征上的不同而形成相应的刺激时，与具体的构建过程结合在一起，便会形成对当前状态和所形成的新的状态的刺激。人会基于这种刺激而体验到进入美的状态的过程和感受。

1. 构建期望

当所构建出来的新的状态与当前状态建立起某种关系，并且将这种关系和结果反映在人的意识中时，即在人的意识中建构出现相应的期望。期望，作为生命基本力量的自然表达，成为生命在与外界环境的相互作用过程中必然处于相应兴奋状态的一种确定的模式。在人意识中被明确地表达出来以后，成为人在清醒状态下基本的过程模式，成为指导人产生恰当的、经常性行为的基本模式。

2. 期望成为引导人进入美的状态的基本模式

期望在人的意识中作为一种稳定性的特征模式存在时，会在人与外界环境的相互作用过程中，始终发挥着基础性的作用。在人形成与外界环境的协调稳定关系的过程中，期望作为一种基本模式，也处于相应的兴奋状态。那么，在生命体进入美的状态后，期望自然也就作为一种基本的元素而成为一个重要的力量。

3. 在诸多可能的期望中选择美好的期望

基于当前状态，在发散力量的作用下构建出众多与当前有所不同的新的状态的过程，是无差异、无方向的构建过程。生命体为了自身的生存与发展，在进化过程中所形成的竞争力量的作用下，必然会在诸多可能的差异化的构建过程中，做出相应的选择：使那些有利于生命的竞争、生存与发展的期望，具有更高的兴奋程度，而选择生命体在当前状态下具有更强的竞争、生存与发展能力的“美好”期望。

（三）在期望的牵制下表达出对美好期望的追求

1. 生命活性本征中的发散力量与收敛力量组成相互牵制的稳定模式

我们将生命体简单地看作是由发散力量与收敛力量相互协调所形成的动态有序稳定的动力系统，这也就意味着，生命体会在每一个时刻，都将以一定的兴奋强度表达发散力量与收敛力量的作用。基于两者协调所构成的动态有序稳定关系，每一个个体中，都会构成发散力量与收敛力量的稳定牵制关系，并基于这种关系，促使生命体在竞争、生存与发展的过程中，构建出与物种相对应的特殊的牵制关系。因此，无论是两种力量中的哪一种先处于较高的兴奋表达状态，都会基于这两种力量的相互牵制关系，同时也使另一种力量处于较高的兴奋表达状态。

2. 表达收敛力量，意味着表现出对稳定状态的追求

生命体一方面会有力地表达基于发散力量而形成的差异化的构建力量，以多种不同的方式探索构建自身更好地对当前环境的适应状态，同时也会在收敛力量的作用下，选择出最恰当的适应策略。正如乔治·威廉斯指出的："有机体可以具有精巧的适应性而同时又具有经过心智设计时不应存在的结构特征。人类的适应性完全凭借盲目的'试和错'的机制而获得这个思想，对于人类本性和人类现状的任何一种真诚的观点，都具有重大的启发作用。"①

3. 引导期望的满足并形成对更美的状态的努力追求

人在差异化构建的优化选择的创造性活动中，不断地构建恰当的期望，并在发散力量与收敛力量的牵制力量作用下，表现出对相关期望的求同，使生命体向着期望所构建出来的状态努力逼近，构建各种与期望状态相关的局部特征，并逐步地完善期望的各种细节，使期望所表达的状态特征具有更强的现实性意义，构建期望的客观存在意义。这种由期望的心理反应出发而形成的构建与期望状态相对应的客观实在的过程，就是对期望的追求。基于期望而形成了与期望相对应的客观存在时，意味着完成了创造。这种新的客观事物，将自然地使人处于与期望相符合的新的、美好的状态。

五、基于艺术所表达的美的升华

我们所熟悉的"艺术基于生活并高于生活"，直接地指出了艺术会将美的境界推向更高。并通过这种差异，对人产生足够强的美的刺激，使人在感受美的快乐的同时，以一种"差异"的方式引导人向着这种状态努力"追求"。

受到体裁的限制，绘画艺术往往以表达单一生命的活性本征的兴奋而引导人产生单一的审美感受，而小说、诗歌、戏剧、舞蹈等，则能够使人产生更加多样的审美感受。显然，这种升华也只有在具有更强能力的人的意识空间才能实现。

（一）艺术以其更美的力量促进人的升华

艺术家以其特有天赋，努力创作出远远超出一般人"所能"的艺术品。

---

① 威廉斯. 谁是造物主：自然界计划和目的新识［M］. 谢德秋，译. 上海：上海科学技术出版社，2008：前言2.

且不说艺术家多么高尚，单单就以其娴熟的技巧而言，其所“制作”出来的作品，也往往在某些方面出类拔萃，甚至超出一般人很多。在人欣赏到艺术家的具体创作时，艺术家会更多地致力构建更美的作品，从而以艺术品的更美的状态引导他人的向往和追求。与常人相比，艺术家往往会有一些突出表现：

一是具有表达生命活性本征的能力和愿望；

二是主动地使自己站在推动人类进步的“制高点”上。艺术家专注于通过艺术的形式表达美的力量——他们才是揭示、表达和强化与人类的进化直接相关的本质力量的人；

三是具有更强的内省反思能力；

四是相信并具有自己能够创造更美的作品的自信心；

五是有着对美的强烈的追求，并且愿意更加强烈地表达对更美状态的追求的力量——M 力；

六是具有更强的优化能力——Y 力；

七是愿意为此付出艰苦的努力和工作，并能够忍受和乐于进行长期艰苦的训练；

八是具有此方面的极大潜能，并能够在成功中体验到更大的乐趣；

九是认为自己能够以此为工具而获得比其他人更多的资源；

十是更擅长于表达自己内心的体验；等等。

（二）明确艺术是美的客观化表达

伴随着人对艺术学科的越来越多的研究，艺术学在更大程度上表现出了与美学逐渐脱离的趋势。通过艺术而实施美育，是当前的一个最基本的方法，也是我国目前开展美育的主流方法。这又需要我们能够把握艺术、美学、美育之间的本质性联系，探索美学、艺术、美育的“运动变化规律”，构建运用艺术实施美育的最佳途径，更好地实现美育目标。

艺术学与美学的渐行渐远，说明了艺术的初衷：为了强化对使生命体具有更强的竞争、生存与发展能力的相关特征、行为模式和力量的表达。从艺术形成及其发展的历史来看，艺术首先引导人将注意力集中到对于生命个体之间的竞争、生存与发展能力影响最大的力量、特征和活动模式上。生命会在每一种特征的作用过程中，以优胜劣汰的方式进行自然选择。任何一种特征的增强与弱化，都是自然选择的结果。正如乔治·威廉斯曾指出：“对于有机体的每一属性，方案的执行者都会提出这样的问题：它是如何与生物体求生和传递其基因的努力关联起来的。”①

可以认为，无论是人的直立行走，在旧石器时代对“合适”工具的选择，还是新石器时代，对生命个体的生存与发展有利因素的有意识、有针对性地“制造”，无论是增强力量、减少伤害，甚至是便于使用操作等，都会受到自然选择优化性的影响。生命体总在差异化构建基础上优化选择，探索最佳的应对策略，构建最为恰当的行为模式。由此而生成的美的力量，伴随着人类进化的整个过程。尤其是在前后肢功能的分化、前肢功能的复杂化及由此而形成的与其大脑神经系统更为复杂的相互作用的过程中，伴随着适宜的生活环境的选择（有山、有水、有食物，也有高大的树木），温暖安静的住所构建，乃至在意识发达到一定程度时在更高程度上创造出新的“产品”，都可以看作是美的力量作用的具体结果。

美的力量在意识中反映，使人能够独立地认识到这种力量对于生命的竞争、生存与发展过程中的重要作用，于是，当具有足够的闲暇时间时，古人类便开始进行专门表达，并通过有意识地专门提醒、记忆、教育的方式，对其展开专门培养。作为一种竞争力强、资源丰富、生存能力强、生活条件好的优势的直接展示，后来就被转化成为主动提升生命竞争、生存与发展能力的间接表达的“行业”。通过进一步的特化，尤其是由此而生成了一批专门从事这项活动的所谓艺术家时，便形成了特有的艺术表现形式和体裁。

从艺术史的角度可以看出，艺术品是用于表达特殊的场景下生命体具有何种更强的竞争、生成与发展能力的。因为这些活动能够获得足够的资源，所以人们才开始对其进行专门描述。这一点可以在奈杰尔·斯皮维的著作《艺术创世记》中得到广泛证明。②

六、专门强化升华的力量

（一）突显升华的力量

升华，表达着达成某种境界的更高的状态（过程和结果）。对于生命体来讲，更为重要的还是升华的具体过程。具有生命力的机体组织，会将这种过程性特征也变为一种稳定的结构性特征，通过表达这种具体的过程，使之成为与达到更高境界的美的状态具有紧密关系的刺激，从而在人达到美的状态时，产

---

①　威廉斯. 谁是造物主：自然界计划和目的新识［M］. 谢德秋，译. 上海：上海科学技术出版社，2008：前言2.

②　奈杰尔·斯皮维. 艺术创世记［M］. 盛夏，译. 北京：中信出版社，2019.

生相应的美感体验。在人认识到升华的特征意义及其作用时，便会将其作为一种独立的特征展开研究，甚至主动强化，使之成为引导人达成更高程度的与当前环境协调稳定的美的状态的基本力量。而这便是美育所尤其强调的。

（二）专门强化美的升华

虽然升华作为人的本能会持续不断地发挥作用，但在艺术表达个性化的今天，则需要在这个方面做进一步引导。随着“后现代”的到来，人们开始重视这种个性化的、短暂的、局部的、感性的、表面的信息意义，只是肤浅地满足于生命活性本征的感性表达。而碎片化的堆积使人在更大程度上只满足于表面的、短暂的、局部的、单一的、感性的新奇性满足。这就需要在美的艺术表达过程中，既从美学体系的角度，关注各种活性本征的艺术表达的“合法性”“合理性”，感性而具体地感受相应的审美的愉悦性快乐，同时更要关注目前以艺术审美为名展开美育时所忽略的理性（概括抽象）以及基于人的社会性本能所产生的美的境界的升华，基于美的状态中各美的元素的协调性要求，基于美的整体协调反应，共同协调美的状态中的本能元素、意识元素（概括抽象）、社会性本能元素，在美的状态的综合性反应中，有效促进美的升华。

（三）基于升华的具体过程而使人产生审美升华的快乐

基于具体的升华过程，人会达到一个更高的境界。由于此过程能够与生命基本层面的活性本征达成共性相关关系，也就能够引导人表现出与美的状态在根本上“共鸣”的关系，使人产生强烈而深刻的审美体验。与此同时，人还会基于达成更高境界的快乐的强化作用，引导人更乐于展开这种美的升华过程，驱使人努力地成为一个高尚的人。

（四）强化表达“我的（MY）力量”促进美的升华

1. 表达向更美转化的力量

美学、艺术和美育都更加强调人对更美状态的追求，在突出强调对更美追求的力量模式的同时，强化这种共性的基本模式，各种不同的审美过程和美育过程，也使这种模式得到进一步增强，诸如其自主涌现力量、在各种过程中的兴奋程度等。这将使我们在对更美状态的追求过程中，通过将更多的美的判断标准汇集在一起，形成更高层次的概括。

2. 通过 M 力表达出对更美、更高境界的追求

人的所有的活动都是在构建基本的生命活性本征恰当表达的过程中生成的。因此，生命的活性本征模式成为所有活动的共性模式。伴随着生命长时间

的进化选择，这种优胜劣汰的外在过程，会转化成为生命体内自然表现出来的基本力量。生命体便会在有意无意之间，凸显在涉及竞争力方面的更强表现。而且，生命体在相互竞争过程中，以这种竞争的过程为基础，在自然地表达发散力量的过程中，会使这种竞争的力量得到进一步增强。生命会由此而生成对更美状态追求的力量——M 力。

3. 表达优化的力量促进美的升华

生物进化过程中的“优胜劣汰”的自然选择原则，指出了我们称之为“差异化构建基础上的优化选择”——创造。在诸多可能的模式中，将最具竞争、生存与发展能力的个体模式选择出来，这本身就可以看作是在众多可能的模式中的升华。从创造学的角度来看，生命体就是不断地表达创造力，努力地探索和构建对外界环境的最佳适应关系。

美与艺术的核心就是在强调优化的力量，使该模式能够在各种过程中更加自如地表达。优化的本能能够保证人在意识的作用下，完成在单一指标指导下的优化过程，也能够引导人完成多种不同美的标准指导下的优化过程。

显然，在各种过程中，共性地表达优化的本质性力量，只是表达该优化模式本身的作用，更容易使我们摆脱功利性的影响，也能够将人的注意力集中到建构美的方向上。

4. “我的（MY）力量”本身就是优化升华

作为生命本能力量的 M 力和 Y 力，在生命的生存与发展过程中，始终发挥着关键性的作用。如果我们将其合在一起，称其为“我的（MY）力量”，将具有更加深刻的含义：表达“我的（MY）力量”，即表达生命的更本质性的力量。

在美育过程中，我们更应该强化综合性力量模式——“我的（MY）力量”，在将其独立特化出来的同时，切实提高这种力量的自主涌现性；在各种不同的艺术创作过程中，寻找“我的（MY）力量”的表达形式和现象痕迹，通过共性相关，使“我的（MY）力量”得到进一步提升；引导人在艺术欣赏的同时，更加深切地体会到“我的（MY）力量”的作用，从而更加自觉地表达“我的（MY）力量”。

在表达“我的（MY）力量”时，人们自然地会感受到美的境界的升华，和在具体过程中持续不断地优化。根据“我的（MY）力量”作用的效果，“我的（MY）力量”与优化的内在本质性关系，“我的（MY）力量”在美的状态中的核心地位，我们有理由相信，只有在一个过程和结果中使人明确地认识到了“我的（MY）力量”的作用与地位，那么，相关的过程就是在促进相应特征的升华。

七、基于群体的相互作用使社会性特征成为人升华的重要力量

基于生命与外界环境通过相互作用所达成的协调稳定的美的状态的过程，生命的各种活性本征都以其恰当的兴奋表达在其中发挥着重要的作用。但作为一个人，更为重要的还在于应该表达出综合各种美的本能表达的基础上的相互作用——升华后的美的特征，并基于这种相互作用，形成一个新的美的整体。在此，基于人与人之间的相互作用与相互合作而生成的社会性本能，就应该成为美育的基本着力点。

（一）促进社会性本能在人的境界升华中的作用

从生命体与外界环境所达成的协调稳定状态的角度来看，各种活性本征的恰当表达，都是以生命体与外界环境达成协调稳定为基础而具体展开的。进化到今天的人，既有物理学、化学意义上的活性本征，也存在生物学意义上的活性本征、生理学意义上的活性本征（以情感表现为基础的活性本征），更是存在人所特有的意识性活性本征，以及在人与人之间的相互交流与合作基础上的活性本征。由于人的社会活动越来越多，因此，社会性本能将在美的状态及美的升华中发挥更为重要的作用。

1. 社会道德转化成为影响进化的基本因素

人要想在一个社会群体中得到更好的生存、发展，获得更强的竞争力量，就必然受到社会道德力量的制约。遵循社会道德的代价就是能够获得更强的竞争、生存与发展能力。

这种影响过程的长时间进行（可能需要长达几万年的时间），基于进化，就有可能会将这种促进生命体的竞争、生存与发展的力量提升的模式固化成为影响生命个体的遗传因素。这也就意味着，这种社会性的道德力量，已经转化成为能够通过遗传的方式保留下来的生命的本质力量。社会道德的力量已经强大到足以影响到生物遗传的程度。社会性本能也随之而转化成为人的基本性的活性本征模式。显然，在人达成与外界环境的协调稳定关系时，这种力量也必然地发挥着一定强度的兴奋作用，成为美的状态中的基本元素。

2. 由美的升华到用艺术表达社会道德

伴随着美的升华，人会将社会道德标准自然地纳入美的判别标准中。尤其在一些特定的情况下，人们更愿意创作和欣赏这种以社会道德力量为标准而形

成的艺术作品，赋予其更高的价值，并通过对这种社会道德力量的追求而使人体会到更加强烈的审美感受。

人在由个人对美的协调性追求，升华到以人的社会性本能为基础的高境界表达时，即意味着不再以自己单一的美的感受为基础，转而会将更多人的美的状态、感受和利益放到首位。这就转化升华为人惯常会歌颂的美德。在将广大人民群众的利益放在自己利益之前时，即意味着人的品位和境界得到了升华。在此过程中，由于人能够基于人的社会性本能而展开追求，也就意味着审美得到了升华。

3. 强调艺术对人类社会进步的意义

更多地选择上述这类艺术品，形成对此类艺术表达主题的崇尚与追求，树立一个更加完美的榜样，从而引导人的追求，引导学生的注意力集中到这个方面，引导学生在不同的艺术体裁的基础上，构建彼此之间的共性模式，通过概括与抽象的过程，运用洞察的力量，促进美的升华。显然，在日常审美生活化的今天，更需要美的升华。

（二）美育应专门强化美的升华

1. 重视强化美的升华

（1）将其视为美育的重要工作

在认识到美的升华对于人类社会进步与发展的重要性，认识到这不是一项可有可无的工作，而是一项重要的、不可或缺的工作时，人的主观意识就会将其固化成为一个独立的环节、模式、特征，并采取专门的措施，使之得到有效的提升。这项工作本身就是一项高尚的工作。

（2）将美的升华作为一项独立的工作

这就需要在美育过程中，着力研究升华的意义与作用，研究升华的特征、动力，研究升华的基本过程和规律，研究在不同的情况下具体的升华模式，以期达到对规律随心所欲地运用的状态。

在专门强化、主动强化、独立强化的基础上，建立美的升华与各种具体过程的有机联系，在各种过程中构建美的升华模式，探索和构建最好的促进人的境界提升的方法。

（3）包容多样性

包容多样性须充分认识到各种艺术体裁与形式的存在合理性。认识到，即便是我们不能从当前的艺术作品中寻找和挖掘出艺术家想要表达的生命的意义，单单从各种生命活性本征通过协调性的兴奋表达而组成美的状态的角度，也足以使人看到美的升华的本质性力量。包容，并不意味着鼓励。但包容却可以促使人在一个更高的层面，通过建立一个更加本质坚实的基础，全面理解美的艺术表达的规律性。显然，美的状态由生命的各种活性本征的恰当兴奋组成。那么，也就意味着任何一种生命的活性本征，都可以作为艺术表达的主题。在引导生命体由不协调达到协调的过程中，各种相关因素的存在、意义及其高兴奋表达，也意味着能够通过这种关联性而使美的状态处于高兴奋表达状态，那么，这些相关的因素，也就可以自然、合理合法地成为艺术表达的主题了。

2. 鼓励和促进美的升华

无论是直接还是间接，无论是从物质文明的角度，还是从精神文明的角度，都需要采取恰当有效的专门性方法，促进美向更高层次升华。这样升华能够更加具体有效，也能够使人在生成大量丰富、具体而熟悉的信息的基础上，使美的升华更加坚实。由上而下的具体化，也可以看作是一种升华：将抽象的概念体系转化成为描述实际过程的具体表达，使美的升华更加灵活多变。

3. 采取措施促进美的升华

（1）将不同的艺术品放在一起

在更多有差异性的艺术鉴赏过程中提高人的审美能力，只有看得多，将更多不同风格、体裁、范畴的艺术品放在一起加以对比时，才能在比较和综合的基础上，引导人在更大的神经动力学系统中，形成一种高层次的概括抽象与升华。

（2）强化比较的力量

即使是不同的艺术表现手法，我们也力图从比较的角度选择出好与坏。比较，直接决定了下一步的优化选择。生命体也总是在多种可能的行为模式中，通过比较而选择出竞争、生存与发展能力更强的行为模式。这本身就是升华。

（3）运用概括抽象的力量促进美的升华

在强化人的概括抽象能力的同时，引导人运用概括抽象的方法，并基于不同的艺术表现手法，生成将其组织在一起的过程和方法。显然，我们可以在建立与其他各种模式的关系中促进升华。美的升华是在建立当前模式与各种不同模式之间关系的基础上的概括与升华。诸如，将美与丑恶相结合，将喜剧与悲剧相结合等。人在这种矛盾的状态下，能够在更高的层面把握不同模式之间的更加本质的关系结构，从而将各种不同的模式联系统摄在一起。

通过概括更多人、更多民族的美的升华，涉及多个审美范畴，综合联系多个审美情感，促使其形成完整的美的系统，升华到全人类的美。美育在于升华人的心灵，而不是简单地净化人的心灵，是使自私的行为在一个人的行为中所占的比例越来越少，能够在更大程度上考虑到他人，更多地考虑到社会的作用，更多地考虑大众的利益等，甚至达到使人感受到崇高的地步。通过带来更大的差异，更加有效地促进社会的进步与发展。在这种情况下，美就具有了更多的政治意义。从群体生命活性的角度来看，则需要维持更多的共性特征，减少差异性信息在群体意志中的作用和地位。

（三）促进美由欣赏升华到创造

人的创造性本能，会与其他活性本征模式的表达一起组成一个完整而和谐的美的状态。能够引导人在突出美的状态的过程中，更加有效地表达人的创造力，从而创作出更多的创造性成果。创造本身就是一种应对各种复杂环境时，为适应外界环境而采取的基本方略。对美的追求主要表现为创造出更加美好的生活。

欣赏，可以看作是一种被动性的美的升华。它的影响范围可能仅仅是处于艺术欣赏的个人和此时。但当我们将对美的被动欣赏，转化为对美的主动创造时，将会产生更大的影响。这种转化本身，也就意味着将美的力量更为明确地传递给他人。

（四）提升人生境界与“大美育”

引导人努力追求更美、更高的境界，是中国美学特有的发展向度，是由中国传统思维模式所决定的。我们不再单一地考虑基于某个特征的单一的审美过程，而是将诸多不同的美的元素综合性地统一在一起。本来，生命体与外界环境所形成的美的状态就是一个有机协调的统一体。在这种协调过程中，并不单一地表达某种优化的力量，而是基于美的状态的整体性兴奋表达，基于美的状态本身所特有的向着更美状态的追求和优化的力量，从“大美育”的角度，着力促进人生境界的不断升华。

由此我们可以看出，基于生命体形成与外界环境协调稳定关系的美的状态，可以自然地将美学与美育结合起来。

以媒介美育为着力点建设历史主动精神的三重逻辑

正德职业技术学院 孟 馨

摘　要　建设历史主动精神是新时代高校美育的战略性工作，其要义体现在要有真正的历史清醒、高度的历史自信、强烈的历史担当。社会媒介化转型加速了传统审美方式的转变，作为“人的自我建构——社会文化建构”即人参与社会的中介，媒介美育成为媒介演进重构的审美谱系，立足于互联网“多元、交互、关联”的媒介化语境。基于分析媒介美育的历史逻辑、理论逻辑、实践逻辑，论证高校美育通过“数字化赋能”为建设历史主动精神提供新动能和新活力，在多维审美体验中，提高青年大学生的政治自觉、伦理自觉、审美自觉，激励新时代青年踔厉奋发、勇毅前行，续写马克思主义中国化的时代新篇章。

关键词　媒介化；媒介素养；媒介美育；审美文化；历史自觉和主动精神

历史主动精神激励了一代代中国共产党人带领中国人民站起来、富起来、强起来，在各个时代绽放光芒，生动体现了中国共产党在百年奋斗中真正的历史清醒、高度的历史自信、强烈的历史担当。在全党全国各族人民迈上全面建设社会主义现代化国家新征程、向第二个百年奋斗目标进军的关键时刻，如何激发广大青年在中国共产党的坚强领导下，自觉以党的科学理论武装头脑、自觉以党的初心使命深化唯物史观素养，以更加强烈的历史自觉和主动精神，续写马克思主义中国化的时代新篇章，具有重要的时代价值和现实意义。

坚定历史自信，增强历史主动精神是新时代高校育人的战略性工作，为坚定有力地回答好“为谁培养人、培养什么人、怎样培养人”指明方向。新时期多元文化交流、交融、交锋，青年学生所必备的媒介素养与社会发展之间的

项目信息：2022 年度江苏省教育厅高校哲学社会科学研究基金项目：红色音乐文化融入高校党史教育研究（项目编号：2022JSYB0910）；江苏省社科应用精品工程高校思想政治教育专项：新时代美育融入高校思想政治教育理路研究（项目编号：23SZC－104）。

矛盾日益凸显。[①]在互联网“多元、交互、关联”的文化氛围中，高校美育工作紧扣时代脉搏，因时而化、因时而进、因势而新，以习近平新时代中国特色社会主义思想为指导，与党和人民同心同德，与推进素质教育的要求同向同行，与学生全面发展的迫切要求同频共振。

2018年，习近平总书记在给中央美术学院8位老教授的回信中强调：“做好美育工作，要坚持立德树人，扎根时代生活，遵循美育特点，弘扬中华美育精神，让祖国青年一代身心都健康成长。”回信突出了立德树人的总目标，指出遵循美育特点的方法论，成为新时代学校做好美育工作的行动指南。媒介美育以马克思主义人学思想为基础，以“人的全面发展”为最高目的。在媒体融合背景下，利用互联网时代媒介环境生成的内外逻辑机制，打破传统的二元对立媒介审美意识，培养多元而又符合“人的媒介社会关系”调和发展的审美趣味，建构具有高校育人特色“主体间性论”媒介美育机制。[②]媒介美育为提高青年大学生的政治自觉、伦理自觉、审美自觉提供了新机遇。

一、历史逻辑：媒介数字技术迭代演进推进媒介美育成为建设历史自觉和主动精神着力点

人类审美文化在媒介信息技术革新中变化发展，共经历了口语传播审美文化、文字印刷审美文化、电子媒介审美文化三个阶段。“媒介即讯息”，移动互联网的发展推动了网络信息技术的进步。通信网络的全覆盖让中国拥有世界上最为庞大的网民群体。2022年8月，中国互联网络信息中心在京发布第50次《中国互联网络发展状况统计报告》（以下简称《报告》）。《报告》显示截至2022年6月，我国网民规模为10.51亿，互联网普及率达74.4%。网民使用手机上网的比例达99.6%[③]，相对于最初移动通信终端，手机成为联通现实与虚拟世界的媒介——正如传播学者麦克卢汉所说“媒介即人的延伸”，电子媒介成为人的大脑中枢神经的延伸。

互联网时代，网络媒介技术的普及从根本上改变了媒介文化的传播方式，“数字化”渗透在人们生活的方方面面，从网购到文化娱乐消费，从微博、微

---

① 孟馨．中国化马克思主义话语体系在高职院校传播现状调查分析：以正德职业技术学院为例［J］．科教文汇（下旬刊），2019（21）：40－41．

② 霍美辰．媒介美育通论［M］．北京：中国社会科学出版社，2018．

③ 王思北．“数字”点亮美好生活：透视第50次《中国互联网络发展状况统计报告》［EB/OL］．(2022－08－31)［2024－08－10］．https://www.gov.cn/xinwen/2022-08/31/content_5707608.htm．

信等社交媒体到快手、抖音等用户参与内容生产的自媒体平台。《报告》显示，短视频的用户规模增长最为明显，达9.62亿，较2021年12月增长2 805万，占网民整体人数的91.5%。网络环境给媒介亚文化的生产、传播和共享提供了“普泛化”“即时性”的工具和平台。作为以二次元为底色的青年亚文化的典型媒介，哔哩哔哩于2009年成立，是青年人创作和分享动画、漫画和游戏的网络平台，出现发弹幕、表情包等带有社交性、圈层性的网络现象。2022年一季度月均活跃用户同比增长31%，达2.94亿。“网络原住民”与互联网同成长，共同形成了用户作为生产者、消费者、粉丝的青年文化生态。其用户作为移动互联网、二次元文化的主体，思想表达具有独特性、自主性。综上，正如社会学家曼纽尔·卡斯特所言：“世界上核心的经济、社会、政治和文化正在被因特网和其他计算机网络重组。”①“数字化”媒介技术的迭代，深刻影响着人们的生活方式，甚至建构着民主、文化与意识形态。

文化与社会的变化日益加剧，文化与社会逐渐依赖媒介而凸显出了媒介化特点——媒介渗透在文化和社会实践的各个层面。“媒介化生存”即媒介对物质和精神环境的渗透无孔不入，其时刻影响着人的感知模式、思维方式、行为方式。李普曼提出的“拟态环境”意为人们实际生活在传播媒介对现实生活的选择和加工中，现实环境在媒介的迭代中“拟态化”愈演愈烈，在这样的社会文化逻辑语境中，高校美育育人机制基于审美文化视角，即时应对“保护主义范式”的“主体性”审美观教育已无法应对复杂的现实问题，探索在数字技术迭代演进中重构社会审美谱系的媒介美育实践势在必行。

习近平总书记在党的二十大报告中强调，要建设具有强大凝聚力和引领力的社会主义意识形态，牢牢掌握党对意识形态工作领导权，巩固壮大奋进新时代的主流思想舆论，加强全媒体传播体系建设，推动形成良好网络生态。青年是国家的未来和希望，赢得青年才能赢得未来，高校作为意识形态教育主阵地，在互联网和数字信息技术的快速发展中，应立足于媒介美育，把握数字化教育规律，培育“保持历史清醒、坚定历史自信、强化历史担当”的当代大学生。同时，弘扬以伟大建党精神为源头的中国共产党人精神谱系，深入开展社会主义核心价值观宣传教育，深化爱国主义、集体主义、社会主义教育，着力培养担当民族复兴大任的时代新人，研究如何以媒介美育为着力点培养出具备历史主动精神的时代人才成为历史之必然。

---

① 曼纽尔·卡斯特. 网络星河：对互联网、商业和社会的反思［M］. 郑波，武炜，译. 北京：社会科学文献出版社，2007：3.

二、理论逻辑：美在间性，媒介美育超越保护主义范式

（一）“媒介化生存”与历史主动精神的内涵与外延

1. 批判与理解并重、解构与建构同在的审美意识教育

美育是素质教育观和人的全面发展观的实践阐释。作为感性教育，美育以审美经验为基础，“主要培养敏锐深刻的感知、体验、想象、直觉能力，并提升审美意识”①。审美教育的理念、内涵、方法“因势而新”，何谓“新”？第一，伴随媒介技术更迭因时而化；第二，推进个体审美经验因时而进。

人的审美经验在不同时代随媒介技术的革新，其内涵和实践也必然呈现新特征。自20世纪40年代数字电子计算机问世，数码文化在经历大型计算机、个人计算机、互联网三个历史阶段后，在21世纪进入移动互联时代。在互联网的技术特性、使用普及率及其影响下，人的媒介化生存呈现出时代特点。

审美观作为一个人总体的审美价值观念和指导思想，作为在审美趣味教育和审美意识教育基础上的哲理性升华，必然在互联网的媒介环境变迁中发生重大变革。在打破了“二元对立”的媒介审美态度的同时，“主体性美学”在当下的媒介语境中已举步维艰。在“多元、交互、关联”的总体文化氛围中，“主体间性”思想为我们探寻超越保护主义范式的审美教育找到了认识论、实践论和本体论的突破口。

互联网时代，媒介文化的传播方式在媒介技术的普及中发生根本改变。在空间维度，网络环境产生、传播、共享的媒介亚文化具有“普泛化”“即时性”等特点。微信、抖音、微博、小红书等媒介以新的手段和技术丰富了受众自我表达的途径。以虚拟现实文化、恶搞文化、黑客文化、自拍文化、搜索文化、Cosplay文化为代表的多元媒介文化，活跃于整个互联网时代的社会文化语境中。

媒介美育以马克思主义人学思想为哲学基础，以人的全面发展为最高目的，研究问题锁定在探讨超越保护主义范式的媒介美育理念内涵与实践路径。作为人的社会生活的一部分，媒介活动必然受到外在的社会发展背景以及内在的媒介新技术发展的共同制约。保护主义范式时期，媒介美育审美观的培育是围绕着“主体性美学”建立的，它不仅把“自我”作为理论认识的中心，而且把它作为媒介社会活动和媒介关系的中心，带有明显的人类中心论、自我中

---

① 杜卫．美育三义［J］．文艺研究，2016（11）：9－21．

心论及“占有性”的内涵。社会文化逻辑语境中，保护主义范式的“主体性”审美教育已经无法应对复杂的现实问题，开始呈现理论的颓势。互联网内部的技术变革正在重新整合着人的媒介活动，“交互性、超文本性、超媒体性、虚拟现实性”彻底改变了人们“传受二分”的媒介角色身份，这也从内部转变了美育过程“教与学”的逻辑机制。保护主义范式时期对媒介文化的单纯排斥与指控已失去意义。互联网媒介文化发展已经削弱了传统媒介镜像下和主流意识形态化话语中关于媒介文化“妖魔化”的叙述。

互联网媒介文化更大程度上是通过新媒介技术而自我界定、自我指涉，并直接呈现的，从而具有更多属于媒介文化主体的言说权利。媒介文化不再以对立面的形式，补充社会主导文化、精英文化，它深刻地反映主流社会、主流群体、主流文化和主流意识形态，“互存共赢”是未来媒介文化的生存空间。保护主义范式时期二元对立的审美意识，以及通过彻底批判来培养审美意识的教育途径也亟须理论和实践的调整与修正。

聚焦互联网时代媒介技术的发展，论证大众媒介审美文化的多元性及亚文化的价值，以此破除保护主义范式二元对立的媒介审美意识。同时，超越保护主义范式的媒介审美意识是生成于受众对大众媒介文化的接纳与包容基础之上的。因此要制定有调和度的审美意识培养策略，通过培养受众“带有反思精神的鉴赏”来发展媒介审美意识。

网络媒介技术逻辑在审美趣味上强调个体的独特性与文化的多元并蓄，审美趣味同时作为社会群体的观念意识，也有一定的审美取向共性。审美趣味的养成与培养既受到特定社会生活条件和对象审美特性的制约，又受到人的审美观、价值观、人生观、文化艺术素养及社会习俗、时代风尚的影响。审美趣味存在“消费化、娱乐化、低俗化、道德非理智化”四方面突出的问题，“人与自我”“人与媒介技术”“人与他人”之间的三层社会关系出现断裂与失衡。

2. 培养人的媒介社会关系的全面发展

审美意识的产生，首先源自对客体审美意义的态度和价值判断，只有在主体发现并认可了客体的审美属性和价值，主体的审美意识才会产生。

习近平总书记在党的二十大报告中指出，现阶段，我国社会主要矛盾是人民日益增长的美好生活需要和不平衡不充分的发展之间的矛盾。在网络文化和网络技术的蓬勃发展中，新时代美育工作应紧紧围绕这个社会主要矛盾，不断打破传统美育的壁垒。

人类文明新形态的发展产生文化的新创造。新技术作为主要的创新成果，其发明、普及与应用逐渐改变着大众传播方式。“必须坚持在发展中保障和改善民生，鼓励共同奋斗创造美好生活，不断实现人民对美好生活的向往”，作为精神文明建设的重要组成部分，审美教育是一项重要的民生工程。对美好生活的向往也能被解读为人民在人类文明新形态中感受美、欣赏美、表达美。在全面建设社会主义现代化国家，立足于百年变局的时代背景下，应充分基于辩证唯物主义，利用媒介美育融中华优秀传统文化于科技创新创造，弘扬伟大建党精神，全面推进中华民族伟大复兴。

高校美育是立德树人的重要载体。以美育人的时代意义是以审美教育培根铸魂。媒介美育应遵循教育现代化要求，在审美目标和方法手段上融入中国智慧，体现中国方案，传播中国力量。作为实施美育的主阵地，公共艺术课程教师应紧扣学生成长需求和期待，探索更符合审美心理期待的数字化媒介美育，提升思想自觉、政治自觉、行动自觉，为实现中华民族伟大复兴的中国梦提供强大的价值引导力、文化凝聚力、精神推动力。

（二）媒介美育的时代特征

从学科角度界定，媒介美育属于媒介教育范畴，同时具有传播学、艺术学、美学等学科交叉特点。学者霍美辰在《媒介美育通论》中认为媒介美育基于美学解读媒介教育，作为教育中介的媒介，在应用媒介、分析媒介、评价媒介中搭建受众对媒介信息的审美知识框架，掌握美学分析技巧、审美批判反思能力及自我审美发展能力，是一种综合人文教育。①

审美在文明的演进中发展，审美文化在媒介信息技术革命中变迁。媒介审美从用口语、印刷文字传播审美文化，发展为以电子媒介传播审美文化。经历了口语审美文化的文艺接受模式，书面印刷文化的“静观”审美，新时代最本质的特征就是世界变成了图像……我们将世界理解为我们可以看到的东西。② 由此可见，数字化审美表现为受众的视觉文化图像、直接性视听，注重审美感官刺激唤醒审美心理的“消遣式”接受。本雅明认为，静观式审美的主要特点是审美主体沉浸到作品中，凝神专注，消遣式则“超然于艺术作品而沉浸在自我中”。

怀特海在《教育的目的》一书中曾指出：“我们要造就的是既有文化又掌握专门知识的人才。专业知识为他们奠定起步的基础，而文化则像哲学和艺术一样

① 霍美辰．媒介美育通论［M］．北京：中国社会科学出版社，2018.

② 吴靖．文化现代性的视觉表达：观看、凝视与对视［M］．北京：北京大学出版社，2012.

将他们引向深奥高远之境。”①媒介美育以社会化、艺术化、科技化媒介信息为载体，以价值观引领为核心，文化内容在大众传播媒介中呈现审美教育特点。媒介美育打破了学校美育、家庭美育、社会美育的边界，实现了全员、全方位、全过程的审美教育，数字化赋能呈现了由信息技术构建的沉浸式的、情境化的审美体验。

三、实践逻辑：守正创新，立足唯物史观，超越保护主义范式

电子媒介开启了教育信息化新时代——媒介融合从最初传统媒体与互联网物理相加至与万物互联的全媒体，再发展至基于算法赋能的智能化媒体，突破各单一媒体间的壁垒、消弭传统媒体与新兴媒体界限。“元媒介”时代，教育信息化以互联网联结了全球海量信息资源库，体现一对多、多对多的教育交互，形成了全新的教育形式。

媒介美育是媒介素养教育的重要组成部分。它打破了强调文化防御、政治防御、道德防御，具有“主体性美学”审美价值观特征的保护主义范式藩篱，它以符号学理论为基础批判培育受众与媒介二元对立的审美价值观教育，以及借助单极化的灌输式教育强化对受众的精英式审美趣味的教育。学者们认为，媒介素养教育包括对媒介的认知、理解和应用，学会、掌握、有效使用媒介表达自己的思想。在数字化“融合媒介”语境中，体现了“移动、虚拟、交互”传播特点，以美育为期待的媒介素养旨在内化审美思维，升华审美理想，外化为感受美、欣赏美、创造美的能力，以期达成自我教育。

历史是最好的教科书，唯物史观是共产党人认识把握历史的根本方法。悉党史方可明理、增信、崇德、力行。现阶段，党史教育呈现灌输式特点，主要以思政课程讲授党的基本原理、历史事件，内容理论性强。青年学生在传统的党史学习中效率较低，对时事政治关注不够，未能全面激发历史自觉和主动精神。加之现今信息化高速发展，网络族群化在数字化技术发展中产生，是最新的审美形态。人们在移动互联网中寻找符合自身审美趣味的数字化生活方式，网络族群具有共同审美倾向特点。传统灌输式教育不再适用于当代的党史教育。为培养社会主义合格的建设者和接班人，须强化青年学生对马克思主义中国化最新成果的认同感，媒介美育为传播习近平新时代中国特色社会主义思想提供了方法论。

---

① 怀特海. 教育的目的［M］. 徐汝舟，译. 北京：生活·读书·新知三联书店，2002：1.

（一）以人为本的审美自觉基于新媒介技术发展的历史必然

保护主义范式时期，媒介美育审美观围绕“主体性美学”建立，以自我为理论认识中心，且为媒介社会活动和媒介关系的中心，呈现人类、自我中心论特点。媒介美育立足于“主体间性论”的社会文化逻辑①、新媒介技术逻辑，交互性、超文本性、超媒体性、虚拟现实性彻底改变了人们传播者、受众二分媒介角色身份，亦改变美育过程“教—学”的逻辑机制。

审美意识的产生和发展，源于保护主义范式时期大众传播媒介承载、传播、表达的大众媒介文化，区别于“官方文化”或“主导文化”为代表的国家和民族主流意识形态、不同于“精英文化”或“高雅文化”这种代表着知识精英文化的立场。大众媒介文化被定义为“通俗文化”——大众媒介传播被大多数普通人所接纳。在前互联网时代，媒介教育将大众媒介文化贴上“商品化”“流行文化”标签，此时大众媒介文化中的“边缘化”“不和谐”属性，以及个性化的审美意识，则以批判“道德恐慌、文化断裂、社会失序”进行自我反思而得以呈现。

数字技术的发展，呈现了媒介化生存的特点。网络媒介技术的普及在根本上改变了媒介文化的传播方式。例如，空间维度，媒介亚文化的生产、传播、共享在网络平台具有“普泛化”“即时性”的特点。具体表现在以腾讯 QQ、微信等在线聊天工具，即时表达个人话语，以及微视、微信视频号、哔哩哔哩、抖音、小红书等自媒体平台，以视频、直播为手段，在网络虚拟环境极大地丰富了受众的自我表达载体，大数据分析呈现“流量效应”，“热搜”成为主流关注。2021 年，新浪微博官方数据显示，2021 年以来，“热搜”中的“社会热点”逐渐取代“明星轶事”，据统计，“两会”词条上榜 393 次，“高考”词条上榜 446 次，等等，2021 年上半年，社会热点在“热搜”的占比从 31% 提升至 36%，垂直热点占比从 35% 提升至 38%。同年 6 月，社会时事“热搜”占比 36%，高出娱乐领域“热搜”10%。由此可见，新浪微博用户对社会热点和垂直领域热点的关注度持续上升，多元媒介文化呈现“去娱乐化”——正能量宣推效能，推送主流媒体、政务新媒体主持正向话题，展示中国社会经济风貌名片——“青春小我”与“强国大我”同频共振，建构历史自觉与主动精神。

媒介美育成为新时期审美教育的关键举措，而媒介美育的关键在于人的审

---

① 曼纽尔·卡斯特. 网络星河：对互联网、商业和社会的反思［M］. 郑波，武炜，译. 社会科学文献出版社，2007：3.

美素养的提升，核心在于人的成长成才。自媒体时代，人人都可以成为传播主体，亦是“把关人”——审美能力集中体现在冷静、客观、克制的信息判断力。国内多项调查数据显示，高校作为意识形态教育的主阵地，在媒介的选择和使用上，青年学生利用手机发送信息的内容占比由高至低分别为休闲娱乐、经济与日常生活、个人情感、文化知识、政治与信仰、美感与艺术。充分说明大学生群体的信息传播内容更多集中在娱乐、消费和私人领域，缺乏社会关注意识。[①]数字技术下，媒介美育在历史唯物主义视野下体现了以人为本的自主参与性。媒介美育全过程“数字化赋能”体现新时代美育工作的守正创新：在通过大数据算法精准分析青年学生的需求，以满足青年学生日益增长的审美需求为目标，创新媒介美育审美客体——集科技化、艺术化、社会聚焦于一体的审美视觉化呈现的沉浸式体验。在数字技术的应用中，以 VR 仿真技术和传感技术为例，此沉浸式体验给人们带来了前所未有的想象力、惊奇感。套用波德里亚的说法，新生代们的审美是一种对于“比真实更真实”的“超真实”景观的沉浸式审美体验。媒介美育可充分利用 VR 技术创设“自主学习”的环境，让学习者通过自身与信息环境的交互，自主获得知识、技能，以取代“以教促学”。通过多感官交互，创设生动、逼真、具有沉浸式体验的学习环境，学生作为虚拟环境的参与者，在虚拟环境中扮演着角色。这对于调动学生的积极性，突破教学的重点、难点，培养学生的技能都将起到积极作用。

（二）以媒介素养之美铸魂育人

从马克思主义的经典著作来看，人的全面发展，即为人的社会关系的全面发展。马克思在《关于费尔巴哈的提纲》指出，哲学家们只是用不同的方式解释世界，而问题在于改变世界。人民是历史的创造者，在迈向第二个百年奋斗目标的新征程上，结合互联网时代新生的典型网络文化现象。挖掘互联网时代新媒介艺术对于提升受众审美能力的实践教育价值，在审美感知力、审美情感力、审美创造力的综合媒介美育实践中提高历史自觉和主动精神。

深入学习领悟习近平新时代中国特色社会主义思想，要把握好、理解好其间蕴含的世界观和方法论，感悟真理力量、实践力量，自觉用党的创新理论武装头脑、指导实践、推动工作。由此才能增强历史自信、历史主动，应对新征程上的一切风险、挑战、考验，才能做到“坚持把国家和民族发展放在自己力量的

---

① 张建，陈友本. 以手机为终端的“互联网＋”移动美育研究［J］. 华东师范大学学报（教育科学版），2017（5）：109－116.

基点上、把中国发展进步的命运牢牢掌握在自己手中”。

媒介美育的数字化赋能，不能只强调视觉的绚丽，关键在于以数字技术表达内容价值、体现文化意义。“云观展”“云视听”，正是审美文化对技术的文化赋能。2022 年 10 月 1 日，国家大剧院云端唱响民族歌剧《洪湖赤卫队》，微信视频号在线观看人数达 25 万，创作团队紧紧扣住新时代受众的审美心理，创新民族歌剧的内容和表演形式，深受观众青睐，可见云端技术更侧重内容的策划。媒介美育的新理念建立在技术与时代精神之契合，在审美教育的数字化赋能中，使审美传播主客体达成价值共识和实现文化认同。综上，媒介美育应该更多地满足人们对美好生活的向往与追求，将中华优秀传统文化理念、内涵、元素、价值与思维融入技术变革之中。

四、结　语

综上所述，媒介美育以其独有的历史逻辑、理论逻辑、实践逻辑成为激发新时代青年学生历史自觉和主动性的着力点。媒介美育实践真正实现党史文化数字化呈现，力求青年学生学有所思、学有所悟、学有所用。媒介美育以挖掘教育内容、创新教育方法，善用网络平台、注重实践育人，让大学生在理论学习与实践活动中坚定理想信念、继承优良传统、发挥拼搏精神、提高政治素养、实现全面发展，助推高校思想政治教育发挥实效、落到实处、真正实现立德树人的根本任务。

艺术与科技整合之STEAM教育谈

苏州大学 万竹青

摘 要 习近平总书记在考察清华大学的时候指出，美术、艺术、科学、技术相辅相成、相互促进、相得益彰。要发挥美术在服务经济社会发展中的重要作用，把更多美术元素、艺术元素应用到城乡规划建设中，增强城乡审美韵味、文化品位，把美术成果更好服务于人民群众的高品质生活需求。要增强文化自信，以美为媒，加强国际文化交流。习近平总书记的讲话为艺术教育者指明了方向，艺术教育应加强各学科领域之间的联系与整合，积极发挥艺术教育创意思维培养的优势，将艺术更好地应用和服务于社会的发展和人民生活品质的提高。在这样的方针指导下，艺术教育者们也纷纷探索艺术与科学、艺术与技术等学科领域的整合教育，STEAM 教育便是美术、艺术、科学、技术结合的一个重要教育形态。它融合了科学、技术、工程、艺术、数学五大领域知识与技能，培养学生运用综合知识技能发现问题、分析问题、解决问题的能力，在这个过程中，不仅学生的美感思维、创意思维得到培养，同时社会生活中的一些问题也得到解决，从而让艺术在育人、服务社会、增强国力方面发挥潜在的作用。

关键词 艺术；科技；STEAM；跨学科整合

一、STEAM 教育是聚焦艺术与科技、工程整合的教育模式

顾名思义，STEAM 是一种整合科学（Science）、技术（Technology）、工程（Engineering）、艺术（Arts）、数学（Mathematics）五大学科的知识、技能，针对真实或设计的问题或主题，创造性地探寻解决问题途径的教育模式，旨在打破常规的单学科学习态势，使学生掌握基础的个别知识后综合运用所掌握知识，围绕解决真实问题进行创新，从而更大效度地利用所学的知识技能，使各学科知识在解决问题过程中发挥最大化作用。事实上，STEAM 由 STEM 发展而来，STEM 教育首先发源于美国。STEM 教育在美国得到极大关注主要源于美国对其国际竞争力下降的反思，对学生在国际数学、科学竞赛中表现欠佳的审思。美国 STEM

项目信息：国家社科基金教育学一般课题“基于 STEAM 教育的艺术课程整合现状、问题与对策研究”（项目编号：BLA190217）阶段性成果。

教育是一项由政府、国会、社会团体、公众共同参与和努力的系统工程。在美国的影响下，世界各国逐渐开始关注并加强各国的STEM教育。2006年，美国弗吉尼亚理工大学的G. 阿克曼在研究中提出STEAM教育，即将艺术（Arts）融入STEM教育中，以此来培养学生的灵活性思维和创意思维。罗德岛设计学院院长前田·约翰指出，艺术提供一个不同的通道来帮助人类了解复杂的社会，此外，艺术创作过程中特有的创造力、解决问题、灵活思维和勇于承担责任是STEM教育的钥匙，唯有STEM与Arts融合才能整体提升学生的全面素质与竞争力。自此，艺术加入STEM，使之成了STEAM，这一教育模式的提出引起了国际教育界的再一次热烈讨论。随着各国对STEAM的不同解释，STEAM教育的A的含义也逐渐清晰。STEAM中的A（Arts），泛指人文艺术科目，涵盖精细的工艺（Manual）、语言（Language）、人文（Liberal）、形体（Physical）、音乐（Musical）、美术（Fine）和表演（Performing）等含义。这里的A不仅仅指的是艺术，还是一种更为广泛的人文范畴。我们从五大学科来看，它们按字母排序分别是科学、技术、工程、艺术和数学，其中STEM四门学科属于理工科，偏向于培养逻辑严密的理性思维，而艺术则作为富有想象思维的人文学科，为STEAM教育留下了创造力培养的弹性空间。

美国科学教育学者最早于20世纪50年代提出科学素养概念，该理念认为我们正处在一个科学和技术占领主导地位的世界里，科学素养是提升国家综合实力的关键因素。经过半个多世纪的发展，STEM教育显著发挥了它对科学技术教育的促进作用。STEM具有的理工科特性和实践性，又被称为工程教育，现如今它们在高校创新创业领域占有一席之地。如清华大学工业训练中心面向全体学生的工程素质培养，开展以“传授制造工程知识、培养工程实践能力、体验工程文化，进而培养创新思维和综合素质”为目标的工程教育。在面向全体学生所开设的STEM工程教育中，学生来自不同学科背景，他们在这里学习科学技术、工程的技能，并运用这些技能将想法转化为现实。与其说他们在这里学习技能，不如说他们在这里学习了整合的思维，并且见识到了不同学科之间的整合可以达到的效果，而这些整合的方法与思维可以帮助他们在未来学习和工作中做出更好的选择和找到更好的解决办法。但随着艺术的加入，STEM成为STEAM，其在教育的深度和广度得到了进一步的延展。艺术增加了STEM项目学习过程中学生创造力、解决问题、批判性思维、交流、自我指导、主动和协作方面的训练。为了在日益复杂和技术驱动的世界中成功生存，每个学生都需要这些技能，这些技能与许多教育家所说的“21世纪技能”相一致。

就目前已有的认知和学习方面的知识来看，STEAM 整合是有效的。因为认知的基本属性是希望学习者将不相关的概念建立联系，使它们更好地组织起来以便于未来的检索和意义建构。正是这种相联系的知识结构能支持学习者将知识和能力转移到新的、不熟悉的情境中。将艺术融入 STEAM 教育中，发挥学科间的协同作用，使学生在不同领域的学习自然融合或同时发生。STEAM 整合教育的意义便在于它可以使多种学科的技能为解决一个问题而交叉渗透，产生无限可能。当学生来自单一背景的工程学科（或其他学科），那么他对于艺术学科可能不熟悉，对艺术学科能够解决的手段和最终效果也不了解，在分析如何解决问题的时候就很可能不会想到运用艺术技能，但实际上艺术技能的运用能够使问题解决得更加得心应手。正是这种将艺术与多种学科交叉渗透，综合运用知识技能来创造性解决问题的意识与思维，可以让学生在将来的工作生活中开展更加适宜的合作，做出更加适宜的选择。也可以说，STEAM 教育运用多学科的整合，使学生在单一学科里学习的内容能够有机会应用到项目中去，实现教学内容的社会性转化。我们从整合的学科角度或者项目过程中所采用的技能范畴不难看出，STEAM 在项目化显示过程中是聚焦于科技、工程和艺术领域知识与技能的整合的。

二、STEAM 教育的开展常以项目式学习形式存在

STEAM 教育产生的起点是为了打破学科之间割裂的状态，使以往所学知识能够有效解决社会中出现的问题，以便更好地改造生活，创造更加美好的世界，因而 STEAM 教育以整合五大学科知识技能为手段，以发现问题、分析问题、解决问题为目标，来实现教育目的，这一过程常常以项目式学习（Project-Based Learning，PBL）形式出现。项目式学习的概念早在 20 世纪初就由威廉・赫德・基尔帕特里克提出，后由邦威尔和艾松在 20 世纪 90 年代初开始推广，他们将项目引入教学，并创造了一个新名词——“项目式学习”。[①]项目式学习是一种强调学习者自身学习能力的教学模式。它是一种以学生为主、对现实世界的主题或问题进行探究的创新方法。项目式学习通过项目加强学生探究、协作和解决问题的能力并强化批判性思维，从而对常规的教学课程进行补充。总体而言，项目式学习的目的是通过提供更多的灵活度并赋予学生更多学习的责任和义务，让学生们参与研究和调查，从而提升现有的教学质量。

---

① 阿卡西娅・M. 沃伦. 跨学科项目式教学：通过“+1”教学法进行计划、管理和评估［M］. 孙明玉，刘白玉，译. 北京：中国青年出版社，2020：34.

STEAM 教育作为项目式学习的一种形式而存在，其出发点可以是探究社会问题，经济、政治、社会、媒体热点，或者某个引发学生好奇心的话题，而展开过程则更加注重科学、技术、工程、艺术、数学知识的整合，简单来说，STEAM 教育的展开紧扣艺术与科技、工程的整合。如社会中实际发生的为抗疫设计的各类便利工具、为高层楼房火灾设计的逃生通道等，这些问题的出发点均源于现实问题，而问题的分析与解决手段也迫切需要理工科的知识技能，但作为社会问题，它的解决其实更需要具有同理心的人文修养和兼具实用性与美感的艺术素养。在具体的教学中，教师通过项目帮助学生与学科的基准和标准建立联系。当他们在整个课程中致力探讨一个共同的主题时，学生对主题和学科之间的共同元素便有了更好的理解。例如，STEAM 主题单元“环游世界”以多种方式向学生传授远远超出车辆范畴的运输系统；它包括运输概念，如天气模式和无线技术。在这一过程中，所有学科都围绕解决环游世界这个目标发挥作用：如科学学科，学生探索交通系统的输入、输出和影响（副产品）；在技术学科，学生关注现有什么样的技术或需要如何改进技术以促进运输；工程的重点是工业的发明和目标；艺术学科——人文艺术、美术、音乐等解决社会期望的系统学科，包括审美、听觉、道德、社会关系、个人价值等；数学教师探索原理和方程来定义事物如何及为什么工作等。在项目的执行中，每个学科领域知识既各自独立、各具探索目标，又为统一目标而紧密结合。

可以说，项目的开展过程其实也是学生的学习过程，学生在 STEAM 项目的启动、立项、调研、设计、原型构造、展示、测试与评价等各个阶段，锻炼了协作能力、沟通能力和创新能力。在这个过程中，学生对 STEAM 项目核心的概念和标准有了更深入的理解，并且能够综合运用科学、技术、工程、数学、艺术学科手段来更好地解决问题，培养了解决问题的创意思维和重要的工作技能。用科技、工程和艺术改造生活、改良社会的意识能够影响学生在未来工作岗位上做出适当的选择和精彩的表现。

三、STEAM 中艺术教育的作用

虽然艺术通常被认为是独立的学科，但它实际上是超越人类活动所有领域的技能和思维过程的集合。艺术发展认知能力，能够让学习者在教育的各个方面受益，使他们为满足“21 世纪技能”的要求做好准备。中国学生发展核心素养以培养“全面发展的人”为核心，分为文化基础、自主发展、社会参与三个方面，不论从内容还是从目标来看，STEAM 教育与之都是十分契合的。STEAM 教

育以发现问题、分析问题和解决问题为导向，培养学生的综合应变能力和必备品格。艺术的加入使整个项目不再仅仅是技术性地解决事情，而是将人拉回到社会中，从人文底蕴角度选择问题的解决办法、从社会公益角度关心社会发展、从实用性与美观性结合的角度考虑问题，这无疑使STEAM开展得更加有意义。

致力教育学科研究和艺术教育研究的斯坦福大学教授艾斯纳认为，艺术学习可以有效促进个人全面发展，他认为艺术教育能够帮助学生造就八种能力：

1. 对关系的感知能力

艺术学科有助于学生认识到工作的各个部分是如何相互影响和相互作用的。例如，这种能力使执行人员能够理解特定系统影响组织中所有其他子系统的方式。这种能力还帮助生物学家认识到生态系统的一个部分的变化如何影响系统的其他几个部分甚至其他系统。在STEAM教育中，艺术给予学习者对各个学科之间的整合关系重新认识的机会，学习者能够认识到不同学科互相作用带来的效果。总之，它以创新的教学方式让学生应用所学技能对多学科（科学、工程、技术、艺术、数学）进行更深层的探究。

2. 注意细微差别的能力

艺术教育让学生能够敏锐捕捉微小的细节差异，而这微小的差异往往是成功的关键。在艺术作品中形式和色彩所影响的视觉上的细微差别，使艺术作品更加完美动人。在写作中，同样需要注意使用语言的细节，如运用典故、影射和隐喻的方法来描写对象时，每一段的上下文都要紧密相扣。在STEAM项目实施过程中，发现问题需要敏锐的细节观察能力、分析问题亦需要严密的逻辑能力、解决问题则更需要有考虑综合应用各种技能的能力，这些都需要学生具备注意细微差别的能力。

3. 面对问题考虑多个解决方案的能力

好的事情可以用不同的方式来做。学校经常强调专注于一个正确答案的学习。在商业和生活中，大多数困难的问题需要考虑具有不同优先级的多个选项，并认识到每个潜在的解决方案可能具有积极和消极的后果。STEAM项目的解决方案也有很多，从解决方法上来看，艺术使学生的思考不再仅仅局限于技术，还有一些创意性的方案存在；从方案的选择来看，艺术使问题解决得更加具有人文底蕴和社会关怀。

4. 在过程中改造的能力

STEAM项目对于学生培养目标的实现实际上是在过程中形成的，也就是说，它的执行过程中有无数个挑战和无数个改造的可能。其实，艺术与其他学科不同之处在于，艺术也是一种创造探索的过程，它能够帮助学生在过程中认识和改造一开始没有想到的结果。在 STEM 项目里，手段与目的的关系往往过于简单化，而艺术帮助我们看到在过程中的改变与提升，这也是 STEAM 与 STEM 的不同之一。

5. 在没有规则的情况下做出决定的

算术有规则和可测量的结果，但许多其他事物缺少这种规则支配的专一性。在没有规则的情况下，需要个人做出判断，允许人们评估什么是正确的，什么时候完成任务。每个项目都有严密的执行逻辑，每个项目也都有不可预测的因素，STEAM 项目的展开同样也会遇到偶发事件，在这种情况下应激能力和准确的评估能力影响着项目进展的程度和成败。

6. 使用想象作为内容源泉的能力

艺术增强了形象化情境的能力，并用头脑来确定计划行动的适当性。STEAM 项目首要的环节就是带着同理心进入问题情境，设身处地地去分析问题，而艺术所培养的想象力是项目开展所需要的。也正是想象的能力，使分析问题后能产生更多的方案、更多的解决途径。

7. 在约束条件下接受操作的能力

艺术使学生们有机会创造性地利用约束，正如 STEAM 项目有环境条件、技术条件、人文因素等原因的限制，而重要的是学生能够在这些约束性条件下整合资源、找出最合适的解决方法，完成项目。

8. 从审美的角度看世界的能力

艺术帮助学生以全新的方式看待世界，以审美的眼光塑造 STEAM 项目的原型，使美的理念贯穿于项目的全过程。

可见，艺术教育对人的培养是多方面的，艺术不仅对 STEAM 项目的开展有很大的帮助作用，它在我们现代社会中的角色也日益重要。从职业方向上看，工业设计、灯光设计、服装设计、建筑设计、音乐产业等艺术类文化产业，对国家经济和综合国力都有不可忽视的贡献。文化经济和“创造性产业”在很多经济合作与发展组织成员国家的经济和增长中扮演着关键的角色。文化产业占整个 GDP（国内生产总值）的比重在澳大利亚、加拿大、法国、英国和美国估计为 3% ~6%。正如大多数科学家和工程师一样，多数接受艺术教育的人并不会成为艺术家，也不太会在他们的职业中使用艺术技能。相反，更可能是那些被他们的艺术教育开发出来的一些不显眼的技能，确保了他们在工作岗位上的创新性。艺术只是一种达到目标的方法，而不是一个目标；艺术教育的目标是使人在创造的过程中，变得更富于创造力，而不管这种创造力将施用于何处。“假如孩子长大了，而由他的美感经验获得较高的创造力，并将之应用于生活和职业，那么艺术教育的一项重要目标就已达成。”①

四、艺术在STEAM项目过程中的执行角色

在STEAM项目过程中，学生运用多种学科知识围绕一个问题来分析和探究，在学习与研究的过程中，学生被要求使用技术搜集、分析数据，并设计、测试和改进一个解决方案，然后与其同伴交流研究成果。艺术作为一门学科，提供了一种不同于其他学科的手段来更好地解决问题，那么在这个项目中，艺术可以以部分学科属性所发挥的作用参与到项目中，亦可以以统领的作用引导整个项目的运行。在项目前部的思考阶段，艺术可发挥学科属性所独有的想象力引导学生具有同理心，设身处地地投入项目情境中，去想象和运用发散思维，明确目标和需要解决的问题；在项目执行中，每一个步骤都需要有预先的计划和分析，并将各个学科的技能进行整合来集中解决问题，这个过程中就用到发散思维、设计思维、美感思维、人伦道德批判等，而作为统领作用的思维导图可以艺术化地呈现项目的运行过程、预见可能要碰到的问题、分析从而得出解决问题的办法，最后做出的成果亦可以以艺术的形式表现出来；项目后期是测验、评价、分享阶段，而艺术是沟通、展示、交流中必备的强项学科，在这一过程中，通过美术、设计、音乐等各种技能手段表达，展示沟通艺术，发展批判性思维。不论是对学生的培养还是对项目的促进，艺术都发挥着它应有的独特作用。

（一）艺术使STEAM项目数据可视化

皮尔·莫勒鲁普认为，数据可视化重新组织了数据，使数据容易被感知、容易被理解，以此回答相关的问题。数据可视化整理原始数据，使其变得明确和可用，并作为决策基础。② 同样，在STEAM项目中运用可视化手段可加深学生对某个课题或主题的背景知识的理解，并进行更多探究。学生受到鼓励，运用实证来证明他们自己的想法，从而对于可视化文本有了进一步的理解。运用可视化思维策略中的指导性问题可以进行一场关于图片的、令人信服的对话，如应用思维导图、设计草图或设计效果图等可视化手段。教师或学生可以运用这些可视化思维策略来分析问题、评估解决方案的可行性及适应性，并在此基础上提出更深

① 罗恩菲德. 创造与心智的成长［M］. 第2版. 王德育，译. 长沙：湖南美术出版社，2002：4.

② MOLLERUP P. Data. design：visualizing quantities，locations，connections［M］. London：Bloomsbury Visual Arts，2015.

层次的问题，使问题与问题联系起来，加强与项目相关的概念的应用与转化。可以说，可视化揭示了难以看出的关系，把人的思考路径表现得清晰可见。可视化的效果同样让知识具有独特的吸引力，从而可以激发学生学习的欲望，激发学生对知识的“怎样”（how）与“为什么”（why）的好奇心。从“可视化的过程”角度来看，艺术的存在代表的是透过可视化的技能，转换数据信息的能力。在瞬息万变的数位时代，学校教育必须重视如何在庞大的信息中拣选、分析、察看、洞悉学科连接的知识，并运用创造力，有效地沟通。培养学生具备可视化的能力是艺术教育的目标之一。

（二）将审美经验运用到 STEAM 项目中

艺术有别于其他领域的重要特征就是审美经验。艺术领域中无论哪种流派或类别，不管是绘画、雕塑、设计还是建筑，获得审美经验的过程都无比重要。当然，审美经验对美的体验不单指美丽本身，或是只看重外观的好看。然而，我们不可否认，人们很容易被艺术追求的精致与精心打造的形式深深吸引。在教育中，科学和数学这一类的学科注重客观性与计算的精密性，但它们的学习过程中没有审美经验的元素，艺术正好可以弥补这一缺口，让学生在 STEAM 项目的具体实施中将审美经验外化，在具体的情境中体会美、表现美、创造美。

（三）艺术激发 STEAM 项目的创新

《创新美国：世界因竞争和挑战而繁荣——美国创新行动计划中期报告》中指出，每一点创新都包含多学科的知识，它来自不同学科领域的交叉学习。创新的途径之一是增加新的学科和方法。创新会出现于多学科的交汇处，并在基础知识转换时期，在全新的领域、新的课程结构和知识的新结构形式中出现。艺术的灵感启迪之处，往往成为创意发想的支柱。艺术常常让我们的头脑插上翅膀，发挥想象，启发我们对事物、现象或概念形成新的认识。艺术从不要求人们只接受固有的答案，相反地，它鼓励人们接受新的挑战，进而产生全新的想法。艺术教育的目的往往强调让学生发挥创意，擦出新的火花。艺术本身就是不断突破常理、不断积累经验、不断创新的实验。艺术的作用可以增加项目的灵活度和弹性，能够激发学生更广泛的创意思维，在 STEAM 项目的每一环节，都可以运用艺术的力量使项目得到更大程度的创新。

五、结　语

在社会经济高速发展、科技进步迅猛、国际竞争日益激烈的 21 世纪，创新创意显得尤其重要。但创意不是凭空臆造的，而是建立在发现问题、探究问题、解决问题的环节上的，换言之，只有具备了发现问题、探究问题、解决问题的能力才能实现一定程度的创新，而这一切都扎根于教育，因为无论是技术创新、经济创新或是管理创新，都需要创造性来实现知识的传播、转化、迁移和应用。STEAM 提供了艺术和科技、工程学科之间的整合桥梁，在项目中学生应用跨学科知识和技能构建更深层次的理解，通过思考、设计、创造，最终得到一个可行的解决方案，同时将人类智慧、创造力转化迁移为社会所需。可以说，任何教育都是从人、社会的角度出发的，但 STEAM 教育无疑在创造性地整合资源、解决问题方面实现了独特的教育目标。

基于身体和表达的跨学科美育实验构想

四川美术学院　孙海燕

摘　要　新时代为美育工作指出了新方向，四川美术学院的“跨学科美育研究中心”基于身体和表达，进行跨学科美育实验，主要从艺术治疗、教育戏剧、生活方式与美育三个角度，将相关学科的研究成果与应用方法引入艺术教育人才培养中，为孩子们培养未来的艺术教师。而这些基于身体和表达的跨学科美育课程，将调动孩子们用具身认知知识，用内在感知自我，从而疗愈与整合身心，与他人和真实的世界更好地连接，让精神能量在人际流动。新时代的美育将帮助孩子们成长为人格完整，并有勇气面对未知的人。

关键词　跨学科；美育；艺术治疗；教育戏剧；生活方式

一、跨学科美育是新时代为美育工作指出的新方向

当下的技术时代所塑造的生活方式和教育竞争，为孩子们的身心发展带来了很多负面影响。这种影响最直观地体现在心理健康数据统计中，体现在家长和老师的真实感受中。

2020年中国科学院心理研究所发布的《中国国民心理健康发展报告（2019—2020）》显示，6～18岁青少年的抑郁检出率为24.6%，其中轻度抑郁为17.2%，重度抑郁为7.4%。随着年级的增长，抑郁检出率呈现上升趋势，小学阶段的抑郁检出率为一成左右，初中阶段约为三成，高中阶段接近四成。青少年时期应该是最充满朝气、无忧无虑的时期。但是中小学生却在沉重的学业压力下、过度的考试竞争中、单调的日常生活中，失去了生命的本色。

同时，这份调查还显示了国人的心理健康意识在不断增强，认为心理健康工作很重要的人，比2008年提高了6.1%。在生活满意度调查中，2020年的中国人对以住房和车为代表的物质生活质量满意度相较于2008年提升了，但是对家庭生活和身体健康的满意度下降了。这说明人们在生活中越来越多地感受到自

作者简介：孙海燕，1978年出生于江苏南京，四川美术学院艺术教育学院教授，中央美术学院设计学博士，四川美术学院跨学科美育研究中心负责人，“天台剧社”创始人，设计史主题舞台剧《包豪斯》总导演。研究方向：设计教育、设计心理学、设计人类学。

己和周边人群的心理危机，并有寻求改善的愿望。该调查显示，人们对心理健康知识的需求，位列前三名的依次是：自我调节、人际交往、职业指导。其中，女性在各个项目上对心理健康知识的需求，均明显高于男性。

所以，当前一方面是日益严峻的青少年心理现状，另一方面是人们对心理健康知识的渴求。面对这一困境，心理学界表示这些问题不能只靠心理学解决，需要社会各界以及相关学科共同面对。

心理状态从完全健康到严重不健康，是一个渐进的过程。心理治疗与精神疾病治疗面对的主体是心理健康程度低于正常标准的人群。而事实上，有大量人群尚未表现出明显的心理不健康状态，但正在接近临界点。与其等到孩子们产生心理疾病后才发现、治疗，不如在孩子们心理健康时教育他们如何自我调节，在孩子们心理亚健康时及时引导他们通过情感的表达、人际关系的支持、身体状态的调整，帮助他们保持和回归身心健康。这些预防性的工作指向长远的未来，由美育来承担非常适合。

美育又称美感教育，是审美教学与美感教学的结合，通过教育提升人们认识美、理解美、欣赏美、创造美的能力。狭义可至艺术教育，广义可达追求人生的美学趣味和教育的审美境界。

19 世纪中叶，鲍姆嘉通建立“美学”学科体系后，席勒提出了“美育”概念。但是从古至今，从东方到西方，美育实践和美育意识是一直存在的。周公“制礼作乐”；孔子创立古代教育体系“六艺”；古希腊哲学家苏格拉底、柏拉图、亚里士多德等认为教育的内容不仅要有哲学、科学、道德、体育，而且要有艺术；近代席勒的《美育书简》；蔡元培先生的美育工作实践，美育一直是教育中不可或缺的一环。

但是，面对当今时代产生的新问题，传统美育工作也有无力感。一方面，在中小学教学中，音乐、美术课程容易被文化课挤占；另一方面，可以用来考级、加分的校外艺术培训在过度强调技法学习的同时，增加了孩子们的心理负担。何况，孩子们可以在网络上学习艺术欣赏课程与观看纪录片，其学习量、观看量之大，涉猎之广，是学校的课程无法与之相比的。

因此，新时代为美育工作指出了新方向，美育需要与其他相关学科跨界融合，共同面对新问题。四川美术学院艺术教育学院在 2022 年 10 月成立了“跨学科美育研究中心”。旨在探索、研究孩子们需要一个怎样的未来，以及艺术教育如何在跨学科融合中承担相应的责任。

跨学科美育研究中心主要从艺术治疗、教育戏剧、生活方式与美育三个角度进行跨学科实验与研究。将相关学科的研究成果与应用方法，引入大学艺术教育人才培养中，为中小学培养未来的艺术教师。

将艺术治疗融入教学现场，实验与探讨艺术课程中的情绪表达和身心疗愈。将教育戏剧融入艺术教育课程，增强学生在课堂中的具身认知、同理心和身心整合感，深化美育感受与作用。生活方式与美育将日常生活中的设计研究与美育作用相结合，分析生活细节对家庭教育的影响，以及通过生活实践进行艺术教育、生活美育的探索。

因此，跨学科美育研究中心除了在关注艺术信息和创作技巧之外，还更多地关注人在艺术表达和身体叙事中对自我情绪的感受与观照，对他人和社会的真实感受与思考。事实上，这些跨学科美育实验都将指向一个共同的目标，即提升孩子们感知自我的能力，从而与自己、与他人、与真实的世界更好地连接，让精神能量在人际产生流动。

该研究中心目前已经成功举办了“第一期艺术治疗工作坊”“第一期教育戏剧工作坊”。本文将从以下三个角度论述跨学科美育的实验构想和工作意义。

二、情感表达与自我觉知：将艺术治疗融入美育的意义

将艺术治疗融入艺术教学现场，可以帮助孩子们在艺术课程中获得情感表达、激发创造力，进而增强对自我的觉知，促进青少年身心健康发展。

目前作为一门学科的“艺术治疗”，创立于20世纪50年代的美国和英国。艺术作为人类文明的一部分，古往今来的人们都在运用艺术放松身心、宣泄情绪。

当下的“艺术治疗”学科是心理治疗中的一个分支，同时也是跨越了艺术、心理学、教育学等不同学科的集合。它包含四种基本的形式：绘画治疗、音乐治疗、戏剧治疗、舞动治疗。此外与之相关的还有表达性艺术治疗，是在一种支持性的环境中运用各种艺术媒介，如沙盘游戏、绘画、音乐、舞动、叙事、书写、身体雕塑、角色扮演及即兴创作等来促进心灵的成长和治愈。通过源于情绪深处的艺术形式发现自我。在艺术创作的过程中，无须关注作品的技巧和成熟度，只需要通过艺术形式释放、表达情感，放松身心。这些艺术形式是发现、体验和接受自我未知部分的媒介。

当下中小学生的心理问题主要是由学习时间过长、学习强度过大、分数竞争激烈、家长和教师要求过于严格等问题造成的。学生藏在潜意识里的大量情绪被压抑，并且由于大脑长期处于高负荷状态，也降低了学生的自我觉知和专

注力。

这些看不见、摸不着的住在孩子们心里的情绪，很难被家长和教师发现，甚至孩子们自己也很难发现。等到家长或教师明显察觉出孩子的心理问题时，往往已经到了比较严重和深度的状态。这时再通过心理辅导进行治疗已为时晚矣，因为对孩子造成的心理损伤已经产生。

儿童和青少年处于大脑与心理的飞速发展期，损伤一旦形成，产生的影响容易伴随终身。对于青少年来说，谈话式的心理治疗容易产生防御机制，会导致治疗效果大打折扣。而且，年龄小的孩子很难在治疗中用语言准确地倾诉出自己被压抑的情绪，表达对教师、家长的诉求。往往他们自己也不明白为什么会感到烦躁、焦虑、不开心，为什么就是不喜欢去上学。

在这种境况下，面向儿童和青少年使用艺术治疗就比谈话治疗更加适合，效果也更好。在实践中，从艺术到艺术治疗的工作面向的领域可分为五个层次。第一层是社区，第二层是公共卫生和教育，第三层是医疗和保健，第四层是艺术治疗小组，第五层是个别的艺术心理治疗。只有在第四层和第五层工作的从业者，需要取得注册艺术治疗师的执业资格。

因此，艺术教师并不需要成为专业的艺术治疗师。而是当他们跨界于艺术和心理治疗这两个领域后，可以更好地在艺术课程中潜移默化地疗愈孩子们的身心，让他们在没有防御机制、没有产生严重心理问题的情况下，通过艺术表达潜藏的情绪，慢慢唤醒内在的自我，进而发现真实的自我。同时，艺术教师能通过孩子们的表达，敏锐地发现他们内心世界正面临的冲击，进而继续通过艺术课程进行修复，并且向家长预警，提醒家长调整与孩子的沟通模式。这个层次是面向心理健康和亚健康孩子的艺术治疗，由于不是对确诊患病孩子的治疗，因此可以称为“艺术疗愈”或“艺术疗育”，用来在日常的课程中提升孩子们的心理健康水平。

事实上，艺术治疗在发展早期就和艺术教育有着深厚的渊源。在20世纪中叶，创立艺术治疗的玛格丽特·南姆伯格和伊迪丝·克莱默分别在自己的教学中，“将美术和儿童智力发展的关系，创意美术的治疗特性，教师的角色与学生的关系等经验整合，奠定了艺术治疗在艺术教育中的根基”①。两者既具有相似性，又具有来自不同学科背景而产生的不同观念。南姆伯格的学术背景是精神分析学派的心理治疗师，克莱默的学术背景是美术教师。

---

① 高颖，李明，杨广学．艺术心理治疗［M］．济南：山东人民出版社，2007：24．

她们对艺术治疗的理解构成了两条平行线。戴安·沃勒发现，艺术疗法在英国沿着“两条平行线”发展。其中一条是希尔所倡导的——艺术等同于治疗；另一条线是南姆伯格所拥护的——在治疗中利用艺术。前者强调艺术过程就有可能治病，而后者重视艺术治疗师、患者和艺术作品三者之间的治疗关系。[①] 而这“两条平行线”在美国也同样存在，分别由克莱默和南姆伯格倡导，并且其区别也同英国一样。

20 世纪 50 年代，埃丽诺·乌尔曼在开展对残疾儿童的绘画教育时发展出有关艺术治疗的课程。克莱默也提出了艺术治疗是一种辅助性的心理治疗，它可以使患者在不干扰其防御机制的同时，合理地发泄潜意识中压抑的感受。[②]

在形成艺术治疗的学科脉络中，除了爱好艺术的心理学专家，还有思考教育如何帮助儿童发展的艺术教师。艺术治疗本身就是艺术、心理治疗、教育三个学科的综合。那么，今天为什么又要呼吁将艺术治疗融入艺术教育课程呢?

因为，在中国激烈的教育竞争赛场中，文化类科目备受重视，艺术类科目的名字叫“副课”，其课时常常被主课老师占据。虽然教育部门也意识到艺术课程的重要性，并已经有城市将美术和音乐纳入中考计分，但是将艺术知识死记硬背后去考试，更加重了学生们的负担。就连高中生报考艺术类高校，也是在高考培训班中通过高强度的模式化训练，将艺术的学习变成了模板的复制。

孩子们已经被各种考试折磨得失去了青春的光彩。接受专业的艺术治疗费用高昂，等到出现严重心理问题再接受心理治疗又错过了早期发现干预的时机。因此，跨学科美育研究中心想做一种实验和尝试，培养具有初级艺术治疗技能(即面向实践工作中第一层和第二层所需具备的能力）的艺术教师，让教师们可以在义务教育阶段通过学校的课程引导孩子们，在绘画、音乐、舞蹈、戏剧中表达和释放自己的情感，并在这些艺术表达和创作中反观自己内心的想法和情绪，在提高对情绪的自我觉知的同时，培养元认知能力。最大地发挥出艺术课程的内在价值，并且在某种程度上促进了教育公平。

事实上，笔者开始关注艺术治疗专业，缘于对一位美术教师——迪克老师人性光辉故事的发现，而迪克老师正是伊迪丝·克莱默的美术老师。2017—2018

---

① 大卫·爱德华斯. 艺术疗法［M］. 黄赟琳，孙传捷，译. 重庆：重庆大学出版社，2016.

② 孙海燕. 被历史遗漏的学科先驱：弗利德·迪克-布朗德斯在特莱津集中营的艺术治疗实践与机械［J］. 艺术设计研究，2021（1）：61－69.

年，笔者带领“天台剧社”的同学们创作并演出了《包豪斯》舞台剧[①],终场的剧情是迪克老师讲述着离开包豪斯后的人生去向，以及1942—1944年她在特莱津犹太人集中营里给孩子们上艺术课的生活。那是一个艺术战胜邪恶的故事[②]，15 000个孩子上过迪克老师的艺术课，二战结束时只有100个孩子幸存了下来，但是经过心理测试，他们除了有情感创伤以外，心理状态没有缺陷，更没有精神病。

这个故事带给笔者莫大的感动，在做完关于迪克老师的学术研究后，这段历史也带给笔者一个启发。将艺术治疗融入中小学的艺术课程中，也许可长期、潜移默化地帮助孩子们释放情绪，学会觉知自己，重获身心健康。

三、具身认知与心灵连接：将教育戏剧应用于美育的意义

将“教育戏剧”融入艺术课程，甚至是文化课程，可以使学生在课堂中通过具身认知理解和内化所学内容，更好地激发同理心和共情能力，在不同的角色转换之间学会换位思考，帮助学生整合身心，更好地与他人产生心灵连接。

戏剧自古以来就具有教化、教育、宣传的功能。将戏剧应用于教育和教学，使其成为一种教学方式和理念，则萌芽于20世纪初期的英国。当时国际教育界都在提倡新时代的教育思想，英国的哈丽特·芬蕾-强森把戏剧元素融入游戏，她探索出一套戏剧性的教学手段和理论方法，而她的教育思想来源于杜威的“教育即生活”、在“做中学”、在“戏剧活动中学”的教育哲学理念。二战后在英美国家发展起来的戏剧教育方法，基本持有强调经历教育戏剧的过程，不注重展示演出结果的观点。直到20世纪60—90年代，在英国由多萝西·希斯考特等人发展形成了Drama in Education/Theatre in Education（被翻译为“戏剧在教育中/剧场在教育中”，或者“教育中的戏剧/教育中的剧场”）的方法后，教育戏剧才正式成为一门学科。21世纪初，中国学界与国际华语界达成共识，统一各

---

① 关于《包豪斯》舞台剧以及终场的创作构思，详见笔者的论文《我们为什么要纪念包豪斯——〈包豪斯〉舞台剧的创作初衷与多维叙事》，载于《艺术设计研究》2019年第1期。

② 关于迪克老师集中营的美术课与艺术治疗的历史故事，详见笔者的两篇论文。《从包豪斯到集中营：弗利德·迪克-布朗德斯的儿童艺术教育实践》，载于《中国艺术》2020年第4期；《被历史遗漏的学科先驱：弗利德·迪克-布朗德斯在特莱津集中营的艺术治疗实践与机制》，载于《艺术设计研究》2021年第1期。

种中译名为“教育戏剧/教育剧场”。[①]

教育戏剧目前还是一门横跨教育学、心理学、认知学和戏剧学的年轻学科[②]。在近一个世纪的学术专业积累后，教育戏剧在当代由多萝西·希斯考特和盖文·伯顿创造了“教师入戏”“专家的外衣”等戏剧理论和习式方法。21世纪初，英国戏剧教师大卫·戴维斯又创造性地发展了对教育戏剧方法的新理论，促进了后现代时期、21世纪教育戏剧的新发展。[③]

笔者并非教育戏剧专业研究者，关注到教育戏剧领域源自在教学实践中的探索经历。在刚刚当老师的时候，笔者和大学生的年龄相近，喜欢在课程中增加趣味性，增加能调动学生主动性的教学环节。那时（2003—2010年）在设计史课程的教学中设计了一些戏剧表演的环节，2005年和2011年分别发表了论文《设计史课程启发性教学的探索与实践》（载于《设计教育研究》2005年第3期）与《学习是感受快乐——设计史论教学实验与分析》（载于《创意与设计》2011年第1期）。这两篇文章总结了笔者在设计史课程中进行具有戏剧元素的教学实验的经验。但那还不是真正的教育戏剧，不过学生们在课堂中装扮、表演，且演得很认真，教室里洋溢着欢乐的气氛。

但是，2013年后的一批学生和前一批学生表现出了明显的不同。笔者直观感受到，2013—2017年，这五年间入学的大学生，总体的学习动力不像以前的学生那么强烈了，他们在课堂上的专注度有很大的下滑。而这和时代的变化非常相关。前一个十年的学生基本是“80后”“90后”，他们的童年期没有手机，没有互联网，专注力没有受到影响。他们上大学时，课堂依然是获取知识的主要来源，所以专注度和听课效果都很好。

2013—2017年入学的大学生，基本是“95后”，他们的童年期和青春期已经有手机、计算机、互联网的陪伴，电子产品的大量使用影响了专注力，海量的网络信息涌入，使得他们更多依靠自己上网获得资讯。但是，大量地占有信息并不是真正的学习。他们可能知道很多碎片化的知识，但是并非建立在自己的经验感

---

① 关于教育戏剧发展史简述，来源于李婴宁为四川美术学院跨学科研究中心主办的“第一期教育戏剧工作坊”所做的学术讲座演讲稿《21世纪我们需要什么样的戏剧教育?》。20世纪90年代，李婴宁老师将英国的教育戏剧理论与方法引入中国，续接了20世纪30—40年代由陶行知等教育家已经初步发展起来的在中国的教育戏剧脉络。

② 参见大卫·戴维斯. 想象真实：迈向教育戏剧的新理论［M］. 曹曦，译，北京：中国人民大学出版社，2017。

③ 参见李婴宁为四川美术学院跨学科研究中心主办的“第一期教育戏剧工作坊”所做的学术讲座演讲稿《21世纪我们需要什么样的戏剧教育?》

受之上，大多无法消化理解，无法建立自己的体系，更无法内化为知识。

2018—2022 年入学的大学生，又在此基础上多了新的特征，那就是心理状态不好的大学生在比例上有大幅度的增加。这批学生都是“00 后”，他们的中小学时代正是移动互联网大发展时期，他们的父母也在社交媒体中获得了大量关于教育竞争的信息。这一代学生身上体现了教育焦虑导致的后遗症。这就是北大心理学专业彭凯平教授所说的“空心病”。教师和家长不理解这代孩子到底是怎么了？为什么过着父辈们从未享受过的优越物质生活，却整日郁郁寡欢、没有目标。

因此，在面对不同代际的学生时，针对其特点和关键需求，笔者在教学上进行了相应的细节和目标的调整。

笔者在 2013—2017 年的设计理论课堂里，加入了更多戏剧表演的元素，对于很多教学内容和难以理解的概念，都会请几个学生上来表演情景，使他们更容易理解并且印象深刻，课堂效果好于单纯的理论讲授。

讲授式教学是老师单向输出内容，学生使用意识进行认知活动，并没有调动全部的身心，容易导致学习疲劳。起源于 20 世纪 90 年代的具身认知心理学向人们揭示了，学习者的认知不仅仅通过意识，还来自身体的运动。并且，身体的运动对塑造大脑的工作能力也起到重要作用。即人们如果用全部的身心来进行学习，效率会远远高于长时间坐在书桌前用脑学习。而且，学生表演没有生活经历的情景，他们在体验和观看中获取了经验，理解抽象知识就带有了自己的经验视角。在这些实践的基础上，笔者撰写了教学论文《体验式教学法在设计史论课程中的运用》[载于《南京艺术学院学报（美术与设计）》2015 年第 6 期]。

而面对 2018 年之后入学的学生，笔者在教学中除了保留请学生演示学术概念和问题环节以外，还增加了通过表演强化自我觉知和对其他同学内心世界的观察，意在引导班级里的学生走出虚拟网络社交，用同理心和共情能力，与真实的人、真实的世界产生心灵连接。在给设计学专业大一学生开设的文献检索课程中，最后的结课作业是让每位同学通过抽签选到一位设计大师。他们需要检索这位大师的文献信息，最终不要求写论文，而是要求他们在大量阅读完自己检索到的信息后，结合这位设计大师写一首诗歌。

从 2018 年到 2021 年的四年里，每到结课时，同学们都会很认真地打扮一番，然后在教室的表演区域里郑重地用自己的声音念出自己写的诗歌。那种感觉是可以唤醒灵魂的。很多同学从未有过在众目睽睽之下单独登台表演的机会。大多数人一直隐藏在人群中，渐渐地忘记了自己的存在，也没有相互观察他人特质的机会。所以，每届诗歌朗诵会结束后，大家都很激动，他们没想到自己还有这么充沛的创作激情，没想到那个平时默不作声的无聊同学原来内心世界这么丰富多彩。

笔者喜欢看到那一张张因为表演而变得特别有光彩的脸庞，这就是戏剧在教育中的魅力。而前文提到的《包豪斯》舞台剧，则是笔者将探索“戏剧＋教育”的方式从课堂内延伸到课堂外的教育实验。

2017—2018 年，笔者带领设计学专业本科生成立了“天台剧社”，改编或原创艺术设计主题的戏剧并演出。2017 年 5 月演出了艺术史主题舞台剧《月亮和六便士》（第一版），2017 年 11 月演出了《月亮和六便士》（第二版）。2017 年 6 月至 2018 年 6 月，参与原创剧本，并导演了设计史主题舞台剧《包豪斯》，于 2018 年 5 月 25—26 日公演两场。作为对这次设计史研究和戏剧实践的教学总结，笔者于 2019 年撰写了教学论文《我们为什么要纪念包豪斯——〈包豪斯〉舞台剧的创作初衷与多维叙事》（载于《艺术设计研究》2019 年第 1 期）。迪克老师的历史故事正是在这段教学实验中走进了我的视野，笔者对她的教学思想与艺术治疗机制进行了学术研究后撰写了相关论文。

在这些教学实践中，笔者通过文献查找渐渐了解到，原来将戏剧运用于教育已经是一门学问。在中国，李婴宁老师从 1995 年开始介绍、推广教育戏剧，至今已近三十年，这个过程非常艰难，并且遭遇了重重误解。在和李老师交流中，笔者才意识到自己的教学实践已经运用了教育戏剧的理念，但还有很多专业的理论与方法需要继续学习。

时至今日，教育戏剧作为一门学科，已经有了非常完善的理论体系和人才培养方法，和艺术治疗一样成为部分高校的一个专业。跨学科美育研究中心希望将教育戏剧的理论与方法引入艺术教育，教师在中小学艺术课程中带领孩子们通过具身认知，连接自己与他人。2022 年 4 月，教育部印发了《义务教育课程方案和课程标准》（2022 版），戏剧首次进入了艺术课程中。这是我国教育部门对艺术课程认知的打开，也是丰富孩子们学习方式的好消息。

四、内在秩序与日常之美：生活中美育的意义

如果说艺术治疗、教育戏剧与美育的跨界实验是来自两个学科的融合，那么，在生活方式研究中进行美育，则是跨学科美育研究中心试图接地气进行的美育实验。丰子恺先生描绘的日常生活表明了，最高境界的艺术，就是将生活过成艺术。

当下的网络时代，信息过载，节奏太快，生活虚拟化，人的节奏被程序监控，这些感受使人们丧失了对生活的控制感；在社交网络中长时间的流连，加深了空虚与孤单感；那些生活中本来需要自己动手的事，也可以通过网络解决。那么，如果生活只剩下吃饭、睡觉、工作、学习，生活的意义又在哪里?

本文开头论述的中小学生的心理现状，主要原因就在于孩子们没有真正的生活，缺乏有美感的生活。没有机会体验日常生活的细节，就不会感受到生活对心灵的滋养。事实上，当下的很多成年人也处于同样的困境。所以，如何有美感地活着需要教育和学习，这本身就是美育工作的终极使命。同时，带有美感的生活，也更有助于培养出有内驱力、有创造力、积极探索、热爱生活的孩子。

笔者在设计理论教学实践中，有一门课程是设计与生活方式研究。在十几年的打磨与精进中，有了很多课程之外的发现。

首先，同学们上完这门课后有一种欣喜感，他们发现每天反反复复生活着的世界，似乎变得不一样了。以前他们只在生活中完成生存所需，现在他们在生活中发现世界的秘密，发现自己和生活的关系，生活变成了一个有趣的研究对象。进而通过课程了解到，改变生活方式与设计，还可以提升自己的身心状态和幸福感。于是一门设计理论课成了学生指导生活、改变自己的“武林秘籍”。很多同学在治愈自己的同时，还帮助周围的家人、朋友发现了日常生活的美妙和意义。

其次，笔者作为一位家长，一直在生活方式研究中思考家庭教育的问题，并且渐渐总结出一些规律。这些研究可以帮助家长抵挡网络信息带来的教育焦虑，因为那些教育培训机构宣称报班就可以获得的各种优秀的能力，都可以在日常的家庭生活中获得，而且是真正的获得。倘若培训机构真的在培养能力方面有这么好的效果，那么现在应该遍地都是优秀又快乐的孩子和不用操心的家长。

事实正好相反，当下的中国家庭陷入了教育焦虑和不断恶化的亲子关系中。这种困境甚至带来了年轻一代对结婚、生育的恐惧。他们害怕有更多家庭成员的生活，害怕自己从一个没有生活的孩子变成一个没有生活的家长。但这种恐慌往往走进了一条单向街。人们完全可以通过反思与改变去建构自己美好、有意义的生活。

这是跨学科美育研究中心希望探索的第三个方向，即让更多的人感受生活之美。那是一种内心具有秩序感，从而获得宁静的日常之美。就像李娟作品中呈现的琐碎日常，读者从中收获了对自己无意义生活的救赎。用美的眼睛再看世界，原来生活是那么可爱，那么值得认真对待。

五、结　语

如果说，对艺术知识的学习是一种认知。那么，面向未来的艺术教育更需要培养孩子们的元认知能力。当代数字居民在电子产品和互联网的使用中，减损了大量的具身体验和自我感受力。在即将到来的元宇宙时代，本就不断缩减的具身认知将进一步丧失。

看到人们在畅想进入元宇宙后生活将变得多么丰富多彩，笔者就感到忧心忡忡。人们如果厌弃当下的真实生活，在元宇宙中就能获得幸福吗？幸福从来不会来自虚妄的快乐和刺激，幸福只会来自战胜真实困难后的笃定，来自在真实中和身体结合在一起的情绪体验，来自真实世界与真实的人产生的心灵连接。

所以，当下的生活越是虚拟化，教育就应该更加呼唤真实。因为，守护真实和感知就是守护人类的未来，而孩子们需要通过身体和表达确认自己存在的价值与意义。

人类不是一种知识的载体，人们需要活在真实中，活在确定的感受中，活在由自身体验后才领悟到的意义世界中。跨学科美育研究中心希望为艺术教育带来更多基于身体和表达的课堂体验，帮助孩子们在艺术的熏陶中，成长为人格完整，并有勇气面对一切未知的人。

基于场景艺术化路径的空间美育价值建构

盐城师范学院　陶蓉蓉

摘　要　审美教育强调对“美感”的感知与体验，家庭、社会、学校共同作用，构成了多维、复合的“美育立方体”；无论是哪种渠道，“环境美”的营造都成为实现美感浸润的前提。本文聚焦“场景艺术化”这一空间环境的审美营造路径，一方面对当下艺术赋能社会场景营造的实践进行梳理总结，另一方面依托当代审美认知的架构系统，从审美本质、审美功用、审美设计等方面系统分析空间美育价值的产生逻辑；在此基础上尝试探讨人文社会营造语境中，艺术化空间的美育价值体系建构。

关键词　美育；空间感知；场景理论；艺术化

时距1917年蔡元培在北京神州学会演说中提出“以美育代宗教”之主张已逾百年，“以美育代宗教”不仅构成了蔡元培自身学术思想的重要组成部分，也为继承和发扬中华民族传统文化的实践行动提供了深厚的理论基础和思想资源。

“美育”一词于1975年由德国诗人席勒提出，在《育美书简》中，席勒将教育分为德、智、体、美四个大类，而美的教育则指向培养人的审美能力，并使人的主体心灵诸多方面实现和谐发展。蔡元培对美育的解释与席勒所提具有共同的精神内核，在《美育与人生》中，美育被作为“陶养”人的工具，旨在以美的对象，实现以美感发动的情感促动，即美的“陶养”。①两者的呼应印证了中外社会对美育认知的基础共性，同时也是中西方对美育问题思考的缩影。蔡元培作为我国力倡现代美育的第一人，其观点不仅开启了中国近代美学思考的一个独特视角，也体现出对时代课题的积极回应。我们看到，他的观点仿佛是开启我国美育探讨的一把钥匙，其后，杜卫、周立山、李丕显、潘知常等学者均在其基础上对中国美育展开追问，中国的几任领导人在涉及中华文

① 蔡元培．美育与人生［M］//蔡元培．美育与人生：蔡元培美学文选．济南：山东文艺出版社，2020：182－183．

明、中国传统文化等相关问题时也均表现出对美育价值的肯定。①

当下，在中国文化自信建设、中华民族共同体意识建构的时代背景中，美育对社会进步的作用再一次得到肯定，习近平在回信给中央美术学院老教授时，明确“做好美育工作，弘扬中华美育精神”的态度，关于美育的探讨也得到社会各界愈加广泛的关注。②那么，在这种情况下，美育之于社会建构、国家发展的价值认知是否发生演进？“美育”价值的作用路径是否存在新的方法？相关价值之间有无存在逻辑建构的新可能？本文拟从空间美育的角度着手，对以上问题展开探讨。

一、从载体到动因：“美育立方体”中的空间审美价值分析

无论是从纵向来看美育的发展历程，还是从横向考察美育的各个面向，对美育投以关注并付诸实践是中外共有的传统。从柏拉图在青少年教育中所倡导的艺术和审美之功用，到我国古代“乐教”“诗教”中蕴藏的审美之涵泳，这种以审美对象去刺激审美主体获得审美感知、建立审美经验的活动早已形成了不断调整、渐进宽广的学术视野，我们从中也可感知美育体系内部的平衡与调整。

当美育在精神、文化因素高度发挥作用的当代语境中，伴随艺术实践对社会生活的广泛介入，相较于自然美育而言的、更突出人工主体性的艺术美育在美育实践中承担起主要的角色。艺术介入成为美育实践落地的普遍方法，也促成了日常生活审美化的进一步深入。无论如何，愈发明确的艺术美育已然渗入社会生活的各个层面；有学者认为，从学校、家庭及社会层面看待美育的现实状况，呈现出“立方体”式的复合结构，称之为“美育立方体”。根据这个结构，美育的实施与感知路径被归纳入“家庭”“学校”和“社会”三个模块；家庭模块提倡熏陶与养成，学校模块强调课程实施，社会模块则注重整体的感染与影响。③但无论哪一个模块，“环境美”的意义都被普遍认同，尤其在目的明确的美育行动中，环境的审美营造往往成为项目实现的前提要素，艺术介入的具体工作方法，常常表现为被“艺术化”的空间效果、一种特意呈现的场景营建。

---

① 李清聚．蔡元培“以美育代宗教”思想研究［M］．北京：中央编译出版社，2017.

② 习近平．做好美育工作弘扬中华美育精神让祖国青年一代身心都健康成长［N］．人民日报，2018－08－31（01）.

③ 顾平．情境、感知与沁润：美育中美感捕获的“自我”姿态［J］．美术，2021（3）：6－13.

如此看来，美育实践中的空间审美至少表现在以下两个层面：首先是具体行动中作为物理环境的空间审美表现，其次是宏观社会层面中叠加出的空间氛围感受。前者直观显见，是各种具体美育活动的物质载体；后者则相对抽象，在文化自信和文化软实力建设的新发展格局中逐渐演进为美育执行的动因本身。

（一）作为美育载体的空间场景艺术化

肯定美育使人积累审美经验、育化美感意识和提高鉴赏能力的作用，就不难明白美育必要通过多样的路径才能得以落地。当视野聚焦到空间美育，自然是要关注通过空间呈现的审美对象及由此形成的审美经验。所谓“作为美育载体的空间场景艺术化”，一是明确以“空间”作为审美感知的纽带，二是强调艺术介入的路径和方法，“场景”则是特定空间的设定结果，“场景”作为理论体系确立的根基，本身就在一定程度上体现了对空间价值理解的深化。

在“美育立方体”的结构中，家庭美育的各种内容、学校美育的不同门类，即使在行动层面表现出内容、方案的千差万别，但其底层的逻辑却是相对统一的：既然“艺术”是美感经验的积极来源，这就意味着艺术介入空间场景并赋能美育的基础离不开接受主体对艺术感知经验的增强。根据艺术感知理论的研究成果，感知者通过对艺术的体验，可以形成独特的艺术化思维，由此产生的艺术感知觉通过对接受者美感灵敏度的提升，催化出一种更加积极有效的审美经验。围绕艺术感知觉与审美经验的互动关系，理解空间场景设定中艺术介入的作用机理，在艺术研究的内部早有先贤的探索可供参考。①

康定斯基早在1911年写作《艺术中的精神》时，就艺术“语言”所具有的特殊意涵发起审思。“艺术属于精神生活，也是其最强大的动力之一……这种运动即感知的运动，它可以有多种外在的形式，但其内在的知觉和目的是基本不变的。”②“这种运动”即由艺术牵导的“向前及向上”的精神生活。在这个概念中，艺术与精神生活、艺术与感知觉的关联得以明确肯定，康定斯基甚至更进一步论证了艺术“语言”与感觉经验之间的作用关系。例如，色彩与意义、形式与内涵之间的内在关系成为艺术创作与接受主体之间信息传达的可控因素。

出于这样的内在联系，作为美育载体的空间场景艺术化就可以演绎为现实

① 顾平. 试论艺术感知觉与审美经验的建立［J］. 美育，2021（2）：10－17.

② 瓦西里・康定斯基. 艺术中的精神［M］. 广州：岭南美术出版社，2020：11.

生活中的种种落地方案。可以人文社会中愈加投入的各种文化记忆场馆为例，在这种特定场景的“回忆空间”营造中，艺术家、设计师在选择创作媒材时，将一些旧物通过艺术化的刻意“设置”，使其物质性脱离了可利用性的循环，成为主题空间中的一个“符号载体”，这是当代艺术家创作的普遍方法，但当它们在空间中聚集，这些“物”散发着年代感觉的氤氲气息，的确使体验者易于接受此刻传播的给定主题……[①]这个包容了传播过程的，审美化、愉悦化的空间介质，自然也就成为这次“育”的过程的物质载体。类似的案例在今天不胜枚举，为什么学校中的阅读空间、创意园区里的办公空间、行政楼里的组织活动空间……都开始趋向于专业化设计、逐渐展现出某种特定的风格面貌？其实也正印证了空间场景艺术化对美育的赋能。

（二）作为动因本身的空间场景艺术化路径

将艺术介入特定空间使其匹配美育的特定主题，此时的空间场景作为美育的载体来理解是容易的，这一传统，中西皆有。但若是将空间场景艺术化的努力作为美育本身的组成部分，却是在当下中国的特定语境中才逐渐凸显的。

关于美育的界定本就不是固化不变的，它会伴随时代与认知的变化而发生变化。如蔡元培本人关于美育内涵的阐释，亦是经历了变化。从民国元年自德文“Astheticche Erziehung”的初次译出，到1901年《哲学总论》中的界定，再到1930年编撰商务印书馆《教育大辞书》时的表述，进而到1931年《美育与人生》的发表，这个界定由简单的“美育者，教情感之应用是也”，发展为逐渐丰富的、突出“美的对象”的更具体解释。一些核心的内容是坚定的，比如对“情感”的作用，再比如“陶养”的实施。结合补充强调的“美的对象”，可以便于理解艺术的功用与价值，艺术可以作为对象本体，也可以作为“培育”对象的工具。然而“情感”却是一个富于变化的词汇，想想今日所面对的AI，“情感”或许是人之所以为人的最生动本质。“情感”是多层次、多维度的，因此基于美育视角的研究定然有必要首先对“情感”加以厘清。

那么，什么是今日中国最重要的“情感”呢？笔者认为是人民对国家和民族的情感。这种宏大的情感正是对应了今日中国社会民生和国情处境的宏大叙事。环顾周遭，我们的社会生活中很容易捕捉到一些词汇，“国潮”“乡村振兴”“国内大循环”“文化自信”“软实力”……这些词汇既是当下实践聚

① 阿莱达·阿斯曼．回忆空间：文化记忆的形式和变迁［M］．潘璐，译．北京：北京大学出版社，2016：15．

焦的热点，同时也是社会需求的一面镜子。它们之间是内在关联着的。将文化自信和文化软实力建设与美育发生关联在国家文件中早有表述，2015 年 9 月，国务院办公厅印发的《关于全面加强和改进学校美育工作的意见》中就提到了“陶冶高尚的道德情操、培育深厚的民族情感……”回顾我国改革开放以来消费市场的发展变化，体现传统文化与民族元素的产品得到前所未有的认同，国民在购买产品时往往会就特定品类和文化主题类选择最具审美感受的产品，艺术是常用的加工手段；而在使用过程中，通过与产品的接触，艺术的感知觉又转而强化了对这种审美内涵的追求，其背后所可能激发的，则是更深层次的价值与观念的认同。

以乡村振兴为例，产业振兴首当其冲，乡村民宿被作为乡村文旅产业发展的抓手，在全国打开局面。在这个领域中，艺术介入乡村旅游场景营造，赋予乡村空间审美意趣，在项目评比的实践环节中，“符合当下消费者居住习惯的乡村美学空间”是极为重要的准则。那么，“乡村美学”是什么？如此强调的结果又是什么？对于以“乡土性”为传统特征的中国文化而言，乡村意象包含了中华文明的密码，当一大批以东方美学引导的乡村民宿落地营业，中华文化的基因也在其中得以延续。试想当设计师、艺术家们运用色彩、造型的专业技能对乡村空间及空间中的人造物加以处理，使之具有审美愉悦性而被人们乐于接受，这个过程本身就是对“美即生活”“天人合一”的东方哲学的传播，是中华美育的实现路径。

同时也当留心，在这个语境中，艺术介入乡村空间场景美化的结果——乡村旅游产业中的“空间产品”，其功用价值早已超越了普通空间美化所具有的“审美价值”，而是承担起“生产要素”的角色任务，这就解释了民宿视觉风格与入住决策之间的对应关系。

乡村旅游空间场景审美化何以作为民族美育的动因？这背后是鲜明的时代特征。艺术介入乡村，所呈现的审美化空间在具有“生产价值”和“美育价值”的同时，还提供了我国乡村资源内部可交易性的增长，这有利于我国空间资源价值化的开发。从该角度看，观察到乡村空间场景艺术化所具有的深层动力，也就容易理解动力增强所势必引导出的行动积极化；这些因素合力促成的因果链条，便是乡村空间美化，以及由此强化的东方审美的空间认同。这些因素，又最终将汇聚在民族美育的某个侧面。

二、从表象到气象：基于场景艺术化的空间营造方法

场景艺术化的空间营造方法，经历了从表象到气象的演化过程。其结果，

并不是两种方法在实践中的二元对立，而是呈现为一种交融创新的过程，其趋势是在空间处理的过程中，注重文化元素的创造性表达。对于民族美育的空间处理来说，这种艺术表达的“创造性”来源于立足当代生活的文化创造，这在民族美育空间领域表现得尤其鲜明。

空间场景若要具有民族美育的效用，艺术介入其审美性的营造必要融入该民族的美学气息，那么传统基因的选择与提炼就成为空间创作的文化原点；常见于创作中的，是传统文化、地域文化的符号化转译与审美性呈现。本文就以东方意蕴的空间营造为范畴，以文化基因的符号化表达为线索，检视民族审美空间中符号化呈现的两种方法。

（一）文化符号在空间场景营造中的表象性方法

将文化基因在空间转译过程中以直观的符号或图像加以表达，是文化符号在空间场景中的表象性方法，这也是人类表达对某种精神或文化意象之追求的质朴选择。以中国古人的空间观念与审美精神为例，博山炉便是很好的说明。所谓“博山炉”，是我国汉、晋时期民间常见的焚香器具，顾名思义，其造型来源于山。器具中所展现的“山”的形态，以及这种形态映入眼帘所形成的图像化感受，便是古人崇山文化的符号性表达。从考古发现来看，在大汶口文化考古发掘的陶瓮刻符中、殷墟甲骨文“岳”字的书写中，山形图样的屡屡出现证明了先民早在上古时期就萌生了山岳崇拜；中国人心目中神秘、高圣的“昆仑之丘”“蓬莱三山”证实了人心中“山”和“仙”的联系，也决定了“山”将作为一种文化原点必然在艺术形式中迎来符号的转译和表达。郑颖在介绍台北故宫博物院所藏的二十余件博山炉时，描述这些器具“上盖镂铸如山峰叠嶂，中间主峰依次层峦簇拥”“当香烟袅袅升起，梦幻缥缈好似海外仙山”；吕大临《考古图》中也有对汉代香炉“下盘贮汤使润气蒸香，以像海之四环”的描述。①

在这些博山炉的案例中，仙山隐喻带来的山岳崇拜、器具形态对山岳的模仿、香器性能及使用样态与仙山意境的呼应，都呈现出文化符号直观对译的表象性方法。如果使用符号学的解释，符号具有“物质性”与“非物质性”两种可能，那么，空间场景中的表象性符号就往往倾向于符号传统定义所说的“一物代一物”。这种简单、直白的指代关系，在微观层面可以理解为博山炉形态对山岳的表意；在中观层面看则可以是这种山岳形态的熏香器对仙山隐喻

① 转引自咸阳市文物考古研究所．文物考古论集：二［M］．西安：三秦出版社，2016：26.

的追求；在更为宏大的视野中，博山炉所置空间的审美气息则是对中国传统文化意涵的追随。这便又回到了中国传统审美空间的体验范畴。

（二）文化符号在空间场景营造中的气象性方法

管宁教授在探讨传统文化精神时提出“当代中国文化气质与文化气象”，所谓“气象”指的是传统文化审美精神的创造性运用与转化。他举例贝聿铭对苏州博物馆的建筑空间设计，苏州园林与江南水乡的地域特色在苏州博物馆空间中的呈现并没有以任何传统花窗、构形的样貌出现，而是以一件件“传统重构”的地域符号加以传达的，最终以现代性转化后的“粉墙黛瓦”勾勒苏式建筑传统的气质和品格。文化符号在空间场景营造中的呈现明显经历了从显性到隐性的转变。

文化符号转译过程中的显性与隐性，对应了空间美育中主题符号使用的表象性与气象性，但其符号学的底层逻辑实际是“符号载体”的物质性或非物质性之间的差异。符号学研究认为，“符号是载体的感知与这个感知携带的意义之间的关系”，既然可“感知”的不一定是物质的，那么作为符号载体的感知也就可以是缺失物质的。这在对应中国审美意趣时简直如获先机，中国画中的“留白”、音乐表现时的“大音希声”，都可作为一种“空符号”的理解。[①]而这种“空符号”竟成为处理传统文化符号转译时面对时代差异的巧妙方法。对于民族美育而言，人们感受一个民族文化的伟大，往往先是从直观上领略其文化创造成果开始，继而才认同其文化观念、思维方式与文化价值，最后综合而实现美育的功能。[②]然而传统文化有其自身的生成背景和历史原因，若要使其在当下社会对人们产生影响，必然是使人们在日常生活中由接触到接受才可能实现美育。但使用者的生活方式、审美习惯必然随着时代变迁而存在巨大变化，在这种情况下适当“松弛”文化符号的“物质性”，突破固化的刻板印象，立足于当代生活进行文化创造，反而能更好地于最普遍的消费社会中传递传统文化的精髓。

并且，在中国当前对高质量发展的时代追求下，“人民群众对美好生活需要”的渴望本身，就包含着涵泳文化自信的精神需求，这决定了传统文化精神和文化符号需要在更广泛、更宏大的社会范围中体现。于是，“非物质”符号被称为“心灵符号”，隐喻了更加普遍与沉浸式的实施要求，也成为空间与

---

① 韦世林．空符号与空集合的微妙关系初探［J］．昆明学院学报，2009（4）：42－47．

② 管宁．古典美学的现代转场与当代创新［J］．人文杂志，2020（11）：104－112．

人之间的感知联结。[①]尤其需要注意的是，在“物质”与“非物质”的符号之间，并不是非此即彼的割裂，而是存在着一个巨大的暧昧范畴，人们渴望能够实现更多的文化想象，乃至美育价值。

三、从感知到建构：以美育为范导的空间价值化开发

回顾历史，鉴照美育发展的价值走向，时光流转对应着美育价值的平衡与调整。比如在蔡元培眼中，美育具有改造社会和抗日救亡的作用，在今天其必定已转化为新的功用。在美育发动美感、陶养情操的根本作用之上，时代总是赋予其特定的时代使命。党的十九大将新发展理念作为习近平新时代中国特色社会主义思想的基本方略之一，文化软实力与文化自信建设的意义凸显，这不仅是因为其与新发展理念的内在互动，还在于其与国家整体实力生成的深层共鸣。[②]我们还需看到，21 世纪以来世界面临的百年未有之大变局背景下，由中国所创造的人类文明新形态正在推动新的文明格局形式。基于这样的宏观大势，对中国文化基因、美学传统的继承与转化，发扬中华民族深层文化力量的包容性与涵化力是中国式现代化新道路的文化旨归。[③]

在如此背景下，空间美育担负起新时代的价值使命。这种倾向于宏大民族文化叙事的美育理想决定了空间美育价值设计的开发逻辑的改变——美育效用的价值增值逻辑从着力单元空间的美育感知到体系化美育空间的主动建构。

同样，从感知到建构并不是二元对立的取代关系，而是空间美育价值构成逻辑的积极演进。感知作为美感捕获的过程，构成了美育实现的前提基础。艺术介入空间美育，对特定的空间场景进行艺术化处理，其宗旨有二，首先是以艺术的方法突出文化和思想的主题，其次是以艺术的方式激活人的美感灵敏度，使主题思想能够以愉悦的方式被传播和接受。其背后的科学逻辑是人对事物的感知分型，“知性感知觉”与“觉性感知觉”共同构成了人的感知通道。知性感知觉依赖知识和理性产生认知结果，而觉性感知觉则偏爱凭借感觉和经验来认知。[④]艺术的感知觉虽然偏向觉性，但由于人的感知经验是一个综合过程的结果，所以中华美育的特定主题可以通过文化要素的理性提取、符号转

---

① 赵毅衡．符号学：原理与推演［M］．修订本．南京：南京大学出版社，2016：26－27.

② 项久雨．新发展理念与文化自信［J］．中国社会科学，2018（6）：4－25.

③ 管宁．人类文明新形态的民族文化叙事：中国式现代化新道路的文化旨归［J］．学习与探索，2021（9）：10－21.

④ 顾平．艺术感知与视觉审美［M］．北京：北京大学出版社，2020：29－30.

化，再施以艺术化处理后，能够最终朝向一种积极有效的审美接受方向推进，这是一种符合人类审美本质和审美过程的逻辑进路，精进艺术处理的技术和方法就是提高美育价值感知的落地方法。

以建构为思路的场景美育价值设计是基于感知美育效果之上的策略创新。那么，空间美育的效用增加如何能够跳出单体项目而从宏观层面加以谋划呢？16—19世纪盛于欧洲的壮游（Grand Tour）提供了有益参考。所谓“壮游”，是指文艺复兴之后兴起于欧洲的一种文化热潮，指代当时的欧洲人长途旅行、了解体验各地文明走向的行动。尤其是在启蒙运动和工业革命以后的英国，壮游更是发展为一种制度，被视为上层贵族人生教育的必修课程。许多欧洲的文化精英，文人如歌德、拜伦，画家如彼得·勃鲁盖尔、委拉斯凯兹……都经历过壮游，壮游对欧洲的文明传播、文化创作与文化自信均产生了巨大的推动作用。

延续这条思路，以快速发展的文旅产业为媒介，构建以乡村文化旅游项目、各种博物场馆为节点的美育大空间框架，并以旅游产业的落地能力加以推介，便可尝试构建起系统性、主题化的中华文化空间美育体系，使接受者以旅游体验的主体积极形式，在文旅产业服务支持的前提下系统性地感知中华文明的丰富内容。可以想见，在到过秦始皇陵铜车马展厅之后，很难不为铜车构件设计之精巧、装饰之华美所惊叹；在去过敦煌莫高窟之后，也很难不为其丰富性所折服——仅一个61窟、仅佛像背面的《五台山图》，就贡献了五台山山水特色、民间风俗、河北区域地图、五台山神迹故事等多样的文化内容。这些瑰宝既然曾经促进了梁思成的思考，那为何不可成为当下人积极的精神体验？

再以乡村旅游为例，当体验者以一种放松的心态、旅游的行为去体验具有审美愉悦与功能舒适性的乡村民宿空间之后，当这种符合东方气韵与乡土美学的审美感知被乡村文旅营销体系反复叠加之后，所谓“乡土文明”的文化基因便已经在潜移默化中移入感知者的个体经验当中，空间美育的效果也就以一种体系性建构的方式得以达成。

四、结 语

空间感受之于人的意义，海德格尔从荷尔德林那里引来“人诗意地栖居”，将栖居的本质落在了“诗意”，将我们引向一个审美的乌托邦。空间所具有的物质性与社会性的双重属性使空间场景在嵌入社会生活时也体现出多维的特点。人对空间的感知亦是一个丰富的过程，虽然空间建造离不开一系列的理性数据支撑，但对使用者而言，最大的体会还是来自感性；尤其特殊的是，这种感性的第一论题并不是人们知觉到的物，而是一种综合的“气氛”。德国学者格诺特·波默提出“气氛美学”的概念，为理解空间感知、审美体验与美育接受三者关系提供了恰当的线索。“气氛”巧妙地强调了空间审美性的重要，使之与艺术手段相连，并解释了场景概念的合理性和必然性。空间建构中的各种要素被联系起来，艺术是有效的并具有普遍性的方法，艺术介入场景空间以促动情感，如“气氛美学”所言，气氛是介于主、客体之间、被主体加以体验的过程。①这个过程一方面与美育的过程契合，另一方面又匹配了当前中国文化自信与软实力建设的时代需求，空间美育的范畴也开始越过单体空间而转向更为宏大的文化主题建构。

由此，本文归纳空间美育在时代语境中所体现出的新趋势，在认同美育价值跃升的基础上，期待艺术介入可以在遵循美育内涵变迁、价值动态性的框架的同时，获得更好的制度性资源支持，以创新的策略、合理的节奏进一步提高空间美育的实践价值。

原载《贵州大学学报（艺术版）》，2023 年第 3 期，略有改动

---

① 格诺特·波默．气氛美学［M］．贾红雨，译．北京：中国社会科学出版社，2018：2－4．

第四篇

学校美育评价研究

马克思主义美学视域下高校美育评价初探

江苏航空职业技术学院　霍运哲

摘　要　2020 年，中共中央办公厅、国务院办公厅印发了《关于全面加强和改进新时代学校美育工作的意见》及《深化新时代教育评价改革总体方案》，两份文件均强调美育的结果评价、过程评价、增值评价及综合评价。马克思主义美学立足于历史唯物主义，提出艺术救赎的审美标准，定义审美是对艺术中意识形态的创新性研究，侧重审美活动、审美关系与审美经验方面，对美育中的教学过程、教学方法、教学目的和教学评价有所启示。从马克思主义美学的观点来看，美育评价应挖掘内容、重视过程、强调意识、全面发展，落实于课堂过程，重点在逻辑共情，侧重于社会实践，强调多元评价。

关键词　马克思主义美学；美育；教育评价

美育指一切旨在培养人们美感教育的总称，横跨美学和教育学两个学科。[①] 美学与教育学受历史背景下政治制度影响，具有鲜明的政治倾向，不少哲学家在其著作中均承认其观点受资本主义立场左右，这并不是全然地反对资本主义，而是在马克思主义辩证统一的前提下，尽可能地减少研究变量，以便形成更符合当下国内现状的美育观点，故本文并未选择马克思主义美育观，而是选择马克思主义美学中的部分理念，作为论述当下美育评价的出发点。

教育评价是指在一定教育价值观的指导下，依据确立的教育目标，通过一定的技术和方法，对所实施的各种教育活动、教育过程和教育结果进行科学判定的过程[②]。2019 年教育部印发的《关于切实加强新时代高等学校美育工作的意见》中，对高校美育要求坚持正确方向、面向全体、改革创新，显著提升大学生审美和人文素养。但由于美育的教育目标、教学方式、教学形式有别于素质教育、德育、体育等其他教育，美育的评价标准难以确定。2020 年中共中央办公厅、国务院办公厅印发了《关于全面加强和改进新时代学校美育工作的意见》（以下简称《意见》）。该《意见》将美育定性为审美教育、情

---

① 王道俊，郭文安．教育学［M］．7 版．北京：人民教育出版社，2016．

② 全国十二所重点师范大学联合．教育学基础［M］．2 版．北京：教育科学出版社，2008：316．

操教育、心灵教育及丰富想象力和培养创新意识的教育，教育目标是提高学生审美和人文素养，强调对美育教学评价的探索。在这之后，2020 年中共中央、国务院印发的《深化新时代教育评价改革总体方案》中提出改进结果评价，强化过程评价，探索增值评价，健全综合评价的观点。马克思主义美学侧重审美活动、审美关系与审美经验，这与美育中的教学过程、教学方法和教学目的高度重合，适合作为当下美育评价探索的理论依据。

一、马克思主义美学的审美观点

马克思主义美学是卢卡奇、葛兰西、本雅明、阿多诺、马尔库斯等人在马克思美学观点的引领下，以现代主义与现实主义、艺术表现对象、艺术自律等问题为研究对象，通过观察、发散、反思、总结等方式精炼而成的美学体系，侧重审美活动、审美关系与审美经验。

（一）美学应立足于历史唯物主义

马克思对美学的论述零散分布在其《资本论》《1844 年经济学哲学手稿》等著作中，并未形成专著，马克思采用“劳动”“异化”“扬弃”的观点，对黑格尔有关美感和艺术的问题加以批判，并从历史唯物主义的角度剖析人的创作活动，认为人按照美的规律，通过实践创造对象世界，改造无机世界。①古希腊的悲剧是在古希腊环境下产生的特殊艺术，当今世界环境不能模仿，故艺术是在固定的年代背景下，人们取材于历史环境、历史史实，并对其进行改造的劳动。

卢卡奇继承了马克思“劳动”“异化”“扬弃”的观点，认为艺术作品是以社会历史为原材料进行的一种实践，“这种内涵的无限性是进一步由社会—历史地决定的。生活本身确定了这里所包含的规定内容、质和丰富性，并把它作为社会职能的订单摆在艺术家的面前”②。艺术作品是对社会历史存在的客观反映，群众欣赏的过程，是对客观的再实践，并在这一实践中，人的思想得以解放，并不断提升，“审美表现为一种人的确立方式，这种方式是从一定阶段开始持续存在的，并由其产生开始的不断增长的需要而形成的”③。卢卡奇在《审美特性》一书中旁征博引了多种艺术形式，并从不同艺术门类出

---

① 马克思．1844 年经济学哲学手稿［M］．中共中央马克思恩格斯列宁斯大林著作编译局，编译．北京：人民出版社，2014：53.

② 卢卡奇．审美特性：上［M］．徐恒醇，译．北京：社会科学文献出版社，2015：313.

③ 卢卡奇．审美特性：上［M］．徐恒醇，译．北京：社会科学文献出版社，2015：350.

发对审美予以论述，葛兰西则是从文学的角度对艺术与社会的内在逻辑进行了缜密的论述。

葛兰西拥护艺术作品是形式与内容二元统一的观念，并认为内容的改变意味着形式的改变，内容决定形式。在《论文学》中作家对环境的态度一章内，论述社会环境对艺术作品内容的直观影响，“对内容来说，带有根本意义的乃是作家和整个一代人对这个环境的态度”①；作品所展现的社会环境真实与否，决定了作品是否能被称为艺术，艺术家必须展示“实实在在的存在”，一定时期的个性化的、毫不随波逐流的事物——这种展示是现实主义的②；作品是特定历史环境的产物，唯有彰显历史的作品才可被称为艺术，代表古希腊艺术的悲剧、巴洛克风格的建筑、浪漫主义时期的标题音乐，以及在马克思主义的引领下，彰显人民群众社会生活的新艺术，都是蕴含了历史结晶的艺术瑰宝，“新文学的前提，不能不是历史的、政治的和人民的前提”③。艺术作品是对社会历史的凝练，具有历史的厚重感，欣赏艺术作品的过程，便是对作品内在历史环境的探索，因此，历史成为审美的前提，若要剖析作品的美，首先须对作品的历史、社会成因有所架设，再设立标准以对作品进行审美。审美的方法在于历史与艺术的结合。

（二）艺术救赎式的审美标准

葛兰西基于历史与社会，对艺术作品设立了道德、情感、世界观三者统一的评价标准，但由于葛兰西所处环境的限制，其对审美标准的论述停留在真善美这一标准上，但并未详细论述真善美究竟为何。阿多诺大篇幅地论述文化产业所带来的负面影响，大众文化缺乏深刻的内涵，致使群众审美退化，“快感是艺术的偶然契机，甚至不比关涉艺术知识的快感更有意义。简言之，应当抛弃那种把供人欣赏的玩味视为艺术本质的思想”④，而现代作品所蕴含的理性与逻辑，构成了艺术本身的自律性，与艺术的历史性相结合，成为艺术救赎的最佳媒介。阿多诺认为好的艺术作品可以描绘人间疾苦，从而唤醒群众积极奋斗的精神，以改变不完美的社会，“精神不只是激活艺术品的呼吸，由此唤醒作为显现现象的艺术品，而且还是艺术品借此取得客观化的内在力量”⑤。从

---

① 葛兰西．论文学［M］．吕同六，译．北京：人民文学出版社，1983：44.
② 葛兰西．论文学［M］．吕同六，译．北京：人民文学出版社，1983：15－16.
③ 葛兰西．论文学［M］．吕同六，译．北京：人民文学出版社，1983：17.
④ 阿多诺．美学理论［M］．王柯平，译．修订译本．上海：上海人民出版社，2020：23.
⑤ 阿多诺．美学理论［M］．王柯平，译．修订译本．上海：上海人民出版社，2020：134.

艺术救赎的角度出发，对艺术作品的审美本质上是一种心理分析，需要通过形式窥探其内部的真理，从而起到真正的教育作用。审美的目的在于窥探事物真理，完善个人精神。

（三）审美是对艺术中意识形态的创新性研究

伊格尔顿在《批评与意识形态》一书中认为审美本质上是一种对意识形态的评价，由此引申出审美的意识形态观点。“一旦艺术品成为市场中的商品，它们也就不再专为人或物而存在，随后它们便能被理性化，用意识形态的话来说，也就是成为完全自在的自我炫耀的存在。”① 艺术并不能决然地隔绝商品经济的侵蚀，且艺术海纳百川的特性容纳了政治的、教育的、宗教的、生活的等一系列内容，从而促使艺术自身产生了意识形态，对艺术的审美过程，也就是对这一意识形态的解剖过程，人在这一过程中不可避免地接触、吸收、重塑了这些意识形态。审美的本质是意识形态的不断更新迭代。

二、马克思主义美学视域下高校美育评价的理念转向

教育部印发的多份美育相关文件中均提到以美育人、以美化人、以美培元的指导思想，“元”一词在中华汉语词典中可翻译为“精神、根本”，“精神”可指代人的主观世界，包括意识、思维活动和一般心理状态，培元，即可理解为培养人的精神，这与阿多诺的艺术拯救说、伊格尔顿的意识形态改造说不谋而合。在阿多诺看来，“艺术善于辩论的自我意识，是以精神化为先决条件”②“真理性内容总是越过艺术品的内在审美结构”③，艺术作品存在真理性，既是作品本身的客观性与精神，也是作品的本质和存在意义，“艺术总是一种社会现实（因为它是社会的精神劳动产品）……艺术的社会性主要是因为艺术站在社会的对立面。不过，这种具有对立性的艺术，只有在其成为自律性艺术时才会出现”④。艺术作品是自律性与社会性的辩证统一，那么欣赏艺术作品的过程，即是对展现人类苦难艺术的解剖过程，是对作品中自律性与社会性的辩证分析。

伊格尔顿认为美学观点与社会主流意识形态的建构是相辅相成的，“美学

---

① 伊格尔顿. 美学意识形态［M］. 王杰，傅德根，麦永雄，译. 桂林：广西师范大学出版社，1997：9.

② 阿多诺. 美学理论［M］. 王柯平，译. 修订译本. 上海：上海人民出版社，2020：361.

③ 阿多诺. 美学理论［M］. 王柯平，译. 修订译本. 上海：上海人民出版社，2020：364.

④ 阿多诺. 美学理论［M］. 王柯平，译. 修订译本. 上海：上海人民出版社，2020：332.

著作的现代观念的建构与现代阶级社会的占统治地位的意识形态的各种形式的建构、与适合于那种社会秩序的人类主体性的新形式都是密不可分的。正是由于这个原因……美学才能在当代的知识的承继中起着如此突出的作用”[①]。意识形态是不同阶级精神的凝练，审美的过程必然涉及作品的精神，“审美艺术品总是把普遍和特殊、一般和个性、形式和内容、精神和感觉和谐地相互联系起来”[②]。

对阿多诺艺术救赎理念前后相关概念的补充，完整交代了马克思主义美学的审美原理的变迁始末，伊格尔顿将审美定性为对精神与意识形态的解析，也象征马克思主义美学构建了审美应当立足于历史、侧重艺术救赎、强调意识形态的三大核心要点。

教育目的是检查评价教育活动的重要依据，包含多层次的系列目标。[③]2020 年我国发布的《关于全面加强和改进新时代学校美育工作的意见》，将美育目标确定为提高学生审美和人文素养，郭声健认为在当今的教学目标之下，针对高校美育评价，应当坚守育人为本，杜绝机械考试对高校学生的课业负担；遵循美育规律，尽可能将评价与美育实践活动相结合、尽可能回避学生害怕的评价内容与形式、尽可能尊重学生审美差异；明确以学定评，侧重美育的过程性评价；坚持因地制宜，各地高校充分发挥地区优势，形成评价特色。

美育是强调审美过程的教育，教师在教授音乐欣赏、讲述审美原则、组织排练合唱时，本质上是教授学生审美的方式方法，即是对审美活动、审美关系和审美经验的教学，针对这一方面，马克思主义美学认为审美应当立足于历史、侧重艺术救赎、强调意识形态。以这三点构成的美育评价的核心标准是对郭声健的美育评价建设思路的延伸。

（一）评价范围

美育的目标是提高学生审美和人文素养，美育评价的对象为参与艺术类公共课、艺术类专业课、艺术类社团等各类课程、活动、实践的高校学生。宏观层面的教学评价涉及学校自评、机构评价等，侧重美育的结果导向，是对美育课程建设的纲领性评价；微观层面的教学评价指课程的教学效果评价，可分为

① 伊格尔顿．美学意识形态［M］．王杰，傅德根，麦永雄，译．桂林：广西师范大学出版社，1997：3．

② 伊格尔顿．美学意识形态［M］．王杰，傅德根，麦永雄，译．桂林：广西师范大学出版社，1997：10．

③ 全国十二所重点师范大学联合．教育学基础［M］．2 版．北京：教育科学出版社，2008：73．

诊断性评价、形成性评价和总结性评价。但一方面，美育是审美活动、审美关系和审美经验的教学，教学方式独特，教学内容宽泛；另一方面，美育的无目的性使得其与功利性的教学评价格格不入，教学评价须尽可能地减少学生负担，这使得美育评价的范围进一步缩小，并从传统的教学结果转向为教学过程的评价。

（二）评价标准

1. 重结果更重过程

美育评价标准更应当注重过程，探索事物美好的过程比知道事物是美好的更重要。马克思将人类审美归咎为人主观能动性的实践产物，“五官感觉的形成是以往全部世界的历史产物”①，实践过程的总结反思形成了审美认知，从而改造客观世界，在这一过程中，人的审美及素养得以提升。换言之，审美及素养的提升是一个过程，并不是结果；此外，审美是通过实践过程而形成的认知，它并非客观存在的某一具体事物，也并非隐藏在事物背后的绝对真理，在教师的教学过程中，并不可能通过告知学生某一美学原理，或讲解某一审美原则，使得学生的审美标准产生绝对偏差，唯有将审美的理念与方法通过代入分析具体作品的教学过程，从而带领学生走入作品所在的历史纬度，才能改变学生对事物的理解方式，从而潜移默化地影响学生的审美能力及人文素质。

2. 重共情更重逻辑

马克思主义美学强调历史事物与艺术作品的内在逻辑，认为艺术作品是当时历史情景的缩影，葛兰西强调历史内容与美的形式统一、阿多诺认为工业革命影响了艺术的正常发展、马尔库斯论证现实与艺术的差距、伊格尔顿提出艺术文化生产理论等，马克思主义的审美观点基于客观环境与时代艺术的内在逻辑辩证，强调艺术的他律性。诚然，审美以艺术作品为媒介，唤起欣赏者内心的情绪，从而引起情绪共鸣，但在教学过程中只是一遍遍地欣赏共情的作品，而不总结引起共情背后的逻辑，那么只是拓展了学生的视野，使学生知悉了更多艺术形式，但学生并未了解艺术形成的逻辑，也就无从提高审美能力和人文素质了。换言之，美育过程应当在欣赏作品的同时，讲解作品形成的历史背景，补充并凝练艺术作品的形成逻辑，以窥探艺术作品内部的真理，并将真理的探索过程作为美育教学评价的重要参数。

---

① 马克思．马克思恩格斯全集：第 42 卷［M］．中共中央马克思恩格斯列宁斯大林著作编译局，编译．北京：人民出版社，2016：126.

3. 重欣赏更重实践

艺术作品是人对于客观事物的观察与改造，意识形态在这一过程中形成，而审美则是对这一已形成的意识形态进行解剖，美育课程所教授的审美活动、审美关系和审美经验，是对审美的再实践，在课程中，教师是实践的主体，学生是实践的客体，学生被动地接纳教师的观点，在教师的引导下对艺术作品进行赏析，所形成的审美观点是受教师影响的非独立的理念，唯有学生独立地对艺术作品的意识形态进行解剖时，其审美能力才完成蜕变，并在探索的过程中丰富人文素养，学生从依赖到独立，需要大量的审美实践。

三、马克思主义美学视域下高校美育评价的方式设计

高校美育课程大致可分为艺术类公共课、艺术类专业课、艺术类社团等各类课程，由于人的审美存在异化，审美能力和人文素质并没有统一明确的评价指标，各类课程也并没有统一适用的评价。笔者在艺术类公共课和合唱艺术社团的实践中，结合马克思主义美学观点，得出以下三种评价方式。

1. 侧重形成性评价，强调审美体验性

美育评价既没有参考答案，又要侧重教学过程，还不能增加学生的负担，所以教学过程中进行随堂反馈的形成性评价，便成为艺术类公共课的重要评价方式。审美能力是在剖析艺术作品的时代背景，挖掘艺术作品的意识形态过程中逐渐形成的实践思维，在这一主观体验过程中，学生也掌握了相应的人文素养，形成性评价针对审美的实践性和体验性，以课堂问答的形式展开，教师提问，学生讨论。笔者常常针对某一艺术作品，抛出个人观点，并引导学生对作品本身进行随堂讨论，在讨论的过程中，补充创作背景，剖析创作理念，绝大部分学生能够从中增加人文素养，部分学生能通过讨论的过程，形成审美逻辑，颇有成效。

2. 坚持相对性评价，注重学生发展性

审美本身具有异化特性，美育的评价需考虑到学生个体差异，以班级小组为单位，依照学生在小组中所处位置对其进行评价。公共课学生素养参差不齐，部分接受过艺术启蒙的学生，在艺术的基础素养上会高于其他学生，但在艺术作品的审美上千差万别，播放同一首交响曲，有一些受过音乐教育的学生觉得交响曲很枯燥，但也有一些未受音乐教育的学生却能从中感受到人生，故美育不适合使用有着统一标准的绝对性评价。以笔者指导的合唱团为例，团员虽为经过筛选的非专业学生，各位成员的音准、节奏、乐感差异却较大，笔者

在每学期伊始，会依照声部及歌唱水平，将学生大致分组，并对各个学生的音准、节奏、乐感进行考核，然后在学期末时再次考核，比较两次考核的差异，依照进步程度予以评价，避免学生间的横向评价。

3. 拓宽教学评价渠道，鼓励学生自主实践

美育的评价应走出书本的桎梏，鼓励学生探索实践。艺术作品本身是社会实践的产物，是融合了时代政治、经济、思想等元素而成的意识形态，这些意识形态也反过来构成了我们生活的方方面面，带着探索美的眼光审视生活，本质上也是一种美育。一方面，美育实践可以是对艺术作品的欣赏与接收。收藏文物的博物馆、布满画作的展览会、演出交响乐的音乐厅，甚至热闹欢腾的街头演出等，这些汇集了艺术活动的场所都是美育的社会课堂，也都是高校美育课程的外在补充，客观存在的艺术作品能够帮助学生发现身边的美好。另一方面，美育实践也可以是对艺术作品的反思与评价。艺术作品所蕴含的意识形态并非直观地展现在作品表面，而是有所遮蔽地隐藏在作品的内核之中，美育是教授学生挖掘作品内核的过程，以文字的形式记录审美的直观感受，可直观地培养学生的审美能力，也符合美育评价的目标。

四、马克思主义美学视域下高校美育的反思与延伸

实践是检验真理的唯一标准。马克思主义美学构建了审美应当立足于历史、侧重艺术救赎、强调意识形态的三大核心要点，笔者据此引出了高校美育应在既定范围内，重结果更重过程、重共情更重逻辑、重欣赏更重实践的评价标准，并由此建立了侧重形成性评价，强调审美体验性；坚持相对性评价，注重学生发展性；拓宽教学评价渠道，鼓励学生自主实践的评价方式。对美育进行评价研究的同时也带来了对美育建设的反思。

高校美育的建设方向应以学生为本，依托项目导向、技能导向，建设“一体两翼”的美育体系。依托国家社会科学艺术学基金项目、国家艺术基金项目、国家教育科学规划课题、省级教育科学规划课题、各省市文旅局项目等，建设高水平管弦乐团、合唱团、舞蹈团等，创作新时代艺术作品，以实践传承优秀文化；培育学生艺术技能、审美情趣、价值诉求等，在培育学生艺术技能的同时，取得相关音乐、舞蹈、美术证书及荣誉，以实践完善学生世界观，从而在真正意义上做到以美育人、以美化人、以美培元。

高校公共艺术教育多层次评价体系的构建研究

——基于“双一流”建设的视阈

中国药科大学　严　岩

摘　要　本文在阐述当前我国高校公共艺术教育评价中存在的主要问题的基础上，分析了“双一流”建设背景下的高校公共艺术教育评价发展方向，提出了高校公共艺术教育评价理论的分析框架。通过对多所知名高校的人才培养方案及公共艺术教育特点的分析，将培养目标建设、毕业要求完成度、课程设置、师资队伍、支持条件、质量保障等要素纳入高校公共艺术教育评价体系中，并建立概念分析评价模型。采用主成因分析法将以上要素进行归集，并利用层次分析法对各级指标进行赋权。最后对高校公共艺术教育评价体系各要素的功能进行分析和评价。

关键词　高校公共艺术教育；评价体系构建；层次分析；“双一流”建设

公共艺术教育在高校人才培养中的作用是不言而喻的。正因如此，长期以来我国对高校的公共艺术教育十分重视。2019 年 4 月，教育部下发了《关于切实加强新时代高等学校美育工作的意见》（以下简称“意见”）。该《意见》明确要求普通高校要强化面向全体学生的普及艺术教育，并提出修订《全国普通高等学校公共艺术课程指导方案》。同时要求各高校要明确普及艺术教育管理机构，把公共艺术课程与艺术实践纳入高校人才培养方案。《意见》的颁布对我国当今高等教育提出了新的要求和具体实施办法，这无疑也是对“双一流”高校的人才培养提出了更高的要求。但是，由于不同高校公共艺术教育资源条件和管理方式不同，其公共艺术教育现状差别也较大。因此，如何科学地评价目前高校公共艺术教育，进一步提高高校公共艺术教育质量，一直成为教育界关心的问题。本文通过对我国部分“双一流”高校的人才培养方案的研究，分析提取相关评价指标，并建立了概念分析评价模型；采用主成因分析法将相关要素进行归集分析，并利用层次分析法对提取的各级指标进行分析和评价。

项目名称：2023 年度江苏高校哲学社会科学研究重大项目“‘双一流’高校美育实施新高度及路径研究”（项目编号：2023SJZD045）。

一、“双一流”建设背景下的高校公共艺术教育评价发展方向

（一）高校公共艺术教育评价存在的主要问题

我国于20世纪80年代末开始试行高校教学质量评价制度，对提高我国人才培养整体质量起到了积极的促进作用。但对高校的公共艺术教育的质量评价，至今尚未建立完善的评价制度。其主要原因是不同类型高校对于高校公共艺术教育意义精神的贯彻存在一定的差异，从而导致不同的高校对于公共艺术教育的重视程度差别较大。具体表现为不同学校公共艺术教育资源的差别巨大，公共艺术教育方向的侧重点不同等。有些高校的艺术教育主要侧重于音乐、舞蹈和戏曲等方面。而有些高校则侧重于文学、书法与绘画等方面。有些公共艺术教育资源较丰富的高校，开设的可供学生选择的课程较多，师资队伍建设相对较好。有些资源条件较差的学校则难以开设最基本的公共艺术教育的课程。正因如此，我国高等学校的公共艺术教育质量评价工作困难较大。近年来，有些学者针对当前高校的公共艺术教育问题提出评价方法。①② 这些评价方法存在的问题较多，其原因主要是随着社会不断进步，人们的教育理念也随之发生变化，各高校的公共艺术教育条件也在不断改善。因此，高校的公共艺术教育对人才培养的影响是一个动态发展的复杂过程，其评价方法也应紧随其发展而变化。目前我国高校公共艺术教育评价方法的主要问题存在于以下三个方面。

一是评价理念落后于时代发展。当前，高校公共艺术教育的评价思路往往照搬学科教育的评价思路，这种评价理念并不符合公共艺术教育的特点。学科评价的目的在于通过学科人才的聚集和目标的共同追求，获得更丰硕的学术成果和更多的高精专的学科人才，而高校公共艺术教育评价的目的在于提升大学生的综合素质，两者评价的目标完全不同。不同的理念必然导致评价方法、评价视角、评价指标等方面的差别。因此必须以新的理念来理解和对待高校公共艺术教育的评价工作。

二是评价指标选取不尽合理。高校公共艺术教育评价大多会选取学科资源型的目标性数据作为评价指标，而忽略艺术素质教育建设成效的总量和集成评价，未融入艺术素质教育发展潜力和发展趋势的评价指标，没能充分体现艺术

---

① 武奕廷. 云南省高校公共艺术教育课程设置的现状与对策研究［D］. 昆明：云南师范大学，2016：5.

② 陈彦颖. 高校公共艺术教育的现状探讨［J］. 课程教育研究，2016（7）：24.

素质教育的特点。

三是评价组织机制存在问题。当前我国高校公共艺术教育效果的评价是与其他全校选修课程一起进行的，评价者缺乏高校公共艺术教育的专业背景，评价结果的权威性受损。此外，当前的高校公共艺术教育的数据信息建设落后，相关数据监测工作不足，技术手段落后，导致我国高校普遍缺乏公共艺术教育的自评预警机制，导致自评能力和治理能力不足。

（二）高校公共艺术教育评价的发展方向分析

高校公共艺术教育评价的目的是通过共性指标的比较，科学地认识高校公共艺术教育的效果，发现其中存在的问题和不足，促进公共艺术教育质量的不断提高。本着这样的整体发展目标，高校公共艺术教育在未来将发生以下几点变化。

首先，高校公共艺术教育将以更科学、更现代、更独立的评价理念发挥更大、更高效的功能。与学科评价在内涵和本质上的根本差异使高校公共艺术教育评价必须具备独立的评价理念，不仅要借鉴学科评价中知识成果真理评价和实践应用价值评价的评价理念，还应考虑公共艺术教育对学生综合素质作用的长远性和迟滞性特点，树立整体、系统，具有前瞻性和长期性的评价视角和理念。

其次，应建立科学全面的评价指标体系。该体系应独立于学科评价之外，体现高校公共艺术教育的目标和整体需求。既能够充分汇集不同类别高校的共性指标，也能突出不同高校的公共艺术教育特点，起到发现问题、监督决策、促进发展的作用。此外，指标体系应具有长远眼光，充分体现高校公共艺术教育发挥作用起步慢、作用持久的特点，重视艺术素质教育建设的总量和集成效果。

最后，评价组织机制应更加高效权威。其一，评价者应具备扎实的公共艺术教育背景，熟悉公共艺术教育的全部环节，透彻掌握公共艺术教育的发展方向，具备高屋建瓴的评价能力。其二，未来的评价体系必然将挖掘和利用更多、更深入的数据，更深层次地揭示高校公共艺术教育的真实情况。

二、高校公共艺术教育评价理论分析框架

（一）高校公共艺术评价体系的因素构成分析

本文参考上海交通大学、浙江大学、同济大学、武汉大学、天津大学、中山大学等多所国内985院校的人才培养方案，将培养目标建设、毕业要求完成度、课程设置、师资队伍、支持条件、质量保障等要素纳入高校公共艺术教育评价体系。但是，如前所述，学科建设评价体系与公共艺术教育评价体系有着巨大的差异，因此应额外纳入能够反映公共艺术教育特点的评价要素。本文参

考前人研究，将校园文化艺术建设和自选特色项目作为评价高校公共艺术教育的两个重要影响要素。

其一，良好的校园文化艺术建设能够为公共艺术教育提供良好的发展环境，执行着重要的提升公共艺术教育效果的功能。校园文化建设是公共艺术教育不可或缺的阵地，是公共艺术教育效果展示的舞台。因此本文将校园文化艺术建设作为公共艺术教育的评价要素之一。[①②]

其二，由于高校所处地区不同，其所处地区的民族文化、风俗艺术、地方剧种等也各有特色，各地高校可以充分发挥所处的特色文化环境自选特色文化项目，既发挥地方特色文化在公共艺术教育中的优势，同时也促进民族文化在公共艺术教育中的价值实现。[③④⑤]

（二）高校公共艺术教育评价体系的概念模型

1948 年，美国兰德公司首先提出系统性分析方法（system analysis method）。[⑥] 该方法主要是把分析目标的本质、构成、起因等进行系统归纳，并将分析目标视为由若干具有特定功能的有机部分组成，各部分之间相互联系、相互作用，共同构成研究目标的整体运转。笔者将高校公共艺术教育视为目标，采用系统性方法对其进行分析解构，以期将抽象的公共艺术教育分解成可通过数据或打分进行评价的具体指标，由此提出概念分析模型（图 1）。该模型包括三个部分：培养系统、保障系统和环境系统。培养系统支撑着保障系统，是保障系统的主体，同时主导着环境系统的发展方向；保障系统保障培养系统的正常运转，同时起到支撑环境系统的作用；环境系统则发挥着促进培养系统和保障系统良性运转的作用。三个分系统共同构成了高校公共艺术教育的整体评价体系。该体系是一个内部闭合，彼此促进、保障、支撑的环形体系，同时也是一个接受外部评价以获得自我完善和层次提升的开放体系。

---

① 肖雅筠，徐霄．通识教育理念下高校公共艺术教育在校园文化建设中的路径探索［J］．戏剧之家，2018（35）：147－148.

② 郭圣能．公共艺术介入高校校园文化建设研究［J］．安徽工业大学学报（社会科学版），2018，35（3）：100－101.

③ 王一媛．以美育德：论高校公共艺术教育的目标［J］．戏剧之家，2018（8）：140－141，157.

④ 胡智锋，樊小敏．从国家发展战略到人才培养模式：当代中国高校公共艺术教育发展现状论析［J］．艺术百家，2019，35（3）：40－45.

⑤ 余锦秀．审美教育视域下高等院校公共艺术教育课程体系建设研究［J］．西部素质教育，2019，5（9）：1－3，22.

⑥ 勇美菁，钟永恒，刘佳等．支撑兰德公司的智库数据体系建设研究［J］．情报理论与实践，2019，42（9）：69－75.

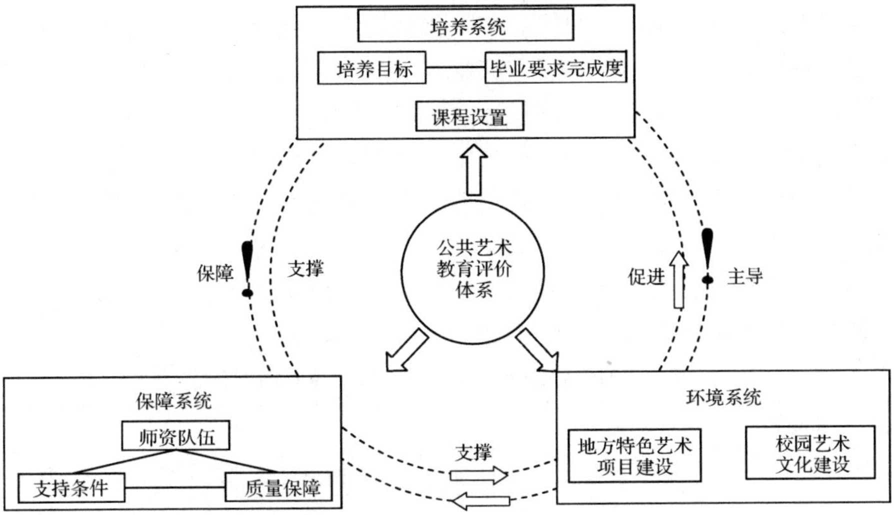

图 1　高校公共艺术教育评价体系概念模型

当前 QS 世界大学排名、软科世界大学学术排名、U. S. News 世界大学排名等全球性高校排名多从任务视角入手，将大学评价要素分为人才培养、科学研究、服务社会等方面。这种方式建立起来的评价体系是以任务结果为最终标准的，侧重于对高校获得的成绩或任务达成程度的结果分析。这种侧重并不适用于高校公共艺术教育的评价，原因是结果类评价侧重于量化要素的考量，如论文、科研成果等，但是这种评价方法忽视了难以量化的要素，如人的长期培养和教师的发展等，会增加高校行为的扭曲，背离高校存在的初心，甚至成为高校发展的囚笼。①

2016 年首次全国专业学位水平评估试点工作和 2017 年教育部等三部委组织的世界一流大学和一流学科建设高校、学科的认定工作都指出应该在大学评价中提高对过程性评价的重视，提高对知识生产的投入要素和生产过程的评价，其中特别指出环境对知识生产过程中的重要投入作用。因此，本文将环境系统作为高校公共艺术教育评价的三大系统之一单独提出。同时，公共艺术教育评价体系应包含保障系统，以维护体系的正常运转并推进体系的持续发展。

三、高校公共艺术教育评价体系的建立

（一）高校公共艺术教育评价的要素分析及分类

1. 高校公共艺术教育评价的要素分析

根据概念模型，本文将高校公共艺术教育评价的要素分为三大类：培养系

① 王艺，葛仁霞，张芳. 高校公共艺术教育战略模式探究［J］. 教育理论与实践，2019，39（27）：62 - 64.

统、保障系统、环境系统。每个系统下又包含若干指标（准则层）。如培养系统下包含培养目标、毕业要求完成度、课程设置等；保障系统下包含师资队伍、支持条件、质量保障等；环境系统包含校园艺术文化建设、地方特色艺术项目建设等。在充分参考上海交通大学、浙江大学、同济大学、武汉大学、天津大学、中山大学等多所大学人才培养方案的基础上，将准则层细分为若干准则细分层，再将准则细分层分解为方案层。方案层可根据学校相关教学文件、教学成果进行打分获得，或由专家根据学校建设情况直接打分获得。高校公共艺术教育评价指标体系的细分情况如表1所示。

表1 高校公共艺术教育评价指标体系的细分

系统	准则层	准则细分层	方案层
培养系统	1. 培养目标	1.1 培养目标定位	1.1.1 培养目标中对公共艺术教育的重视程度
			1.1.2 公共艺术教育培养目标的科学性和时代性
			1.1.3 公共艺术教育部分培养目标的前瞻性和引领性
		1.2 培养目标的预期与达成情况分析	1.2.1 公共艺术教育部分的培养目标内涵分析
			1.2.2 毕业生主要的从业领域
			1.2.3 毕业生通过公共艺术教育所获得的社会竞争优势
		1.3 培养目标的合理性评价	1.3.1 定期评价公共艺术教育部分培养目标的机制
			1.3.2 培养目标中公共艺术教育部分合理性的评价依据
			1.3.3 培养目标中公共艺术教育部分最近一次的修订情况
		1.4 培养目标与本专业的结合程度	1.4.1 学科教育中的公共艺术教育融入
			1.4.2 公共艺术教育中的学科教育融入
	2. 毕业要求达成度	2.1 公共艺术教育的毕业要求	2.1.1 公共艺术教育的毕业要求与培养目标之间的支撑关系
			2.1.2 毕业要求与认证标准毕业要求之间的覆盖对应关系
		2.2 毕业要求指标点的分解	

续表

系统	准则层	准则细分层	方案层
培养系统	3. 课程设置	3.1 课程设置设计	3.1.1 公共艺术教育在人才培养方案中的体现
			3.1.2 公共艺术教育课程设置对毕业要求指标点的支撑关系
			3.1.3 公共艺术教育课程及高级职称教师担任主讲情况
			3.1.4 公共艺术教育课程助教情况
		3.2 教学制度、教学方法与课程考核情况	3.2.1 公共艺术教育强化课堂教学制度及措施
			3.2.2 公共艺术教育课程教学大纲的制定与实施
			3.2.3 公共艺术教育教学方法改革
			3.2.4 公共艺术教育的课程考核
		3.3 课程设置的评价与修订	3.4.1 课程体系的设计与修订
			3.4.2 最近一次人才培养方案的修订情况
			3.4.3 用人单位及毕业生参与人才培养方案修订情况
		3.4 课程设置自评存在的主要问题与改进措施	3.5.1 存在的主要问题
			3.5.2 改进措施
保障系统	4. 师资队伍	4.1 师资队伍总体情况	4.1.1 公共艺术教育教师队伍总体情况
			4.1.2 公共艺术教育教师教学能力
			4.1.3 公共艺术教育教师科研经验与学术水平
			4.1.4 公共艺术教育师资队伍建设情况
		4.2 教师对本科生教学和学生指导的投入	4.2.1 激励教师投入公共艺术教育教学的制度和措施
			4.2.2 公共艺术教育教师投入教学和学生指导情况
			4.2.3 公共艺术教育教师对学生的授课情况

续表

系统	准则层	准则细分层	方案层
保障系统	4. 师资队伍	4.3 教师的培养与培训	4.3.1 公共艺术教育教师教学发展中心
			4.3.2 公共艺术教育师资培训制度
			4.3.3 公共艺术教育师资培训措施
		4.4 教师教学质量评价	4.4.1 公共艺术教育教学质量综合评价机制
			4.4.2 教学质量评价结果
			4.4.3 教学质量评价的激励作用
		4.5 教师参与公共艺术教育校园艺术建设活动	4.5.1 教师参与公共艺术教育的比例
			4.5.2 教师参与公共艺术教育的深入度
			4.5.3 教师主导下课堂教学与艺术活动联系的紧密性
		4.6 师资队伍自评存在的主要问题与改进措施	4.6.1 存在的主要问题
			4.6.2 改进措施
	5. 条件支持	5.1 教学经费	5.1.1 公共艺术教育教学经费保障制度
			5.1.2 学生公共艺术教育培养、训练经费
			5.1.3 公共艺术教育教学经费收支情况
		5.2 教学设施与资源	5.2.1 服务公共艺术教育教学的教室情况
			5.2.2 公共艺术教育基础设施、网络及图书资源
			5.2.3 校园公共艺术教育信息化建设与网络资源
			5.2.4 公共艺术教育教学设施与资源利用情况
			5.2.5 公共艺术教育对学生的开放情况
		5.3 公共艺术教育训练基地	5.3.1 公共艺术教育基地建设信息
			5.3.2 公共艺术教育基地的利用
		5.4 支持条件自评、存在的主要问题与改进措施	5.4.1 存在的主要问题
			5.4.2 改进措施

续表

系统	准则层	准则细分层	方案层
保障系统	6. 质量保障	6.1 教学质量管理体系	6.1.1 专业的教学质量管理体系
			6.1.2 专业教学质量监控体系
		6.2 教学过程质量监控	6.2.1 教学环节的质量监控
			6.2.2 教学质量评价
			6.2.3 课程评价机制
			6.2.4 毕业要求达成度评价机制
		6.3 评价结果被用于公共艺术教育的持续改进	6.3.1 评价结果用于培养目标的持续改进
			6.3.2 评价结果用于毕业要求的持续改进
			6.3.3 评价结果用于课程体系的持续改进
			6.3.4 评价结果用于教学质量的持续改进
		6.4 自评存在的主要问题和改进措施	6.4.1 存在的主要问题
			6.4.2 改进措施
环境系统	7. 校园艺术文化建设	7.1 文艺活动组织	7.1.1 文艺活动多样性
			7.1.2 文艺活动涵盖范围
			7.1.3 文艺活动次数
			7.1.4 文艺活动效果反馈及自查
		7.2 公共艺术教育指导和服务体系	7.2.1 公共艺术教育的学生指导体系
			7.2.2 公共艺术教育的学生服务体系
		7.3 学生培养效果	7.3.1 毕业生毕业要求达成情况
			7.3.2 在校生个人成长满意度情况
			7.3.3 用人单位对毕业生综合素质的评价
			7.3.4 用人单位对毕业生艺术综合素质的评价
		7.4 校园文化艺术建设的时代性和先进性	7.4.1 校园文化艺术建设的时代性
			7.4.2 校园文化艺术建设的先进性
	8. 地方特色艺术项目建设	8.1 学校组织的地方特色公共艺术教育项目	
		8.2 学校参与的地方特色公共艺术教育项目	
		8.3 学校自创的特色公共艺术教育项目	

2. 高校公共艺术教育评价的指标初步筛选

通过对高校公共艺术教育领域内专家的访谈，笔者对表1中的指标要素进行筛选。采用5级李克特量表对高校公共艺术教育评价指标体系的准则细分层指标进行打分，分值从1分至5分，分别代表“很不重要”“不重要”“一般”“重要”“很重要”。

笔者共发放50张打分表，回收43份，回收率为86.0%。其中有效问卷40张，问卷有效率为93.02%。采用SPSS13.0的Bartlett球体检验二级指标有效性，其KMO=0.961，显著性在0.000的水平，说明表1中的31个二级指标适用于因子分析法。对打分结果进行公因子方差分析后发现3.4、4.6、5.4、6.4的公因子方差小于0.7，说明这4个指标对评价系统的贡献较小。碎石图显示31个因子呈现典型的一元状态，即只有一个主因子，其中公因子方差小于0.5的4个指标也为3.4、4.6、5.4、6.4。因此可判定应将这4个指标从评价系统中剔除。

3. 指标降维及分类

第二轮调查问卷的目的在于将初筛后的27个指标进行降维，进一步挖掘各指标之间的内在关联，根据内在关联重新划分类别。第二轮调查问卷共向公共艺术教育专家、高校公共艺术教育岗位工作人员发放了193份调查问卷，回收176份，有效问卷为162份。回收率为91.19%，有效率为92.04%。调查问卷采用10级李克特量表，分数从1分到10分，分数越高则代表该项指标对公共艺术教育拥有更高的影响和作用或更能体现公共艺术教育的实际水平。

通过SPSS13.0的Bartlett球体检验27个指标的有效性，KMO=0.942，显著性在0.000的水平，说明27个二级指标适用于因子分析法。所有指标公因子方差均大于0.9，说明27个指标都适用于该评价系统。

通过解释总方差的荷载矩阵发现存在5个大于1的特征值，累计方差贡献率为95.580%。5个公因子方差贡献率分别为43.881%、27.443%、12.491%、7.834%、3.930%，均大于3%。因5个公因子的典型代表变量并未全部突出，未能对因子进行充分解释，因此对荷载矩阵进行旋转。旋转后的5个公共因子对系统的方差贡献率分别为24.662%、21.937%、21.871%、17.157%、9.952%，累计平方和载入仍然为95.580%。解释总方差如表2所示。

表 2　27 个指标的旋转成分矩阵

指标	成分				
	1	2	3	4	5
项目 1	0.254	-0.090	0.923	0.106	0.171
项目 2	0.238	-0.087	0.915	0.094	0.224
项目 3	0.269	-0.100	0.919	0.091	0.177
项目 4	0.283	-0.085	0.911	0.088	0.186
项目 5	0.268	-0.092	0.919	0.063	0.188
项目 6	0.268	-0.115	0.919	0.064	0.163
项目 7	0.165	-0.310	0.089	0.899	0.157
项目 8	0.184	-0.322	0.121	0.889	0.137
项目 9	0.208	-0.309	0.089	0.889	0.165
项目 10	0.210	-0.293	0.081	0.894	0.161
项目 11	0.228	-0.321	0.103	0.880	0.136
项目 12	0.105	0.940	-0.072	-0.232	0.003
项目 13	0.107	0.939	-0.061	-0.253	0.005
项目 14	0.125	0.945	-0.064	-0.214	-0.015
项目 15	0.113	0.944	-0.096	-0.218	0.002
项目 16	0.085	0.938	-0.090	-0.238	-0.002
项目 17	0.104	0.940	-0.112	-0.221	0.013
项目 18	0.224	0.004	0.346	0.218	0.867
项目 19	0.190	0.014	0.342	0.246	0.871
项目 20	0.196	0.010	0.350	0.214	0.875
项目 21	0.902	0.104	0.273	0.149	0.114
项目 22	0.910	0.123	0.260	0.157	0.109
项目 23	0.925	0.065	0.239	0.108	0.099
项目 24	0.926	0.085	0.194	0.158	0.117
项目 25	0.920	0.117	0.204	0.149	0.112
项目 26	0.911	0.107	0.228	0.171	0.115
项目 27	0.905	0.094	0.267	0.148	0.118

根据旋转成分矩阵可将指标分为 5 组，根据其内容特点分别重新命名为 5

个支持体系，如表3所示。

表3　27个指标的旋转成分矩阵分组情况

目标层	准则层	准则层及准则细分层指标数量
A1 培养目标及毕业要求	B11 培养目标	C111（3）、C112（3）、C113（3）、C114（2）
	B12 毕业要求达成度	C211（2）、C212（1）
A2 课程支持	B21 课程设置	C221（4）、C222（4）、C223（3）
A3 师资支持	B31 师资队伍	C311（4）、C312（3）、C313（3）、C314（3）、C315（3）
A4 条件支持与质量支持	B41 条件支持	C411（3）、C412（5）、C413（2）
	B42 质量保障	C421（2）、C422（4）、C423（4）
A5 环境支持	B51 校园艺术文化建设	C511（4）、C512（2）、C513（4）
	B52 地方特色艺术项目建设	C521（1）、C522（1）、C523（1）

（二）指标权重的计算

将目标层作为一级指标，准则层作为二级指标，准则细分层作为三级指标，方案层作为四级指标。笔者采用层次分析法（AHP）分别对各级指标进行权重计算，采用Saaty标度法对同层同组内各指标进行两两比较。向16位高校公共艺术教育资深专家发放了打分表，问卷全部收回。采用Yaahp软件对各组数据的判断矩阵进行计算，其结果如表4所示。

表4　指标层总排名

目标层	准则层	准则细分层	方案层
A1：0.078 2	B11：0.049 4	D111：0.012 1	0.003 2、0.006 4、0.002 5
		D112：0.014 6	0.007 6、0.003 2、0.003 8
		D113：0.012 1	0.004 3、0.004 3、0.003 5
		D114：0.010 6	0.006 8、0.003 8
	B12：0.028 8	D211：0.018 4	0.009 2、0.009 2
		D212：0.010 4	0.010 4
A2：0.203 5	B21：0.203 5	D221：0.090 4	0.021 8、0.026 7、0.02 4、0.017 9
		D222：0.087 5	0.026 5、0.028 8、0.018 0、0.014 2
		D223：0.025 6	0.009 4、0.007 6、0.008 6

续表

目标层	准则层	准则细分层	方案层
A3：0. 192 4	B31：0. 192 4	D311：0. 062 4	0. 018 4、0. 016 6、0. 011 9、0. 015 5
		D312：0. 041 5	0. 014 5、0. 013 5、0. 013 5
		D313：0. 017 7	0. 005 9、0. 005 9、0. 005 9
		D314：0. 039 1	0. 011 4、0. 012 3、0. 015 4
		D315：0. 031 7	0. 012 2、0. 011 3、0. 008 2
A4：0. 3183	B41：0. 148 6	D411：0. 058 7	0. 022 2、0. 021 8、0. 014 7
		D412：0. 051 4	0. 008 5、0. 008 5、0. 010 7、0. 010 7、0. 013 0
		D413：0. 038 5	0. 019 6、0. 018 9
	B42：0. 169 7	D421：0. 063 8	0. 0319、0. 031 9
		D422：0. 054 3	0. 021 4、0. 012 2、0. 012 1、0. 008 6
		D423：0. 051 6	0. 010 2、0. 008 7、0. 017 6、0. 015 1
A5：0. 2076	B51：0. 1443	D511：0. 046 6	0. 01 05、0. 013 4、0. 012 2、0. 010 5
		D512：0. 046 6	0. 023 3、0. 023 3
		D513：0. 031 7	0. 007 4、0. 008 1、0. 008 1、0. 008 1
		D514：0. 019 4	0. 009 7、0. 009 7
	B52：0. 063 3	D521：0. 021 1	0. 021 1
		D522：0. 021 1	0. 021 1
		D523：0. 021 1	0. 021 1

四、结果分析

各系统权重由高至低分别为：条件支持与质量支持 0. 318 3、环境支持 0. 207 6、课程支持0. 203 5、师资支持0. 192 4、培养目标及毕业要求0. 078 2。

条件支持与质量支持系统在 5 个系统中的权重排名第一，是高校公共艺术教育评价体系中最重要的组成部分。条件支持与质量保障分别从基础和过程两个环节为公共艺术教育提供有力保障。条件支持包括教学经费、教学设施与资源、训练基地这三个方面，共同构成了开展公共艺术教育所必需的基础性材料。在缺乏这些材料的情况下，高校很难建设高水平的公共艺术课程、举办有影响力的公共艺术活动，甚至很难维持正常的公共艺术教育教学工作。[①]通过本文分析，质量保障包括教学质量管理体系、教学过程质量监控、评价结果被用于专业的持续改进这三个方面。质量保障是维护公共艺术教育教学活动效果的重要因素，是检验高校公共艺术教育教学质量的重要标准。[②]与学科教育不同的是，公共艺术教育必须通过高质量内容在学生内心产生沟通和共鸣才能实现教育目标。[③]可见只有重视教学质量管理，对教学质量进行全过程、全人员的监控，同时将评价结果作为指导未来公共艺术教育的重要因素，才能保证高校的公共艺术教育稳定、持续发展。

环境支持系统在五个体系中的权重排名第二。本研究中的环境支持包括校园艺术文化建设和地方特色艺术项目建设两个组成部分。校园文化艺术建设对学生艺术修养的培育是潜移默化、润物无声的，也是深远和绵长的。校园艺术文化属于人文环境中的软环境，是与条件支持与质量支持系统中的硬环境相对应的要素。校园艺术文化建设本身是一个长久的、持续的工作，需要时间积淀和小心维护，但是其发挥的功能是其他教育方式都无法取代的[④]。地方特色艺术项目是本文为高校公共艺术教育评价所制定的创新性项目，但是已经有研究者提出过类似观点。如王昌景在其文章中指出高校应该在公共艺术教育课程中融入地方音乐、戏曲、工艺美术、舞蹈等多种艺术形式，结合学校所在地域的民间艺术氛围，充分发挥地方民间艺术在塑造大学生艺术素养方面的优势。[⑤⑥]

课程支持系统的权重很接近环境支持系统的权重，其下包括课程设置设计，教学制度、教学方法与课程考核情况，课程设置的评价与修订三个组成部分。课程设置是一流大学教育的基础性工作，是教学的前置性要素，公共艺术教育不可能跨越课程设置而追求教学和教育效果。课程设置的科学化、教学制度的严密性、教学制度与教学方法的合理程度、课程考核的严肃性、课程体系

---

① 杨卫华. “美育+”高校公共艺术层进项目推进教育研究 [J]. 艺术教育，2019 (12)：195－196.

② 汪超. 素质教育背景下的高职院校公共艺术课程建设探讨：以北京财贸职业学院为例 [J]. 北京教育（德育），2019 (7，8)：67－69.

③ 金典. 关于加强本科高校艺术教育的思考 [J]. 传播力研究，2019，3 (21)：180－182.

④ 杨荔. 地方高校公共艺术教育的价值认知与实施策略 [J]. 江苏高教，2019 (10)：73－76.

⑤ 胡智锋，樊小敏. 从国家发展战略到人才培养模式：当代中国高校公共艺术教育发展现状论析 [J]. 艺术百家，2019，35 (3)：40－45.

⑥ 王昌景，孔哲蓝. 当代高校公共艺术教育课程的反思与构建 [J]. 江苏高教，2020 (1)：107－110.

本身的改错能力和提升能力，都关系到公共艺术教育的质量和效果。

师资支持系统是高校公共艺术教育的重要组成部分。高校教师被教育部原部长陈宝生誉为“中国教育的战略制高点的制高点”，其重要性不言而喻。在推进双一流建设过程中，师资是公共艺术教育目标的制定者和实施者，是公共艺术教育质量的基础保障，也是推动公共艺术教育不断向更高、更强水平发展的发动机。

培养目标及毕业要求系统是高校公共艺术教育的指向和目标，对其他各项指标具有调控和指导作用。虽然在 5 项一级指标内排名最低，却有着不可替代的重要功能。本研究中，培养目标及毕业要求系统的权重之所以较低，可能与公共艺术教育本身的特点有关。公共艺术教育的教育效果很难通过具体指标进行测定和评价，其培养目标的制定和毕业要求达成度的评定很难做到精准、明确，具有开放性的特点。虽然开放性的培养目标不意味着培养目标重要性的降低，但是由于难以评测，仍在一定程度上对另外 4 项一级指标的权重产生影响。

五、结　论

本文通过构成要素分析，将培养目标、毕业要求达成度、课程设置、师资队伍、条件支持、质量保障、校园艺术文化建设、地方特色艺术项目建设等 8 个要素作为评价高校公共艺术教育的主要指标。通过主因子分析，本研究将 8 个要素归为 5 类系统：培养目标及毕业要求系统、课程支持系统、师资支持系统、条件支持与质量支持系统、环境支持系统。通过层次分析法为各系统及所属多级指标进行了赋权。

“双一流”背景下，高校教育的理念、方法和高等人才教育的途径都将发生更深层次的改变，公共艺术教育培养大学生的综合素质，这对其一生都有深远的影响，因此，必将得到普遍的重视。建立一套科学的、客观的、普适性的评价体系对我国高校公共艺术教育的发展有着重要的意义，能够帮助高校发现自身在公共艺术教育工作中存在的问题和不足，能够帮助高校教育工作者及时调整工作内容、查缺补漏，获得更优质、更高效的教育效果。